한국 생명공학 논쟁

생명공학 논쟁으로 본
한국 사회의 맨얼굴

김병수 지음

한국 생명공학 논쟁

21세기 생명정치 총서 ②

Controversies on biotechnology in Korea

알렙

생명공학 감시 운동에 대한 소회

선진국이 되기 위해서라면?

석사를 마치고 전공을 바꿔 박사 과정으로 진학하면서 시민 단체 활동을 시작했다. 당시에는 인간 개체 복제, 배아 연구, 유전 정보 이용에 대한 쟁점들이 논란이 되고 있었다. 그런데 이런 논의들은 주로 언론을 통해 산발적으로 이뤄졌을 뿐 제대로 된 토론회 하나 없었고 논의의 기반이 될 실태 조사도 없었다. 나를 포함한 활동가들은 정보 공개 청구나 질의서 등을 통해 각각의 쟁점에 대한 국내 현황을 조사했고, 외국의 규제 현황을 분석·정리한 후 입법 활동을 벌였다. 이때 조사하고 정리한 대부분의 내용은 정부가 해야 할 일들을 시민 단체가 대신한 의미 있는 조사였고, 향후 제정된 「생명윤리법」에도 큰 영향을 미쳤다.

실태 조사는 당시 우리나라 생명공학 활동의 현실을 적나라하게 보여주었다. 기업은 물론이고 대형 병원들조차 유전자 검사를 할 때 동의서도 받지 않았고, 수집된 검체도 연구자 마음대로 쓰고 있었다. 심지어는 제공자

동의 없이 검체를 외국으로 넘기는 기업도 있었다. 어떤 의료인은 기업을 만들면서 자신이 근무했던 병원의 환자 검체를 들고 나와 연구용으로 쓰기도 했다. 여기에 더해 과학적으로 검증도 안 된 엉터리 유전자 검사가 성행하고 있기도 했다.

유전 정보 이용과 관련된 몇 번의 토론회를 거치면서 일부 생명공학자들에게서 흥미로운 공통점을 발견했다. 토론회에 참석한 국가 연구소의 한 책임자급 과학자는 "피 뽑을 때 동의서 받으면 선진국은 언제 따라가냐"라는 푸념을 늘어놓기도 했다. 다른 토론회에서는, 유전자 검사 회사의 대표가 검사 항목에 대한 과학적 논쟁은 회피한 채, "21세기는 생명공학 시대인데 규제를 통해서는 선진국을 따라갈 수 없다"는 추상적인 말을 되풀이하면서, 규제가 없다면 좋을 결과가 나올 것이라고 주장했다. 국가 경쟁력 담론은 내가 활동하면서 가장 많이 들었던 주장 중 하나였다. 생명공학의 진전이 사회적으로 논란이 되는 이유 중 하나는 사람과 같은 생명체를 그 대상으로 하고 있기 때문이다. 그러기에 연구를 인정받기 위해서는 결과뿐만 아니라 절차 또한 중요하다는 것은 상식에 속한다. 이들의 이력을 보고 나는 더욱 씁쓸해졌다. 그들이 미국에서 유전병 연구를 했을 때도 기관위원회(IRB) 검토나 환자의 동의서 없이 그냥 진행했을까?

그 수많은 난자들은 어디서 났고, 어디로 갔을까?

2004년 2월 11일 동료들과 술잔을 기울이고 있었는데, 평소 잘 알던 과학 전문 기자로부터 전화를 받았다. 내일 황우석 박사팀이 뭔가 큰 건을 발표하는데 알고 있으라는 귀띔이었다. 어떤 내용인지 대충 감은 잡고 있던 터라 다음날 쓸 성명서만 잠시 고민하면서 술잔을 넘겼다. 정작 나를 난처하게 했던 것은 성공 발표 이후의 일들이었다. 의외로 많은 외신 기자들이 연락을 해왔는데, 그들의 관심은 대체로 두 가지였다. "한국에서는 난자를 자유롭게 구할 수 있는가?"와 "왜 그렇게 열광하는가?"였다. 정말 난처한 질문들이었다. 비록 복제 연구를 반대하는 입장이었지만, 한국 맥락을 잘 모르는 그들에게 한국에서는 난자 매매가 이루어지고 있고, 윤리적 문제 보다는 '세계 최초'에 더 관심이 많다고 대놓고 말할 수는 없었다. 솔직히 창피했다. 얼마 후《네이처》지는 자체 조사를 통해 난자 수집 과정, 저자 표시, IRB 문제를 기사로 다루었지만 국내에서는 큰 반향이 없었다. 오히려 우리나라의 성과를 폄하하고 시기하려는 시도로 파악했다. 난자 채취 과정은 복잡한 절차를 거치기에 선진국에서는 불임클리닉용 난자조차도 쉽게 얻을 수 없는 현실을 감안한다면 그들의 의문은 당연한 것이었다. 당시 논문에는 242개의 난자를 썼다고 발표했지만, 실제로는 두 논문에 2,200개 이상의 난자를 사용했다. 난자 문제의 정점은 줄기세포 허브였다. 우리나라에서 다량의 난자를 이용해 복제를 한 후 세포주가 만들어지면 미국이나 영국으로 가져가 줄기세포 연구의 핵심인 분화 연구 등 후속 연구를 하겠다는 계획이었다. 외국 학자들이 보기에 한국은 난자를 구하기 쉽고 체세포 복제에 대한 여론도 우호적이어서 복제줄기세포를 만들기에 아주 적합한 지역이기 때문이었다. 당시 외국의 학자들이 부러워한 것이 우리의 기술이었을까 아니면 열광적인 한국의 분위기였을까? 물론 당시 국내의 어떤 산부인과 의사나 과학 전문 기자도 난자 채취 과정에 대해서 공개적으로 얘기하지 않았다.

「생명윤리법」 제정 과정이나 황우석 사태 당시 가장 많이 나왔던 단어들인 '국가 경쟁력', '세계 최초', '국익', '애국주의' 그리고 내가 어릴 적 봤던 포메이토(토마토 줄기에 감자 뿌린가 달린 식물, GM 작물) 그림은 저절로 생겨난 것이 아니었다. 생명공학의 실체도 애매했을 1983년 정부는 「유전공학육성법」을 만들어 생명공학 발전을 통해 국가 경쟁력을 강화하겠다는 것을 명시했다. 이후 전국 대학에 유전공학과들이 생겨났으며 정권이 바뀔 때마다 이름만 약간 바꿔 비슷한 프로젝트를 진행하고 있다. 그러다 20년이 지난 2003년에야 생명공학을 규제하는 법률이 제정되었다. 정부의 강력한 생명공학 육성 정책은 생명 윤리와 안전, 연구 절차에 대한 다양한 쟁점들을 경제 성장의 장애물로 인식하게 했던 중요한 요인 중 하나가 되었다.

실험실 문화

2004년 가을에 이어 2005년 6월 황우석 사태의 제보자를 그가 근무하는 병원에서 다시 만났다. 당시 제보자는 난자 수급 과정과 2005년 논문에 문제가 있을 수 있다는 두 가지 사안에 대해 제보했다. 나는 이때의 충격과 분노를 아직도 잊을 수가 없다. 연구 결과에 문제가 있을 수 있다는 주장보다, 그리고 난자를 매매했다는 사실보다 여성 연구원으로부터 난자를 제공받았다는 사실이 더 충격적이었다. 교수가 학생의 난자를 실험에 사용하다니. 일반적으로 지도교수는 학생의 졸업 시기, 논문의 저자 표시 여부 및 순서를 정할 수 있는데, 이는 학생의 미래와 직결된 중요한 결정들이다. 그런 권력 관계 아래서 학생의 자발성 여부는 크게 중요하지 않다. 아니 자발적으로 의사를 밝혔어도 말렸어야 하는 게 정상이다. 실질적 지도교수가 난자를 채취하는 병원까지 차를 태워 데려다주고 그 학생은 아픈 배를 어루만지며 자신의 난자를 가지고 실험을 했다니. 난자를 제공했던 여성 연구원이 제보자 부부에게 보낸 편지를 읽었을 때 분노가 절정에 달했다. 난자 채취에 대한 두려움, 자조, 기대 등이 뒤섞인 그 편지는 실험실 내의 비대칭적 권력 관계를 잘 보여주고 있었다.

과거에 비해 실험실 문화가 많이 개선되었다. 학생의 연구비를 착복하는 행위도, 학생에게 교수의 개인적인 일을 시키는 것도 이제는 거의 찾아볼 수 없다. 앞으로 주목해야 할 영역은 저자 표시를 둘러싸고 발생하는 쟁점들이다. 논문 쓰기를 직업으로 삼고 있는 연구자에게 저자 표시 문제는 단순한 연구 성과물 이상의 의미를 지닌다. 저자에 포함되었는지 여부와 그 순서는 연구자의 업적과 직결되어 고용, 승진, 경제적 이해관계에 직접적인 영향을 준다. 저자 표시 문제가 제대로 자리 잡기 위해서는 형식적인 가이드라인보다 실험실의 민주화가 더욱 중요하다.

생명공학의 상업화

현대 생명공학 활동은 복잡한 특징을 가지고 있다. 대부분의 활동 자체가 생명체에 대한 이해이면서 동시에 상업적 이윤 추구의 수단이 될 수 있다. 특히 인체를 대상으로 하는 생의학 연구는 과거처럼 진단, 연구, 상업화가 분리되지 않는다. 환자로부터 흥미로운 조직을 발견하면 연구를 통해 의미를 부여하고 특허를 등록한 후 기업에 팔 수 있다. 과학자이면서 벤처기업의 사장이거나 아니면 최소한 임원으로 참여하고 있는 기업 과학자들을 우리는 주변에서 흔히 볼 수 있다. 그래서 생의학 연구의 상업화는 절차에 대한 여러 쟁점들을 제기하고 있다. 방법이 아닌 인체 유래 물질의 소유권을 연구자가 갖는 것이 정당한 것인가? 동의는 어디까지 받아야 하는지, 정부의 연구비를 받은 기업이 결과물을 사유화하는 것은 문제가 없는지, 유전자를 비롯한 인체 유래 물질에 대한 특허는 후속 연구를 방해하지 않을지와 같은 근본적인 물음들을 한번쯤은 고민해 볼 필요가 있다.

생명공학의 상업적 성격 강화는 사회적 거품 형성에도 기여하고 있다. 이는 단기적으로 시민들의 판단을 어렵게 할 수 있고, 장기적으로는 생명공학 활동의 신뢰를 떨어뜨리는 데 기여할 수 있다. 한때 국내에서는 논문으로 발표하기 전에 언론에 이 사실을 알려 세간의 관심을 끌고 인지도를 높이는 행위인 '기자회견 과학'이 유행한 적이 있었다. 한동안 뜸하다 요즘에는 주로 벤처 기업들이 이 방법을 쓴다. 단기간에 주가에 영향을 줄 수 있고, 인지도를 높여 피험자를 모집하는 데 유리하다. 심지어는 정부 연구비를 타는 데도 혜택을 볼 수 있다. 예를 들어보자. 기업이 직접 소비자를 대상으로 하는 유전자 검사는 검사 항목에 대한 논란 이상의 파급효과를 가진다. 설령 직접 검사를 하지 않더라도 상업 행위 자체가 시민들에게 영향을 미친다. 일반인들은 이제 "롱다리" 여부도 유전자 검사로 알 수 있는 시대라고 생각하게 된다. 줄기세포도 마찬가지인데, 몇몇 기업들이 검증되지 않은 치료를 비싼 가격에 난치병 환자들에게 시술해 집단 소송으로 비화된 사건이 있었다. 당시 내가 만난 환자나 그 가족들은 모두 주요 언론을 통해 그 시술을 알았다. 당시 형성된 줄기세포에 대한 거품이 그들의 의사결정에 결정적인 영향을 미쳤던 것이다. 우리는 지금도 주변에서 각종 "줄기세포치료센터"를 쉽게 볼 수 있다.

황우석 사태 이후 웬만한 절차들은 법률이나 지침의 형태로 정비되었다. 그런데 임상 시험 전 위원회의 검토나 환자와 의사 또는 기업과 환자와의 개인적 동의만으로는 절차가 완성됐다고 말하기 힘들다. 특정 기술에 대한 사회적 거품이 과도해 균형 잡힌 정보를 제공받지 못한 환자나 소비자는 의사결정에 어려움을 겪게 된다.

생명공학 연구의 성격과 방향을 결정하거나 사회적 거품을 제거하는 일차적인 책임은 과학자들에게 있다. 생명공학의 상업화는 미국에서는 기업들이, 우리나라에서는 정부가 추동하고 있다. 선택과 집중이라는 기조 아래 특정한 분야를 선정해 연구자나 기업들에게 막대한 세금을 지원하고 있다. 중요한 것은 어떤 절차를 거쳐서 어떤 내용을 선택했느냐에 있다. 지난 10여 년간의 주요 프로젝트를 보면 얼마나 많은 과학자들의 동의를 거쳐 결정됐는지 의심스러운 사업들이 눈에 많이 띈다. 정부 방침에 맞게 자신의 분야를 약간 손질해 연구비를 지원하거나 사석에서 불만을 풀어놓기보다는 그전에 개입할 수는 없는 것일까? 외부에서 비판이 제기되면 감정적으로 거부감을 나타내거나, 과학자들은 순수하다며 20세기 초에 묘사된 과학자 사회의 특징을 얘기하는 것보다는, 과학자로서의 책임 있는 발언이 더욱 의미 있고 현실에 부합하는 행동일 것이다. 사실 생명공학에 대한 의미 있는 논쟁은 과학자 사회 외부가 아닌 내부로부터 출발하였다. 유전자 재조합의 위험을 논의했던 아실로마 회의, 인간유전체사업이 종료될 무렵 유전자 특허를 둘러싼 논쟁, 줄기세포의 성급한 임상 시험으로 인한 위험성 등은 모두 과학자 사회 내부에서 처음 제기되었다. 지금도 생명공학의 쟁점에 대한 다양한 논의들을 유명 학술지에서 어렵지 않게 접할 수 있다. 이러한 외국의 상황에 비추어보면 황우석 사건 당시 브릭(BRIC)에서 학계와 관련 없는 익명의 네티즌이 사진의 중복을 발견한 것을 두고 아직 한국 과학계는 자정 능력이 있다고 말했던 현실이 씁쓸하게만 느껴진다.

경제 성장의 도구가 아닌, 막연한 난치병 치료가 아닌, 일부 이해 관계자들의 사업이 아닌, 좀 더 공익적이고 사회와 상호작용하는 생명공학을 우리나라에서 기대하는 것은 아직 무리인지 모르겠다.

한국 생명공학 논쟁의 기록

이 책은 우리나라 생명공학 논쟁에 관한 기록이다. 또한, 이 논쟁들에는 필자가 몸담고 있는 〈시민과학센터〉의 주요 활동들이 고스란히 집약되어 있기도 하다. '과학기술의 민주화'를 기치로 창립한 〈시민과학센터〉는 '과학기술에서의 시민 참여'를 확산시키려는 활동과 함께 '생명공학 감시 운동'을 주요 사업으로 진행하였다. 한국의 생명공학 논쟁은 정부나 학계가 아닌 생명공학 감시 운동 진영의 주도로 전개되었고, 이들의 적극적 요구와 참여로 생명공학과 관련된 다양한 위험과 쟁점들이 드러났으며 결국 「생명윤리법」이 제정되었다. 특히 이 과정에서 축적된 전문성과 네트워크는 황우석 박사의 논문 조작을 밝혀내는 데도 기여하였다. 이러한 생명공학 논쟁은 '생명공학 감시 운동'과 함께한 필자의 활동에 대한 기록이기도 하다.

이 책의 1부에서는 우리나라에서 논쟁이 되었던 또는 여전히 논쟁 중인 생명공학의 여러 쟁점들을 다루었다. 1장에서는 줄기세포 연구에 대해서 다루었다. 줄기세포 활용을 둘러싼 쟁점을 살펴본 후 배아 연구 허용 범위 논쟁에서 중요한 역할을 했던 시민 단체의 입장을 정리하였다. 2장은 인간유전체사업 종료의 다양한 의미와 여기서 파생된 유전 정보의 사회적 활용에 관한 글이다. 21세기 유전학 연구와 맞춤 의학 실현에 중요한 기반이라고 하는 바이오뱅크(3장), 갈수록 중요성이 커지고 있는 DNA 프로파일링(4장)에 대해서도 다루었다. 2부에서는 한국 사회의 맨얼굴을 적나라하게 보여준 황우석 사태의 진행 과정과 그 이후의 변화를 다루었다. 6장에서는 황우석 박사팀의 논문 조작이 세상에 드러나는 과정을 정리하였다. 〈시민과학센터〉,《네이처》지의 문제제기에서부터 〈PD 수첩〉의 취재와 좌절 그리고 급반전 속에서, 정부, 언론, 학계, 황우석 박사가 어떻게 대응했는지 구체적으로 볼 수 있다. 또한 이 과정에서 드러나지 않게 기여했던 다른 행위자들도 다루었다. 이어 황우석 박사 연구팀의 부정행위를 구체적으로 살펴보고(7장), 사태 이후 변화된 연구 윤리 제도와 배아 연구 정책을 살펴보았다(8장). 3부에서는 우리나라 생명공학 규제 형성 과정에서 중요한 역할을 했던 시민 단체의 활동을 통해 생명공학 거버넌스 문제를 다루고 있다. 생명공학 활동에 대한 한국 최초의 통합적 규제인 「생명윤리법」은 정부의 소극적 태도에 대응해 시민 단체가 적극적으로 요구하고 참여한 결과라고 할 수 있다.

생명공학에 대한 사회적 논쟁은 기술에 대한 구체적인 이해를 증진시키고, 다양한 가치가 충돌할 수 있는 공간을 마련해 주기도 한다. 이를 통해 특정 기술에 대한 위험이나 혜택이 분명해지고 사회적으로 합의해야 할 쟁점을 걸러주는 긍정적인 기능을 하는 것이다. 나아가 규제가 발목을 잡는다는 일부의 통념과 달리 사회적 합의를 통한 적절한 규제와 신뢰 형성은 생명공학 혁신에도 도움이 된다. 아무쪼록 이 책이 한국 생명공학의 미래, 더 나아가 생명공학 발전의 민주적 통제에 관심이 많은 이들에게 도움이 되길 바란다.

2014년 6월

김병수

차례

제1부 생명공학 연구의 현재
그리고 쟁점

✝ 2000년대 초반부터 줄기세포 연구가 주목받았다. 난치병 치료에 큰 도움이 될 것이라는 전망과 동시에 인간 존엄성, 난자 수급, 개체 복제 가능성 등의 윤리적 문제가 제기되었다. 특히 우리나라에서는 황우석 박사의 활동으로 인해 배아 복제의 의미가 상당히 과장되었고 규제 형성 과정에서 사회적 합의가 무시되었다.

이 장은 줄기세포 연구를 둘러싼 쟁점을 다루고 있다. 배아 및 성체줄기세포의 장단점과 각각의 쟁점을 살펴본 후 배아 연구 허용 범위 논쟁에서 중요한 역할을 했던 시민 단체의 입장을 정리하였다. "배아줄기세포는 만능인가?", "인간 배아의 도덕적 지위", "성체줄기세포와 상업화" 등이 주요 쟁점이다.

이 글은 2000년부터 2006년까지 줄기세포 연구를 주제로 다양한 지면에 발표한 글을 정리한 것이다.

제1장 줄기세포는 만능의 키인가?
──줄기세포 연구를 둘러싼 쟁점과 논란

1 들어가며

재생의학 분야에서 줄기세포가 주목받고 있는 이유는 줄기세포가 파킨
슨병, 척수 손상, 뇌졸중, 심장 질환, 당뇨병 등의 치료에 이용되는 대체세포
를 만들 수 있는 잠재력을 가지고 있기 때문이다. 예를 들면 뇌 질환으로 신
경세포가 파괴된 사람에게 손상되지 않은 '건강한' 뇌세포를 이식하여 치
료할 수 있다. 이론적으로는 난치병 치료의 한 방법이 될 수 있는 것이다. 이
렇게 의학적 가능성이 큰데도 불구하고 줄기세포의 출처와 임상적 가능성
을 둘러싸고 논란이 지속되어 왔다.

줄기세포는 배아줄기세포와 성체줄기세포로 나눌 수 있는데 배아줄기
세포는 복제나 불임 시술 후 남은 잔여배아에서 얻을 수 있으며 성체줄기
세포는 제대혈이나 성체의 각 조직 등에서 얻을 수 있다. 그런데 분화 능력

이 상대적으로 뛰어난 줄기세포는 주로 수정란에서 분화된 지 얼마 되지 않은 초기배아에서 얻을 수 있기 때문에 논란이 되어왔다. 잔여배아를 이용하는 경우 불임 시술에 대한 규제, 잔여배아의 관리에 대한 문제가 중요하게 제기되는데, 연구를 위해 필요 이상의 잔여배아를 만들 가능성이 높기 때문이다. 복제의 경우 다량의 난자가 필요하기 때문에 이를 어떻게 공급할 것인지를 두고 논란이 되어왔다.

잔여배아나 복제를 이용하는 것 모두 수정란을 파괴하는 것으로, 수정란을 인간으로 보는 가톨릭과 같은 종교계에서는 허용하기 힘든 연구라고 할 수 있다. 배아줄기세포에 대한 연구는 과학적 가능성에 대한 논란을 떠나 윤리적, 사회적 쟁점들과 밀접하게 연결되어 있는 것이다. 이 글에서는 줄기세포의 출처별 특징과 줄기세포 허용 범위가 마련될 때 중요한 역할을 한 시민 단체의 입장을 살펴본다.

2 쟁점 1: 배아줄기세포는 만능인가?

줄기세포를 얻을 수 있는 출처가 다양함에도 불구하고 국내에서는 배아줄기세포, 그중에서도 체세포 복제를 통해 얻은 배아줄기세포가 집중 조명을 받았다. 이에는 언론이 큰 역할을 했는데 "배아줄기세포는 만능 세포", "성체줄기세포는 분화에 한계가 많다"는 식의, 실제 국내외 연구 성과와 차이가 나는 통념을 유포했다. 다양한 학자들의 시각을 반영하기보다는 황우석 박사나 주변 이해 관계자의 발언을 빌려 배아 연구의 의미를 과장해 왔다.

인간 배아줄기세포(embryonic stem cell) 옹호자들은 잔여배아나 복제를 통해 얻은 배아줄기세포는 이론적으로 210가지의 모든 신체 조직으로 분화가 가능하다고 주장하고 있다(박세필, 2000). 그런데 여러 형태의 세포로 분화가 가능하다는 것은 단점으로 작용하기도 한다. 임상 적용을 위해서는 배아줄기세포로부터 신체의 특정한 세포가 분화되고 증식되어야 하는데, 이 과정을 조절하기는 여전히 쉽지 않다. 분화에 대한 과학적 이해가 부족하며 이를 통제할 수 있는 기법 또한 초보적인 수준이다. 어떻게 보면 배아줄기세포는 어디로 튈지 예측하기 힘든 '럭비공'과 같다고 할 수 있다. 배아줄기세포 연구의 핵심은 복제 '행위' 자체가 아니라 줄기세포로부터 특정한 세포를 얻는 기술이라는 것을 이해할 필요가 있다.

연구자들이 지적하고 있는 배아줄기세포 연구의 난제는 크게 두 가지다. 첫 번째는 분화(differentiation)와 증식(proliferation)의 어려움이다. 배아줄기세포를 얻으면 여기에 각종 성장 호르몬 등을 처리해 특정한 세포로의 분화를 유도하게 된다. 그런데 이 조건을 맞추기가 쉽지 않다. 배아줄기세포를 세포 치료에 쓰기 위해서는 '균질하면서도 단일한 특정 세포가 다량'으로 필요한데, 이것이 실제로 가능한지 논란이 많다. 순수한 세포를 얻기는커녕 여러 세포들이 섞여 있는 종양이 관찰되고 있다. 분화 조절이 힘들다 보니 연구자가 근육세포로 분화를 유도했는데, 실제로는 근육세포뿐만 아니라 신체를 구성하는 다양한 세포들이 섞여 있는 무정형의 종양, 즉 테라토마(teratoma)가 만들어지는 것이다(권혁찬, 2004; 과학기술정책연구원, 2005). 두 번째는 유전자의 비정상적인 발현이다. 배아줄기세포가 특정한 세포로 분화되면서 체내에서 자연스럽게 이루어지는 것과 다르게 일부 유전자가 비정상적으로 발현되는 것이 관찰되고 있다. 사람은 물론이고 동물 실험에서도 의미 있는 성과를 얻지 못하고 있는 것도 그런 이유에서다. 배아줄기세포로 질병을 치료하려면 복제 기술 자체가 아니라 '분화' 연구와 같은 기초 연구에 투자해야 할 것으로 보인다.

여기까지는 배아줄기세포 일반에 관한 과학적 쟁점이었다. 이제는 체세포 핵이식을 통한 배아 복제(Somatic Cell Nuclear Transfer, SCNT, 이하 체세포 복제) 방법을 구체적으로 살펴보도록 하자. 체세포 복제는 공여된 난자에서 핵을 빼고 타인의 핵을 인위적으로 끼워넣는 기법이다. 우선 기본적인 조건으로 다량의 난자가 필요하다. 준비된 난자에서 핵을 빼내거나 아니면 눌러서 짜낸 후, 영양분을 주지 않은 상태로 굶기면서 세포의 주기를 조절한다. 핵이 제거된 난자와 타인의 체세포를 전기를 흐르게 해서 강제로 융합시킨다. 그 다음 복제를 통해 얻은 복제 배아를 일정 기간 영양소가 들어 있는 접시에서 배양한 후 배반포 상태가 되면 '내괴세포(inner cell mass)'를 긁어내 배아줄기세포로 만든다. 줄기세포를 얻은 다음부터는, 앞에서 지적한 분화 등의 문제와 마주치게 된다. 게다가 체세포 복제 기술 자체에 대한 안전성은 아직 제대로 검증된 바 없다. 수많은 시행착오 끝에 태어난 복제 동물이 외관상 큰 문제가 없고 일정 기간 생존한다고 해서 복제 기술의 안전성을 증명해 주는 것은 아니다. 오히려 복제 동물의 성공 사례는 체세포 복제의 한계를 보여주기도 한다. 낮은 효율, 유산이나 사산과 같은 번식 장애, 기형 동물 출산, 염색체 이상과 같은 현상이 빈번히 나타나고 있기 때문이다(황우석, 1997). 한 마리의 복제 동물을 출산시키기 위해 수천 개의 난자와 많은 기형 동물의 희생이 필요하다는 사실은 이미 잘 알려져 있다.

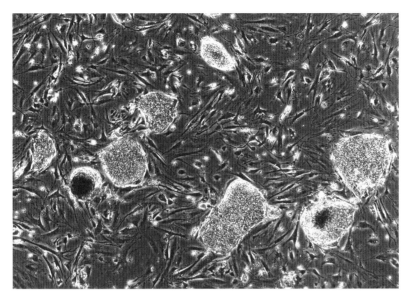

〈사진〉 1998년 세계 최초로 미 위스콘신대 톰슨(Thompson) 박사팀이 인공 수정
을 하고 남은 배아에서 추출해 배양에 성공한 인간 배아줄기세포.

3 쟁점 2: 인간 배아의 도덕적 지위

배아 연구와 관련해서 가장 근본적인 쟁점은 인간 배아의 도덕적 지위
에 관한 것이었다.[1] 인간 배아 연구 찬성론자들은 14일 이전의 배아는 사람
이 아니고 단순한 세포 덩어리에 불과하기 때문에 연구에 이용해도 윤리적
으로 문제가 없다고 주장한다. 정자와 난자가 수정된 후 14일 정도가 지나
면 향후 척추가 될 원시선이 생기는데 이 시점을 기준으로 그 이전까지는

1… 참여연대 시민과학센터,『'14일論' 집중토론회』, 2000. 6. 29; 과학기술부 생명
윤리자문위원회, 생명윤리 연구의 윤리성 확보를 위한 기획 연구: 생명윤리자문위원
회 활동보고서.

단순한 세포로 보아야 한다는 것이다. 하지만 배아 연구 반대론자들은 배아가 수정 직후부터 하나의 완전한 개체로서 존재한다는 주장을 펴고 있다. 수정란은 그로부터 성장하게 될 배아·태아·성인과 개체상 동일한 존재이므로 배아 연구는 수정 직후부터 허용될 수 없다는 것이다. 게다가 의학적으로도 모든 배아가 수정 후 14일 후에 원시선이 생기는 것도 아니기 때문에 상당히 임의적이라는 것이다. 배아줄기세포를 얻기 위해서는 복제나 불임클리닉에서 만들어진 인간 배아의 파괴가 필수적인데 초기배아를 단순한 세포 덩어리가 아닌 인간으로 보는 가톨릭과 같은 종교계의 입장에서 보면 용납하기 힘든 실험이다. 물론 연구에 사용될 수 있는 복제된 배아와 잔여배아 사이에도 약간의 윤리적 차이점이 있다. 복제는 연구를 위해 인간 배아를 인위적으로 창출하는 것이고 잔여배아는 불임클리닉 후 남은, 그래서 언젠가는 폐기할 배아를 이용하는 것이다. 대부분의 국가에서는 '단순 세포'와 '완전한 인간' 사이의 절충점인 '잠재적 인간'이라는 개념을 근거로 규제를 만들었다.

또 하나의 논란은 복제를 통해 생성된 배아를 자궁에 착상시키면 복제인간이 태어날 가능성이 있다는 것이다. 황우석 박사팀이 2004년과 2005년 실험에서 배반포를 얻었다는 것은 인간 복제가 가능하다는 것을 기술적으로 증명시켜 준 것이라고 할 수 있다. 황우석 박사는 이를 의식한 듯 복제를 통해 생성된 배아는 정상적인 방법으로 수정된 배아와 다르다고 주장하면서 복제 배아를 '핵이식 구성체(Nuclear Transfer Constructs)'[2]라고 주장했지만, 이는 윤리적 문제를 피해가기 위한 수사적 표현일 뿐 쉽게 동의하기 어려운 것이었다.

2··· Gina Kolata, "Name Games and the Science of Life", *New York Times*, 29 May, 2005.

현실적인 비판들도 존재했다. 배아 복제나 잔여배아를 이용한 연구가 활성화되면 난자와 수정란에 대한 수요가 급증할 것이라는 우려도 있었다.[3] 우리나라에서 난자 매매가 공공연하게 진행되고 있다는 것은 이미 널리 알려진 사실이었는데, 여기에 배아 복제까지 활성화된다면 난자의 유통이 더욱 확산될 것이다. 또한 배아에 대한 관리 감독이 없는 상황에서 수정란을 필요 이상으로 많이 만들 가능성도 존재했다. 황우석 박사는 과거 《사이언스》에 실린 두 논문의 성공 요인으로 '월화수목금금금'을 따르는 팀원들의 성실함, 정교한 손놀림을 가능하게 한 '쇠 젓가락 문화' 등을 꼽았다. 그런데 이런 주장을 그대로 인정한다 해도 이것과는 차원이 다른 결정적 조건이 있었다는 것을 잊어서는 안 된다. 바로 연구에 사용된 다량의 난자이다. 난자 채취는 황우석 박사가 언급했던 것처럼[4] 3분이면 끝나는 그런 간단한 절차가 아니다. 여성은 일반적으로 한 달에 한 개의 난자를 배란하므로 실험에 필요한 다량의 난자를 얻기 힘들다. 많은 난자를 인위적으로 만들어내기 위해서는 복잡한 절차를 거쳐야 한다. 각종 신체검사를 받은 다음 월경이 시작된 지 3~4일 후부터 과배란제를 맞게 되고 10~15일 정도 지나면 마취를 한 후 긴 관을 삽입해 난자를 꺼낸다. 이 과정은 여러 종류의 후유증을 유발한다. 이 시술을 받은 여성의 상당수가 복통 · 우울증을 경험하며 심한 경우 복수가 생기거나 난소암이나 불임에 이르기도 한다. 이렇게 신체적 · 정신적 고통을 겪고 나서야 비로소 3~30개의 난자를 얻을 수 있다.[5]

3··· "[보도자료] 생명윤리법 논란 속 배아 복제 연구 무리하게 강행", 참여연대 시민과학센터, 2004. 2. 12.

4··· 「'난자' 질문에 분노하는 황 박사」, 《여성신문》, 2004. 11. 26.

5··· 김명희, 「인간복제배아, 난자 그리고 여성」, 참여연대 시민과학센터, 《시민과학》 51호, 2004. 4, 15~19쪽.

이런 복잡하고 고통스러운 과정을 거쳐야 하기에《사이언스》논문 발표 후에 난자 출처에 대해 논란이 일었던 것이다.

4 쟁점 3: 성체줄기세포와 상업화

성체줄기세포(adult stem cell)는 제대혈, 성인의 골수·지방·피부·신경 등에서 얻을 수 있어서 배아줄기세포에 비하면 윤리적 문제가 적다. 그동안 한계로 지적돼 왔던 분화의 제약도 극복되고 있다. 이미 2000년대 초반부터 쥐의 골수나 뇌에서 분리한 줄기세포가 심장·폐·장·신장·신경계·근육 등의 조직으로 성장하는 것이 확인된 바 있고, 사람의 지방이나 태반에서 분리된 줄기세포도 근육·뼈·신경 등으로 분화할 수 있는 능력이 있음이 밝혀졌다(오일환, 2004). 특히 성체줄기세포는 배아줄기세포에 비해 분화 가능성이 적은 대신 조직 특이성이 강해 특정한 세포만으로 유도가 가능하고 종양 형성도 거의 없는 것으로 밝혀지고 있다. 최근에는 성체줄기세포의 대량 배양 기술도 확립되고 있는데 이는 임상 치료 시 적당한 조직을 다량으로 공급할 수 있는 가능성을 보여준 것이다. 또한 성체줄기세포는 현재 각종 암(유방·난소·뇌 등), 자가 면역 질환, 빈혈, 뇌졸중 등의 임상 시험에 이용되고 있다(National Bioethics Advisory Commission, 2005).

성체줄기세포는 이미 임상에서 부분적으로 사용되고 있으며 안전성·반복성·윤리적 문제 등에 있어서 배아줄기세포보다 뛰어난 측면이 있다. 따라서 많은 연구자들은 장기적으로 성체줄기세포가 치료에 선호될 것으로 보고 있다. 성체줄기세포에 대한 연구와 임상이 이미 세계적 추세로 자리 잡았고, 국내에서도 배아보다 성체줄기세포 연구자가 더 많다는 사실은, 성체줄기세포의 가능성을 보여주는 것이라고 할 수 있다.[6]

그런데 사회 전반으로 확산된 줄기세포에 대한 성급한 기대와 거품은 다른 형태의 사회 문제를 낳고 있다. 바로 성급한 임상 시험과 상업화 문제이다. 성체줄기세포의 임상 시험에 대한 논란은 2004년 3월 23일 식품의약품안전청이 세포치료제 실태 조사 결과를 발표하면서 시작되었다. 식약청은 벤처기업 다섯 개와 병원 한 곳을 조사해 승인 없이 세포 치료를 실시한 네 개 벤처기업을 적발한 후 검찰에 고발했다. 이 과정에서 성체줄기세포 시술 과정에 문제가 많았다는 점이 밝혀졌다. 적발된 모든 업체들이 시술 전에 거쳐야 하는 동물 실험을 하지 않았고, 세포의 배양 중에 생길 수 있는 오염에 대한 대책도 없었으며, 심지어는 환자에게 줄기세포를 얼마나 투여했는지에 대한 기록도 없었다. 가장 큰 문제는 이런 시술을 받은 환자의 건강 상태에 대해서 누구도 알지 못하고 있었다는 점이다. 시술한 병원은 물론이고 정부조차 환자 상태를 제대로 파악하지 못하고 있었다. 급기야 이 시술 과정에서 사망한 두 명의 환자 가족들은 회사와 병원을 상대로 소송을 제기하였고, 최근 승소하였다.[7]

6… 2003년부터 2005년까지 정부는 배아 연구에 130억 원, 성체 연구에 286억 원을 지원했다. 기타 국내의 줄기세포 연구 및 기술 수준 현황은 한국보건산업진흥원, 『줄기세포산업 10대 육성전략』, 2005; 생명공학정책연구센터, 『BT 기술동향보고서: 줄기세포』, 2005를 참고할 수 있다.

7… 이에 대해서 참여연대는 피해자들을 대리해서 제바이오벤처인 히스토스템과 시술을 행한 한라병원을 대상으로 민·형사상 소송을 진행한 바 있다. "[보도자료] 제대혈 줄기세포 치료제 불법시술 피해 관련 손해배상청구소송 1심 승소"(참여연대 공익법센터, 2005. 12. 5). 2010년 대법원은 간경화 및 다발성 경화증 환자로 1인당 2000~3000만 원의 비용으로 줄기세포치료제 시술 후 호전되지 않아 한라의료재

그런데 이 사건을 계기로 규제를 더욱 강화할 것이라는 예상과는 달리 식약청은 오히려 규제를 완화하여 논란이 되었다. 식약청은 '환자의 치료 권리 확대'와 '연구 활성화'를 명목으로 응급 임상과 연구자 임상에 대한 규제를 대폭 완화했다. 안정성과 유효성이 입증되지 않았더라도 '기관심사위원회'의 검토를 거치면 환자에게 시술할 수 있도록 한 것이다. 생명공학의 진전에 따라 관련 규제에 변화가 생길 수 있다. 그런데 문제는 식약청이 조사한 문제점과 제도 개선 방향이 모순적이라는 데 있었다. 식약청 조사 결과는 규제가 강해서 의미 있는 치료제 개발이 지연된 것이 아니라 제조 과정도 불분명한 줄기세포를 환자에게 투여했다는 것이다. 관리 · 감독이 제대로 안 되어서 문제가 생겼는데, 규제를 더욱 완화해서 해결하겠다는 것이다.

황우석 사태가 끝난 후 당시 갑작스럽게 줄기세포 임상 시험에 대한 규제가 완화된 이유를 추측할 수 있는 내용을 발견하였다. 당시 황우석 박사의 목표가 장애 어린이에게 임상 시험을 실시[8]하는 것이었음을 고려할 때

단과 히스토스템을 상대로 소송을 제기한 원고 7명에게 "줄기세포는 의약품"에 해당하고 "식약청의 임상 계획 승인 없이 줄기세포를 이용한 시술 행위를 하는 것은 약사법 위반"이라며 1억 7000여만 원을 배상 판결한 원심 판단을 확정했다. 재판부는 줄기세포가 질병 치료를 목적으로 사용됐기 때문에 의약품에 해당하며, 줄기세포 이식술은 현재 지식과 경험에 의해 충분한 안전성이 검증되어 있지 않은 시술이므로 식약청의 승인을 받아야 하는 임상 시험이라고 판시했다(2010. 10. 14. 선고, 대법원 2007다3162판결).

8⋯ 황우석 박사는 자신의 실험 목적이 '임상'에 있다는 사실을 공개적으로 밝혀왔다. 2004년 9월 서울대 강연에서 아래와 같이 발언하였다. "척수신경이 마비된 8살짜리 친구에게 지금 우리가 연구 중인 인간 배아줄기세포로 치료할 수 있는 날이 올 때까지 기다려달라고 했습니다. 이런 약속이 과연 비도덕적이고 비윤리적인가요?"(《연합뉴스》, 2004. 9. 16) 실제로 황우석 박사팀은 이 아이의 체세포를 채취하였고 실험에 사

다음의 내용은 설득력이 있다.

저는 아침마다 황 교수를 만나 그날 일정이나 연구 방향 등에 대해서 얘기하곤 했습니다. 그런데 어느 날 황 교수가 어제 안규리 교수 등과 식약청에 다녀왔는데, 식약청이 도와줘서 이제 우리가 만든 배아줄기세포로 임상 시험을 할 수 있는 여건이 마련되었다고 얘기하였습니다.[9]

줄기세포 임상 시험에 대한 규제 완화는 여러 가지 의미를 가진다. 우선 황우석 박사의 개입은 당시의 규제 완화 방침이 과학자들 사이에서조차 충분한 논의가 이루어지지 않았음을 보여준 것이라고 할 수 있다.[10] 당시 규제 완화 정책은 지금까지 이어져 오고 있는데 줄기세포에 대한 사회적 거품이 여전히 존재하는 상황에서 일부 기업과 여기에 연결된 병원들을 중심으로 한 줄기세포 치료는 환자의 합리적 선택을 방해할 가능성이 높다.

정책적인 측면에서 보면 줄기세포 임상에 대한 규제 완화는 중국, 태국, 싱가포르, 인도 등이 택하고 있는 전략이라고 할 수 있다. 이들 나라들은 줄기세포 치료를 중심으로 한 '의료 관광(medical tourism)'을 지원 또는 묵인하고 있다. 줄기세포 임상을 실시해 선진국에 비해 뒤처진 줄기세포 분야

용하였다. 이 아이의 아버지는 목사로, 서울대 수의대 IRB의 위원으로 참여하였다.

9⋯ 황우석 사태 제보자 K와의 인터뷰, 2006. 12. 15.

10⋯ 세계 최초로 배아줄기세포에 대한 공식적 임상 시험은 미국의 제론(Geron)사가 진행했다 포기한 바 있다. 제론 사는 2008년 5월 미 FDA의 승인을 받았으나, 전임상 시험에서의 논란으로 인해 실제 임상 시험은 2010년 7월 30일부터 시작되었다. 미국보다 6년이나 앞선 시기에 배아줄기세포 그것도 체세포 복제를 통해 얻은 배아줄기세포에 대한 임상이 가능하게 규정을 정비한 것이다.

의 경쟁력을 확보하겠다는 전략이다(Chen, 2009; Glasner, 2009). 줄기세포 치료 관광이 성행하기 위해서는 임상에 대한 규제 완화, 브로커 양성, 법적 분쟁에 대한 준비 등이 필요하다. 의료 관광을 하나의 산업으로 육성하려는 정부의 정책을 고려하면 우리나라에서도 줄기세포 치료 관광이나 이를 매개로 한 파생 상품이 등장할 가능성이 높아 보인다.

5 나오며: 배아줄기세포의 규제 형성

우리나라 생명공학 규제 형성 과정에서 가장 논란이 되었던 영역은 복제를 포함한 인간 배아 연구의 허용 범위에 관한 것이었다. 이러한 논쟁은 주로 1999년부터 「생명윤리및안전에관한법률」(이하 「생명윤리법」)이 국회를 통과한 2003년 말까지 지속되었다. 이 과정에는 국회, 정부, 시민 단체, 황우석 박사가 주요 행위자로 참여하였는데 그중에서도 황우석 박사와 시민 단체가 핵심 행위자였다고 할 수 있다. 시민 단체 특히 생명공학 감시 운동을 이끌었던 〈시민과학센터〉가 줄기세포 연구에 어떠한 입장을 취했는지 그리고 그 배경을 살펴보는 것은 당시의 배아 복제 논쟁을 이해하는 데 도움이 될 것이다.

인간 배아 연구에 대한 〈시민과학센터〉의 최초 입장은 1999년 1월 21일 「생명공학육성법」 개정안에 대한 전자공청회에 제출한 의견서를 통해 표출되었는데 인간 배아 연구는 의료적 목적으로만 진행되어야 하고 복제는 금지할 것을 요구하였다. 당시는 논쟁의 초기 단계로 줄기세포의 의학적 가능성이나 외국의 규제 현황이 국내에 제대로 알려지기 전이었다. 따라서 배아 복제 반대의 가장 큰 이유는 복제 양 돌리 출현이나 경희대 연구팀의 작업에서 보여주었듯이 이 기술이 '인간 개체 복제'로 이어질 가능성에 대한 우려였다. 물론 수정란의 생명권이나 존엄성에 대한 언급도 있었으나 그 근거들이 제대로 뒷받침되지는 않았다.

1999년 유네스코 한국위원회가 개최하였던 〈생명복제기술합의회의〉는 〈시민과학센터〉의 입장 형성에 큰 영향을 미쳤다. 당시 복제 전문가로 대중들에게 잘 알려진 황우석 박사가 전문가 패널로 참석하여 복제의 필요성을 역설했음에도 불구하고 전국에서 선발된 시민 패널들은 '배아 복제 금지'에 합의하게 된다. 공정성에 대한 논란이 없이 성공적으로 개최되었다고 평가받았던 합의회의의 결과는 〈시민과학센터〉가 입장을 형성하는 데 중요한 근거가 되었다.

이후 인간 배아 연구에 대한 입장은 〈시민과학센터〉의 독자적 법안인 「생명과학인권윤리법」(2000. 8) 제출 과정과 과학기술부 산하의 〈생명윤리자문위원회〉의 활동을 통해 더욱 구체화되었다. 독자적 법률을 준비하면서 마련한 〈14일론 토론회〉 등을 통해 배아줄기세포의 의학적 가능성과 문제점, 허용 범위 등 논쟁의 주요 쟁점들을 드러냈다. 또한 국내외 규제 현황에 대한 자료를 수집 분석하는 과정에서 관련 동향을 파악했다. 이때 획득한 전문성은 과학기술부나 일부 이해 당사자가 "외국에는 규제가 없다"거나 "대부분의 선진국은 허용한다"는 식의 모호한 주장을 할 때 구체적으로 대응할 수 있는 근거가 되었다. 과학기술부 산하에 조직되었던 〈생명윤리자문위원회〉의 활동도 입장 형성에 영향을 미쳤다. 단체 대표가 자문위원회에 참여하였을 뿐만 아니라 자문위원회의 운영 과정에서 체세포 복제의 연구 현황, 성체줄기세포의 가능성, 배아 연구의 한계와 불임클리닉에서의 배아 관리 실태 등 국내 현황들이 구체적으로 드러났기 때문이다.

시민과학센터는 인간 배아 연구에 대해서 다음과 같은 입장을 가지게 된다(김환석, 2001).[11] 아래의 내용은 배아 복제 논쟁에서 〈시민과학센터〉가 가진 기본 입장이자 나중에는 69개 단체로 구성된 〈조속한 생명윤리법 제정을 위한 공동 캠페인단〉이 합의하는 최소한의 입장이 되었다. 결국 이 입장은 보건복지부의 「생명윤리및안전에관한법률」 초안, 과학기술부 〈생명윤리자문위원회〉의 「생명윤리기본법」에 반영되었다.

1) 기본 원칙: 사전 예방 원칙(Precautionary Principle)의 준수

과학적 불확실성이 높고 사회 및 환경에 미치는 잠재적 위험이 큰 과학 연구 및 기타 활동의 경우, 그 연구 및 활동을 추구하는 데서 사회가 얻는 이익이 크며 절실히 필요하다는 것(또는 적어도 위험하지 않다는 것)을 증명하는 '증거의 책임(burden of proof)'을 연구자가 져야 하며, 그러한 증거를 명확히 제시하지 못할 경우 그 연구 및 활동은 예방의 차원에서 금지되어야 한다.

2) 인간 배아의 도덕적 지위에 관한 입장

인간 배아는 '잠재적 인간 존재'로서 특수한 지위를 지니며, 성장하면서 점차 완전한 인간으로서의 도덕적 지위를 얻게 된다는 입장과 같음.

3) 불임 치료를 목적으로 냉동 보관 중인 잔여배아를 사용하는 줄기세포 연구는 다음과 같은 조건하에서 허용하되, 인위적으로 연구용 배아를 창출하거나 체세포 핵이식을 통해 배아 복제를 하는 행위는 금지한다.

· 현재 국내에서 냉동 보관 중인 잔여배아의 파악과 관리 실태 조사
· 각계의 다양한 의견을 수렴한 국가적 지침이 만들어지기 전까지 줄기세포 연구

11··· 시민과학센터의 입장은 운영위원회에서 토론과 표결을 통해 결정되었다.

의 일시 중지

· 배아줄기세포 연구는 국가 기구(생명윤리위원회 산하에 설치)로부터 인가 및 감독을 받아 수행하며, 이때 국가 기구는 배아를 사용하지 않고는 해당 연구의 목표를 성취할 다른 수단이 없음을 확인해야 함

· 배아줄기세포 연구는 수정 후 14일 이내의 배아에 대하여서만 허용하며, 난자 및 정자의 기증자들에게 반드시 고지하고 동의를 얻어야 함

· 국내의 상황을 고려할 때 배아줄기세포 연구는 개별 민간 조직이 아닌 국가의 관리 감독하에 한정된 공간에서 투명하게 진행되는 것이 바람직(배아공동연구센터의 건립 검토)

· 인간 배아 및 그로부터 유도된 줄기세포에 대한 매매 및 특허 부여 등 상업적 이용의 금지

· 체외수정 시 필요한 배아를 적정 수준으로 제한하여 과다한 잔여배아의 생산을 금지

· 배아 연구의 의학적 가능성과 한계에 대한 보다 정밀한 평가작업 필요

· 성체줄기세포 연구에 대한 국가의 적극 지원

4) 연구용 배아 창출 및 배아 복제를 금지하는 근거:
유럽의 생명윤리협약과 미국 국립보건원(NIH)의 줄기세포 연구 지침과 동일

시민과학센터는 배아 연구에 대한 구체적인 입장을 가지면서도 동시에 '사회적 합의'를 통한 결정을 강조했다. 국내 연구진들이 배아 복제 실험에 성공했다고 발표했을 당시 비판의 유력한 근거 중 하나는 '사회적 합의'에 대한 무시였다. 국내 연구진들과 정부는 규제에 대한 논쟁이 한창 벌어지고 있는 상황에서 그리고 보건복지부와 과학기술부의 규제안이 나온 이후

에도 이를 무시하고 지속적으로 연구를 진행하거나 지원하였다.

인간 배아에 대한 관리 실태 조사도 〈시민과학센터〉의 주장을 뒷받침하였고, 규제의 필요성을 강조하는 구체적인 근거가 되었다. 인간 배아에 대한 실태 조사 자료는 규제를 마련하기 위한 기초 조사에 해당된다. 배아줄기세포를 만들기 위해서는 냉동 잔여배아가 필요하고, 냉동 잔여배아는 일반적으로 불임클리닉에서 나오게 된다. 그런데, 당시에는 불임클리닉에서 만들어진 배아, 냉동 보관된 배아, 연구용으로 사용된 배아들이 어디에서 얼마나 만들어지고 보관되고 있는지에 대해 알려진 바가 없었다.

당시 조사에서 불임클리닉에서 보관 중인 잔여배아에 대한 기본적인 통계조차 제대로 파악이 불가능하는 등 인간 배아에 관리가 아예 없었다는 사실이 밝혀졌다. 인간 배아의 냉동 보관은 1992년에 비해 1997년에는 10배로 증가하였는데, 이러한 통계는 모든 불임 치료 병원을 대상으로 하고 있지 않아서 정확한 실태를 보여주고 있지 않을뿐더러, 냉동 보존 중인 인간 배아의 수에 대한 해당 년도와 전년도 통계치가 일치하지 않는 등 기본적인 통계 원칙도 지키지 못하고 있었다. 예를 들어 냉동 보존 중인 1996년 인간 배아와 1997년 인간 배아 사이에는 9,225개만큼 차이가 나타나는데, 이 통계대로라면 9,225명의 인간 배아가 사라진 것이다.[12] 또한 8개 국공립 불임 치료 기관에 정보 공개를 청구한 결과에 의하면, 배아의 냉동 보존 및 폐기에 대한 동의서를 갖추어 실시하고 있는 기관은 2곳에 불과하였다. 배아를 연구에 이용할 경우에 얻어야 할 동의서 양식을 갖추고 있는 기관은 단 한 곳도 없었다. 이러한 사실은 인간 배아가 부모의 동의 없이 무분별하

12… "[보도자료] 9,225명의 인간배아, 그들이 사라졌다", 참여연대 시민과학센터, 2001. 10. 23.

게 이용되고 있을 가능성을 보여주었다. 당시의 실태 조사는 규제 논의에 앞서서 정부가 해야 할 역할을 시민 단체가 먼저 진행했다는 데 의의가 있다.[13] 시민 단체의 조사에서 드러난 허술한 배아 관리 실태는 「생명윤리법」 제정을 촉구하는 중요한 근거가 되었다.

줄기세포에 대한 입장 형성 과정에서 볼 수 있듯이 〈시민과학센터〉가 가진 전문성과 사회적 합의를 강조하는 개방성은 다양한 입장을 가진 단체들을 엮어서 연대모임을 이끌 수 있었던 배경이 되었으며, 결국 규제 형성 논쟁에서 구체적인 부분까지 개입해 정부를 압박할 수 있는 원동력이 되었다.

13⋯ 우리나라 정부의 최초 조사는 「생명윤리법」에 따라 2005년도에 이루어졌다. 보건복지부에 따르면 2006년 1월 현재 국내에는 122개 불임클리닉과 44개의 배아 연구 기관, 6개의 체세포 복제 연구 기관이 등록되어 있다. 2005년에 생성된 배아는 122,698개, 2005년 이전에 생성된 배아는 85,629개로 총 208,327개의 배아가 생성되었다. 이중 93,921개가 냉동 보관 중이라고 밝혔다.

✝ 2000년대 초반 인간유전체사업(인간 게놈 프로젝트)은 생명공학뿐 아니라 전 세계, 전 사회의 초관심사였다. 한국에서도 생명공학, 생명윤리에 관한 논쟁들이 빠르게 확산되었다. 특히 관련 규제나 법제도가 전무한 당시에서, 그리고 생명공학의 육성에만 치우쳐 있는 국내의 환경 때문에도, 인간 유전 정보를 어떻게 이용할 것인가라는 주제는 큰 사회적 관심사가 아닐 수 없다.

2장은 인간유전체사업 종료와 여기서 파생된 유전 정보의 사회적 활용에 관한 것이다. 국제 컨소시엄과 셀레라 지노믹스 사 간의 경쟁 속에서 예상보다 빨리 완료된 이 사업은 유전자 중심적 사고를 확산시키면서 유전자 검사의 거품을 형성하는 데 기여하였다.

이 글은 「생명공학기술이 제기하는 사회문제들──인간 유전 정보의 이용을 중심으로」,《고대문화 53호》(2001년 6월)를 일부 수정한 글이다.

제2장 인간 유전 정보, 어떻게 활용할 것인가?

1 들어가며

생명공학에 대한 기대를 한껏 부풀려 왔던 인간유전체사업은 2001년 2월 오랜 연구 끝에 드디어 우리 앞에 모습을 드러냈다. 약 10여 년 동안 이 프로젝트는 수명 연장, 질병 극복, 맞춤 의학, 새로운 산업 창출 등의 기대를 받으면서 많은 사람들의 관심 영역에 있었다. 프로젝트의 초안 발표가 끝난 후에도, 과학계 내부에서는 염기서열의 정확성, 유전자의 개수, 정보의 공유 등에 관한 논란이 계속되고 있다. 반면 우리 사회에서는 이것을 통해 부풀려진 생명공학에 대한 기대들이 다양한 논의 없이 더욱 확산되고 있다. 이 프로젝트가 단지 인간 DNA의 염기서열을 밝혀내는 것이었음에도 불구하고 이렇게 큰 의미를 부여받게 된 것은 일부 이해 당사자와 언론의 과대 선전 때문이었기도 하지만, 또 다른 이유로는 바로 '유전자'에 대한 강한 믿음이 있었기 때문이다. 이제 DNA의 의미는 단지 실험실 안의 보이지 않는 작은 물질만이 아니다. 자신의 DNA 사진을 목에 걸고 다니며, 유전자 검사를 이용해 배우자를 찾고, 갓 태어난 아이의 DNA 검사를 통해 지능과 호기심을 알아보고 있다. 영화 「가타카」의 내용이 아닌, 바로 우리 주변에서 일어나고 있는 일들이다. 도로시 넬킨[1]의 말을 빌리자면 유전 정보가 하나의 사회 권력으로 자리 잡고 있는 것이다.

이 글에서는 현재 우리 사회에서 논란을 불러일으키고 있는 생명공학 분야의 몇 가지 영역에 대해 살펴볼 것이다. 주로 인간 유전 정보의 이용으로 제기되고 있는 사회적인 문제들로 인간유전체사업, 유전 정보 활용의 사회적 문제 그리고 우리 사회에서도 서서히 확산되고 있는 유전자 결정론과 과도한 상업화 및 생명의 사유화를 촉진시키고 있다고 비판받고 있는 생명 특허에 대해서 살펴본다.

2 인간유전체사업의 다양한 측면

인간이 가진 DNA 전체의 염기서열을 밝혀내기 위한 인간유전체사업(Human Genome Project: HGP)은 1990년 미국의 에너지성(DOE)과 국립보건원(NIH)의 양해각서 체결로 시작되었다. 그동안 이 사업의 적극적 옹호자들은 인간의 유전체(genome)를 미래의 일기, 인간의 청사진 등으로 비유하면서 염기서열과 그 기능을 알아내기만 하면 질병, 행동양식, 지능 심

1··· Nelkin, D. and Tancredi, L., *Dangerous Diagnostics: The Social Power of Biological Information, with a new preface*. Chicago: University of Chicago Press, 1994.

〈사진〉 인간유전체사업의 포스터.

지어 인간의 본성까지도 알게 될 것이라고 주장해 왔다. 물론 초안 발표가 끝난 후, 많은 과학자들은 이제부터가 본격적인 시작이며 앞으로는 유전자의 기능을 알아내는 기능유전체학(functional genomics)이나 단백체학(proteomics) 등이 기다리고 있다고 말하고 있지만 지난 기간의 거품을 제거하기에는 부족해 보인다.

인간유전체사업의 내용[2]을 조금 살펴보면 인간의 유전자는 그동안 예상해 왔던 8~10만 개보다 훨씬 적은 약 3만 개 내외로 추정되며, 간단한 원

2… 인간게놈프로젝트의 초안 발표는 *Nature* vol. 409, 745-964와 *Science* Vol. 291, Num. 5507에서 볼 수 있으며 여기에 대한 비판적 분석의 글은 영국의 생물학자 Mae-Wan Ho 교수가 쓴 「인간게놈지도, 유전자 결정론의 죽음과 그 이후」,《녹색평론》, 3-4호(2001)가 있다.

형벌레보다는 1만 개가 많을 뿐이며, 이중에서 단백질의 발현에 관련되는 부분은 약 1.1%에 불과하다는 것이다. 또한 인종을 구별할 수 있는 유전자상의 차이도 없으며 전 세계 사람들은 DNA의 99.9%를 공유하고 있다. 그리고 현재까지 약 1,778개의 유전자가 질병과 연관되어 있는 것으로 파악되었으며, 개인 차이의 원인 규명과 맞춤 의학을 가능하게 할 새로운 영역으로 기대를 받고 있는 SNP(단일염기다형성)의 개수는 123만 개에서 400만 개 정도로 추정하고 있다. 즉 이 발표만으로 보면 아직도 우리는 인간 유전자의 정확한 개수나 완벽한 염기서열을 알지 못하고 있는 것이다. 유전자의 개수가 이처럼 적다는 것은 그동안 생각해 왔던 "하나의 유전자가 하나의 단백질을 만들고 이로 인해 특정 질병이 발생한다"는 개념을 상당히 약화시켰다. 그것보다는 유전자 간의 그리고 환경과의 복잡한 상호작용의 의미가 더욱 중요해진 것이다. 이번 결과를 두고 유전체사업의 한 축을 형성한 셀레라 지노믹스(Celera genomics) 사의 사장인 벤터는 "우리는 생물학적 결정론의 관념이 올바르다는 것을 보여줄 충분한 유전자를 가지고 있지 않다"고 말함으로써 인간의 다양성이 유전자 안에 있는 것은 아니라고 주장했다.

　　결과 발표와 생산된 정보의 활용에 대해서 이견이 표출되기도 했다. 공공 HGP 컨소시엄과 셀레라 지노믹스 사는 '염기서열의 정확성'과 '염기서열에 대한 접근'을 두고 논란을 벌였다. 서열의 정확성은 이들 두 그룹 간에 사용한 방법상의 차이를 의미하는데, HGP는 계층적인 염기서열 해독 방법(hierarchical shotgun sequencing)을 사용하여 인간의 DNA를 계획적으로 조각내 분석한 반면, 셀레라 지노믹스 사는 처음부터 전체 DNA를 무작위로 조각내는(whole-genome shotgun sequencing) 방식을 사용했다. 셀레라가 사용한 방법이 박테리아나 바이러스 같은 것에는 유용할지 모르나 염기의 반복이 많은 인간에게는 적당하지 않다는 것이 HGP 측의 주장이다. 서열에 대한 접근 문제에 있어서는 공적 자금으로 운영되고 있는 HGP 측은 인류의 공동자산인 유전체의 분석 결과를 누구에게나 제한 없이 공개한다는 원칙을 세운 반면, 사기업인 셀레라 측은 이것을 상업적으로 이용하겠다는 것이다. 이런 의견 차이로 인해 이 초안 발표가 《네이처(*Nature*)》와 《사이언스(*Science*)》에 각각 실리게 되었다.

인간유전체사업의 처음 완성 목표가 2005년이었음에도 불구하고 이렇게 빨리 완성된 이유는 무엇일까? 물론 그동안의 기술 발전도 한 요인으로 작용했지만 앞으로 열릴 거대 생명공학 시장에 대한 기대도 큰 원인으로 작용했다. 미국 국립유전체연구소에서 유전체 연구를 하던 크레이그 벤터 소장이 연구소를 나와 거대 생명공학 회사인 퍼킨엘머(PerkinElmer) 사와 함께 셀레라 지노믹스 사를 설립한 것도 이 때문이었으며, 많은 기업들이 새롭게 설립되어 유전체 연구에 뛰어들고 있는 것 역시 유전자 상업화에 따른 기대 때문이다. 이익 추구를 목적으로 하는 이런 사적 기업들이 연구에 가세하면서 인간유전체사업은 혼탁해지고 있으며 그 긍정적 의미가 퇴색되고 있다. 이들은 벌써 많은 유전자에 대한 특허를 소유 또는 출원 중에 있다. 이처럼 인간 유전자를 상품화하려는 경제적 동기로 강력히 추동된 인간유전체사업은 '지식의 축적과 불치병 치료'라는 애초의 목적에서 벗어나고 있음을 보여주고 있다. 인간 유전자에 대한 상품화는 그것의 공익적 목적으로의 사용을 차단할 뿐만 아니라 인간 유래 물질을 상품화하는 행위라고 비판받고 있다. 또한 1997년 유네스코가 채택한 〈인간 게놈과 인권에 관한 보편 선언〉[3]은 인간 유전체를 인류 공동의 자산으로 보고

3… 이 선언이 담고 있는 원칙을 보면 인간 게놈을 인류의 소중한 유산이란 개념으로 본다는 것, 유전적 특징에 관계 없이 각 개인의 존엄성과 인권은 존중받아야 한다

있으며 그 다양성 또한 보호받아야 한다고 명시하고 있지만 상업적 이익에 밀려 그 소중한 정신의 의미를 잃어 가고 있다.

인간유전체사업은 미국의 이해를 적극적으로 반영하고 있다. 분자생물학과 크게 관련이 없는 에너지성(Department of Energy)이 참여하고 있는 것과, 아직도 논란이 많은 인간 유전자에 대한 특허를 미국이 가장 먼저 허용한 것을 보면 알 수 있다. 이 조직은 맨해튼 프로젝트를 주도한 원자폭탄위원회의 후신으로 1980년대 중반부터 이 프로젝트를 구상한 것으로 알려져 있다. 냉전이 종식된 상황에서 미국의 기술력과 경제력의 우위를 인간유전체사업을 통해 확보하겠다는 구상이 깔려 있는 것이다.[4] 또한 인간유전체사업은 현대 과학 활동의 새로운 전형을 잘 보여주고 있다. 2차 대전 이후 하나의 과학 활동의 형태로 자리 잡은 거대 과학(Big Science)의 성격을 포함할 뿐만 아니라, 그동안 공적인 영역으로 인식되었던 과학 연구가 상업화되어 '기업 과학'으로 되어가는 전형적인 사례로 이해되고 있다. 이밖에 인간유전체사업에 막대한 공적 자금을 투입함으로써 다른 유용한 보건의료 서비스의 연구 개발을 저해했다는 점과 사회적으로는 유전자 결정론의 확산을 부추길 것이라는 비판을 받고 있다.[5]

는 것, 그리고 게놈은 개인의 환경에 따라 다르게 발현될 수 있기 때문에 유전자 결정론을 거부한다는 것이다.

4··· Beatty John, "Origins of U.S Human Genome Project; Changing Relationships between Genetics and National Security", in Sloan, Phillip R.(Edit.), *Controlling Our Destinies, Historical, Philosophical, Ethical, and Theological Perspectives on the Human Genome Project*, University of Notre Dame Press, 2000.

5··· 인간 게놈을 중심으로 한 현재 생명공학의 방향에 대해 비판적인 생물학자로는 하버드 대학의 동물학과 교수인 리처드 르원틴(Richard Lewontin)과 생물학과 교수인 루스 허버드(Ruth Hubbard) 그리고 영국 개방대학의 생물학과 교수인 매완 호

3 쟁점 1: 유전 정보 활용의 사회적 문제

우리 사회에서도 개인 유전 정보(genetic information)의 이용이 점차 확대되고 있고 그 영역 또한 다양해지고 있다. 각종 질병의 진단, 범죄자를 비롯한 신원 확인을 위해서 유전 정보가 이용되고 있으며, 최근에는 개인 유전 정보를 상업적으로 이용하는 벤처 기업들이 급속히 증가하고 있다.[6] 개인 유전 정보의 이용으로 인한 긍정적인 측면을 부정하기는 힘들지만 우려의 목소리도 높다. 특히 관련 법제도가 전혀 마련되어 있지 않고 유전 정보에 대한 시민들의 이해가 외국에 비해 상대적으로 부족한 우리의 현실에서는 더욱 우려되는 부분이기도 하다.

개인 유전 정보를 가장 일반적으로 이용하는 영역은 의료적 목적의 사용이라고 할 수 있을 것이다. 현재 국내 대형 병원에서는 유전병뿐만 아니라 유전되지 않는 일반 질병의 진단 및 연구에 개인의 유전 정보를 사용하고 있다. 특히 일부 유전병은 증상전 진단이 가능해졌는데, 문제는 현재로서는 그리고 앞으로 상당 기간 치료법이 난망하다는 것이다. 치료법도 없는 질병들에 대한 사전 진단은 개인에게 정신적인 혼란과 갈등을 안겨다 줄 수 있으며, 관련 정보의 유출로 인해 사회적으로 낙인이 찍혀 각종 활동에서 차별을 받을 가능성이 있다. 그리고 유전 정보는 자신뿐만 아니라 그 가족 구성원들의 유전적 상태까지도 알 수 있기 때문에 개인 유전 정보의

(Mae-Wan Ho)(www.i-sis.org) 등이 있다.

6… 국내의 유전 정보 이용 현황과 동의서 등은 『유전자 검사의 실시 현황과 국내외 관리 사례』(보건사회연구원)와 『국내 인간 유전 정보 이용실태 조사자료』(참여연대 시민과학센터: cdst.jinbo.net)에서 자세히 볼 수 있다.

유출은 더욱 심각한 사회 문제가 될 것이다.

한편 질병에 대한 유전자 진단은 발병이 거의 확실한 일부 유전병뿐만 아니라 다양한 질병으로 확대되고 있다. 그런데 이런 진단의 대부분은 미래의 어느 시점에 발병 가능성이 있음을 나타내는 확률적 진단일 뿐이다. 그럼에도 불구하고 최근 들어 영국과 미국의 일부 보험회사나 기업들을 중심으로 이러한 유전 정보를 이용해 보험 가입이나 고용에서의 차별 행위가 이루어지고 있다.[7] 이러한 행위는 개인의 인권을 위협하며 보건의료 등에서 발생하는 문제의 사회적 요인을 개인에게 떠넘기는 행위라고 할 수 있다. 의료적 목적의 유전자 검사를 통해 발생할 수 있는 또 다른 문제점은 진단, 치료, 연구의 구분이 갈수록 더욱 모호해지고 있다는 것이다. 과거에는 진단은 병원, 연구는 대학, 상업화는 기업에서 진행했지만, 최근에는 교수이면서 의사이고 기업 대표인 기업 과학자들이 증가하고 있다. 이해충돌이 발생할 수 있는 것이다. 예를 들면 자신의 혈액(DNA)이 진단 이외의 목적(상업적, 외부 유출)으로 사용되는 것에 대한 기준이 모호하고, 이것에 대한 당사자 동의 제도가 국내에는 거의 없거나 외국에 비해 아주 빈약한 실정이다.

개인의 유전 정보는 신원 확인 과정에서도 활용되고 있는데 국내에서는 미아, 입양아, 사생아 등에 대한 친자 확인 및 범인 검거에 광범위하게 이용되고 있다. 특히 우리나라의 유전자 감식(DNA typing) 기술은 세계적 수준인 것으로 알려지고 있으며 이러한 기술력을 바탕으로 각종 신원 확인

7··· 미국의 43개 주에서 정도의 차이는 있지만 건강보험(health insurance)에 있어 유전적 차별을 금지하는 법을 시행 중에 있으며 15개 주에서는 고용(employment)에 있어 유전적 차별을 금지하고 있다. 연방정부 차원에서는 공무원의 고용 시 개인의 유전 정보를 이용하지 말도록 행정명령으로 규정하고 있다.

DNA 데이터베이스(미아, 이산가족, 범죄자)[8]의 설립 움직임이 늘고 있다. 여러 정황 증거를 통해서도, 신원 확인이 불가능할 때에는 유전자 감식이 상당히 효과적일 수 있다. 그러나 이런 정보를 특정 기관(국가나 사적 기관)이 체계적으로 수집하여 데이터베이스를 만들 경우에는 개인 유전 정보의 유출[9]과 인권 침해의 우려가 있어서 다양한 논의들과 사회적 합의를 거쳐야 할 것으로 보인다.

특히 국가 기관이 개인의 유전 정보를 수집하여 체계적으로 보관·관리하는 행위는 개인의 기본권을 침해할 가능성이 높다. 국내에서는 경찰과 검찰이 각각 독립적으로 유전자 감식을 실시해 오고 있다. 경찰청 산하의 국립과학수사연구소는 지난 1991년부터 2000년 7월까지 약 2만여 건의 유전자 감식을 실시해 왔으며 이를 공문서 양식으로 일괄 보관하고 있다. 대검찰청 산하의 유전자 감식실도 자체적으로 유전자 감식을 실시해 오고 있으며 「유전자정보은행 설립에 관한 법률(안)」을 준비해 놓고 범죄자의 유전자은행 설립을 추진하고 있다. 그러나 국가가 범죄자들의 DNA를 강제로 채취해 죽을 때까지 보관하는 게 정당한 것인지에 대해서는 논

8··· 유전자정보은행(DNA databank)의 개념은 상당히 폭넓게 사용될 수 있다. 신원 확인을 위해 개인의 유전자형(DNA profile)을 저장한 DB에서부터 의료 기록 DB, 향후 유전 정보를 얻을 수 있는 혈액은행, 정자 및 난자은행, 조직은행 등이 유전자정보은행으로 정의된다.

9··· 국립과학수사연구소는 유전자 감식이 유전 정보와 무관한 DNA의 intron 부위만 사용하기 때문에 개인 유전 정보의 유출과 상관없다고 하지만, 이런 주장은 유전 정보에 대한 개념을 아주 협소하게 바라보는 것이다. 국가 기관의 개인 유전 정보 수집에 관한 문제점은 김병수, 「국내 유전정보의 수집 이용 실태와 문제점」, 『인간유전정보의 이용에 관한 전문가 패널 발표 자료집』, 참여연대 시민과학센터, 2001에서 더욱 자세히 볼 수 있다.

란이 많다. 범죄자의 유전 정보를 분석하고 저장하는 행위는 범죄의 재발을 전제하는 것으로 이미 죗값을 치른 범죄자의 인권을 크게 훼손할 수 있다. 비록 범죄자라 할지라도 자기 신체의 고유한 영역을 강제적으로 침해당할 수 있는 것은 아니며, 이는 개인 프라이버시의 심각한 훼손이라고 할 수 있다. DNA가 저장된 사람은 범죄가 발생할 때마다 수시로 검색되며, 어딘가에 머리카락이라도 하나 떨어뜨리면 위치가 파악될 수 있다. 그리고 범죄 수사의 효율성은 유전정보은행 설립의 설득력 있는 근거가 되기 힘들다. 설립 옹호자들은 미국의 범죄자유전정보데이터체계(CODIS)[10]나 영국 등 일부 국가들의 사례를 들면서 유전자은행 설립의 정당성을 주장하고 있지만, 이는 국내 현실을 제대로 고려하지 않은 주장이다. 이미 우리나라는 전 국민 주민등록번호제와 지문날인 제도를 운영하고 있는 세계적으로도 그 유례를 찾아볼 수 없을 정도로 강력한 국가 감시 체계를 갖추고 있다. 이런 제도의 개선 없이 범인의 검거율을 높이고 재범률을 낮추기 위해서 범죄자의 유전 정보를 수집하겠다는 것은 범죄의 사회적·환경적 요소를 무시하고 그 책임을 개인의 유전적 성향으로 돌리려는 행위라고 볼 수 있다. 그리고 만약 범죄자 유전자은행이 설립된다면 현재의 전산화된 지문 데이터베이스, 주민등록 데이터베이스 등과 직간접적으로 연결될 것이다.

바이오 벤처들의 상업적 활동도 활발히 이루어지고 있는데 이들은 국내에 관련 법제도가 없는 현실을 이용해 개인 유전 정보를 적극적으로 수

---

10 ··· 미국: 1998년 10월 FBI가 CODIS(Combined DNA Index System) 설치, 강력범죄를 중심으로 현재까지 60만 명의 자료 확보. 이 DB는 각주의 개별 DB와 연결되어 있다. 영국: 1995년 FSS(Forensic Science Service)가 UK DNA database 설치, 형 확정시 타액 수거, 현재까지 10만여 명의 자료를 확보한 상태.

집하고 있다. DNA 감식을 이용한 친자 확인, 가족 유전자 사진 제작, 출생 기념 DNA 카드 제작, DNA 추출 및 영구 보관, 각종 유전자 검사 등을 통해 개인의 유전 정보를 수집하고 있다. 심지어 일부 회사는 유명 연예인과 DNA가 일치하면 경품을 준다는 황당한 광고를 진행한 바 있으며, 다른 회사는 은행 적금에 가입하면 무료 검사를 해주는 이벤트를 실시하기도 했다. 어떤 벤처 기업은 결혼 정보 회사와 연계하여 DNA 검사를 통해 적합한 배우자를 찾아주고 있다. 이 회사는 성격, 지능, 비만, 치매 등의 검사를 통해 서로의 건강 상태를 파악해서 결혼 정보 회사에 제공해 주고 있다. 벤처 기업들이 이렇게 다양한 방법으로 개인의 유전 정보를 수집하는 것은 보유한 유전 정보의 양이 기업의 가치와 직결되기 때문이다. 즉 다양한 유전자를 얼마나 많이 확보하고 있는가가 바로 그 회사의 성공 여부를 판가름하는 것이다. 인터넷 포털 회사의 가치가 그 기업이 소유한 개인 정보의 양과 질로 결정되는 것과 비슷한 것이다.

최근에 일부 벤처 기업들은 "단 한번의 DNA 검사로 아이의 미래를 알 수 있다"는 광고를 통해 소비자들을 현혹하고 있어 논란이 되고 있다. 이들은 유전자 검사를 통해 롱다리, 호기심, 지능, 체력, 비만, 골초와 같은 비질병적인 개인 특성에 관한 소인 검사 서비스를 시행하고 있다. 하지만 이들이 실시하고 있는 유전자 검사들은 명확한 과학적 근거가 부족한 것들이 많다. 예를 들면 사회적 유행어인 '롱다리'의 유전자를 검사해 준다는 것 자체가 허위 광고이며, 이들이 제시한 SHOX/PHOX는 치명적 질병인 터너증후군(Turner syndrome)이나 LWD(Leri-Weill dyschondrosteosis)에서 신장과 관련이 있다고 알려진 유전자이다. 또한 '호기심 유전자'로 광고하고 있는 DRD2, DRD4 유전자는 대부분 병적으로 심각한 정신장애에 관련되어 있다고 보고된 유전자이다. 게다가 이 유전자는 우울증이나 중독성과 관련이 없다는 논문도 다수 존재한다.[11] 일부 기업들의 무리한 상업 행위는 관련 시민 단체는 물론이고 일부 의료계로부터도 비판을 받고 있다. 이러한 엉터리 유전자 검사의 가장 큰 문제는 시민들이 유전자 검사의 의미를 제대로 이해하는 것을 방해하며 더 나아가 유전자 중심적 사고를 사회적으로 확산시키고 있다는 점이다.

4 쟁점 2: 유전자 결정론의 사회적 확산

유전자 결정론(genetic determinism)은 말 그대로 유전자가 인간의 모든 것을 결정한다는 것이다. 질병에서부터 결국에는 인간의 본성까지도 유전자가 결정한다는 사고이며 더 나아가 유전자를 조작함으로써 인간의 여러 특성을 변화시킬 수 있다는 생각으로 발전할 수 있다. 유전자 결정론은 근대 과학의 기반이라고 할 수 있는 기계론적 패러다임과 이것과 밀접한 관계를 맺고 있는 환원주의(reductionism)의 연장선상에서 이해할 수 있다. 과학 혁명을 통해 세계가 거대한 시계 장치라는 기계론적 사고가 확산되면서 모든 것을 물리학의 언어와 법칙으로 설명할 수 있다는 사고가 서양 과학의 중요한 흐름으로 자리 잡게 되었다. 생물체에 대한 연구를 분자 수준에서 규명하려는 분자생물학은 환원주의적 방법론을 사용하는 것이며, 그 바탕에 깔려 있는 것은 생물체에는 생명의 기본이 되는 근본적인 무엇, 즉 본

11··· Clement-Jones M. et al., "The short stature homeobox gene SHOX is involved in skeletal abnormalities in Turner syndrome", *Human Molecular Genetics*, 2000, 9:695-702와 Serretti A, Smeraldi E., "Dopamine D2 receptor gene not associated with Symptomatology of mood disorders", *American Journal of Medical Genetics*, 1999, 88(4):294-7를 참고할 것.

질(essence)이 존재한다는 것을 기초로 하고 있다.[12]

과거 고전 유전학에서 유전자는 선형적인 인과적 연쇄로 이해했으며 하나의 유전자가 하나의 특성을 발현시키는 것으로 파악되었다. 또한 유전자는 안정적이어서 외부 환경의 영향을 잘 받지 않는 것으로 이해되었다. 그런데 이런 가설은 현재 거의 폐기되었지만 인체를 바라보는 환원주의적 관점은 여전히 확고하다. 최근의 유전자에 대한 개념을 보면 유전자는 독립적으로 작용하는 것이 아니라 극도로 복잡한 네트워크 속에서 다른 유전자와 다양한 층위의 상호작용을 통해 기능을 수행한다. 또한 환경과의 다양한 상호작용도 중요한 역할을 한다. 이런 환경과의 상호작용은 유전자의 기능을 바꾸기도 하고 유전자를 재배열하기도 한다. 물론 단 하나의 유전자나 몇 개의 유전자가 특정 질병을 거의 확실히 유발하기도 하지만 유전자 전부가 그렇게 작용하지는 않는다. 인간의 유전체에 약 3만 개의 유전자가 존재한다고 가정해 보자. 한 유전자가 다른 유전자와의 상호작용이나 변이가 5개 정도만 있다고 해도 그 조합의 가능성은 5^{30000}나 된다. 각각의 개인들은 유전적으로 유일한데, DNA의 서열로서 개인의 삶을 정확히 예측하는 것이 그리 쉽지만은 않을 것이다. 2001년 발표된 인간유전체사업의 초안을 보더라도 인간의 유전자는 생각한 것보다 훨씬 적었다. 즉 유전자 간의 복잡한 상호작용과 환경의 중요성이 더욱 높아진 것이다.

이러한 유전자 간의 복잡한 상호작용을 유전자 치료의 효과와도 연결시켜서 생각할 수 있을 것이다. 유전자 치료는 지난 1990년 공식적으로 시작된 이래 현재 세계적으로 약 450건 정도의 프로토콜이 진행되어 왔지만, 뚜

12··· 환원주의와 유전자 결정론에 대해서는 김동광, 「이데올로기로서의 인간게놈프로젝트」, 『과학기술정책』 9/10호(과학기술정책연구원, 2000)를 참조할 것.

렷한 성과를 내지 못하고 있다. 이는 전달된 유전자가 의도한 대로 쉽게 발현되지 않고 있음을 의미하는 것이다. 또한 사람마다 유전자의 조성이 다양하기 때문에 그 효과도 다를 것이다. 오히려 전달 물질인 바이러스 벡터로 인한 안전성 논란이 끊임없이 제기되고 있어 언제 임상에서 사용될지조차 예측하기 힘들다. 또한 질병 치료는 유전자 중심적 작업만으로는 해결될 수 없다. 암에 대한 최근의 연구 방향은 각종 암의 원인을 유전자의 변이로 설명하려 하고 있는데 유전자의 변이는 발암 물질과 같은 환경적 요인에 의해서도 생긴다. 따라서 암을 예방하고 생존율을 높이기 위해서는 유전체에 대한 연구뿐만 아니라 질병의 환경적이고 사회적인 측면에 대한 연구 그리고 사회의 구조적 문제의 개선이 동시에 이루어져야 할 것이다. DNA의 이중나선을 규명한 왓슨은 30년 안에 암이 정복된다고 말한 적이 있는데, 현재까지도 우리는 암은 물론이고 주변의 일상적인 질병조차 정복하지 못하고 있다.

유전자 결정론은 이데올로기적인 함의를 강하게 가지고 있다고 비판받고 있다. 과거의 생물학적 결정론은 분자생물학과 유전학의 발전으로 인해 현재는 자연스럽게 유전자 결정론으로 귀결되고 있다. 생물학적 결정론이란 계급, 성, 인간의 지위, 부, 권력의 불평등은 개개인의 생물학적 특성에 의해서 결정된다는 주장인데, 이런 관점은 인종주의, 가부장주의, 노동자를 비롯한 약자에 대한 차별과 억압을 정당화하는 이데올로기를 반영하고 있었다. 이러한 생물학적 결정론은 시장 질서에 대한 정부의 개입을 자연에 역행하는 것이라고 비판할 수 있게 해주며, 노동자, 실업자, 빈민, 장애인, 여성과 같은 사회적 약자에 대한 사회복지 정책 또한 축소해야 한다는 신자유주의 이념과 맥을 같이한다는 것이다. 그래서 이들은 신자유주의가 생물학적 결정론을 적극적으로 수용하고 지원한다고 보고 있다. 즉 유전자 결정론은 인간 개인과 사회 변화를 개인의 유전자로 환원시키며, 사회적 구조와 환경 등의 영향 등을 쉽게 무시할 수 있도록 만든다는 것이다. [13]

5 쟁점 3: 인류 공동 재산의 사유화

생명공학 산업이 앞선 미국 등 선진국과 초국적 기업들이 WTO를 통해서 관철하려는 것 중의 하나가 '지적 재산권의 강화'였다. 그중에는 생명공학 연구를 통해서 출원된 생명 특허에 관한 쟁점도 포함되어 있다. 이 생명특허는 생명공학 산업의 발전에 있어서 필수적인 것으로 주장되고 있지만, 실제로는 초국적 기업이 인류 전체의 지식과 유산(인간 유전체) 및 자연을 약탈하기 위한 도구라는 비판이 제기되고 있다.[14]

1930년대에 미국에서 식물 특허를 도입한 이래, 1981년 미생물 특허, 1988년 유전자 조작된 쥐에 대한 특허가 허용되었으며, 현재는 인간의 염기서열까지도 특허 등록이 가능하다. 제러미 리프킨은 생명 특허의 확산을 인류 최후의 '엔클로저 운동'이라고 명명하면서, 공동체 혹은 인류가 공유하고 있는 것들에 울타리를 쳐서 사유화하는 '도적질'이라고 비판했다.[15] 한편 제3세계의 유전적 자원과 토착 지식을 특허라는 이름 아래 강탈하고

13··· '유전자 결정론'이 가진 신자유주의적인 정치적 이데올로기 의도와 효과에 대해서는 스티븐 로우즈 외, 『우리 유전자 안에 없다』(한울, 1993)를 참조할 것. 한편 생명공학과 신자유주의의 관계를 살핀 글로는 한재각, 「신자유주의자의 놀라운 마술」, 『위험한 미래』(당대, 2000)를 참조할 것.

14··· 반다나 시바, 『자연과 지식의 약탈자들』(당대, 2000).

15··· 제러미 리프킨, 『바이오테크 시대』(민음사, 2000).

있는 생물 해적질(biopiracy)이 미국 정부 등의 비호 아래 초국적 기업들에 의해서 이루어지고 있기도 하다. 이러한 문제들이 일찍이 알려져서 1992년 리우 환경 회담에서도 다루어졌고 〈생물다양성협약〉를 통해서 유전 자원에 대한 보유국의 주권적 권리가 천명되었지만, WTO 지적 재산권 협정 등을 통한 선진국과 초국적 기업의 공세로 무시되고 있는 실정이다.[16]

과거에는 생명 특허에 대한 비판이 주로 제3세계 운동가, 양심적 과학자 단체에 의해 제기되었으나 최근 인간유전체사업이 종료되면서 주류 과학자들도 가세하고 있다. 인간 유전자 특허에 대한 반대 주장을 정리하면 다음과 같다. 첫째, 살아 있는 생명체나 그것의 일부는 인류의 공동자산이므로 분리, 확인했다고 해서 배타적으로 소유할 수 있는 대상이 아니라는 것이다. 〈인간 게놈과 인권에 관한 보편 선언〉에도 이런 내용이 명시되어 있으며 인간유전체사업을 수행했던 HUGO(The Human Genome Organization)는 인간 유전자를 인류 공동유산이자 집단 재산으로 규정하고 있다. 둘째, 자연 상태의 유전자는 발견의 대상이지 발명의 대상이 아니라는 것이다. 미국의 의료유전학협회[17]는 유전자 및 유전자의 돌연변이는 특허를 허용해서는 안 되는 천연물질로 보고 있어 질병 관련 돌연변이에 대한 특허를 반대하고 있다. 셋째, 인체 유래 물질에 대한 특허는 인간의 존엄성 또는 기본권을 침해한다는 것이다. 일부 NGO들은 인간 신체의 일부

16··· 정관혜, 「생명공학 특허와 제3세계의 유전자 자원」, 『위험한 미래』(당대, 2000); GRAIN 외, 「아시아의 밥그릇에 특허를 붙인다」, 같은 책.

17··· American College of Medical Genetics, "Position Statement on Gene Patents and Accessibility of Gene Testing", 1999년 8월 2일 발표(http://www.faseb.org/genetic s/acmg/pol-34.html)

(유전자, 세포)가, 그것의 유용성을 발견한 개인에 의해 독점적으로 사용된 다면 인간 존엄성이 크게 훼손될 것이라며 우려하고 있다. 넷째, 인간 유전 자에 대한 특허 부여로 의료 서비스에 대한 접근권이 제한될 것이라는 우려가 있다. 유전자 검사에 필요한 유전자에 대한 특허 부여로 검사 가격이 상승해 결국에는 의료 서비스에 대한 접근이 제한될 수 있다는 것이다. 다섯째, 유전자 특허로 인해 초기 연구 성과가 독점되어 후발 혁신을 저해한 다는 것이다. HUGO와 미 NIH의 일부 과학자들은 완전히 기능이 밝혀지지 않은 염기서열의 일부에 대한 특허는 유전자와 유전자의 산물에 대한 후속 연구를 방해할 것이라고 생각하고 있다. 한 조사에 의하면 조사 대상자의 25%가 특허로 인해 자신이 개발한 임상 시험 기법을 포기했으며 48%는 아예 임상 시험법을 개발하지 않았다고 한다. 참고로 소수 기업이 선점한 유전자 특허 현황을 보면 인간유전체과학(Human Genome Sciences) 사가 7,500개의 전장 유전자(full length)에 대한 특허를, 인사이트(Incyte) 사가 6,500개, 셀레라(Celera) 사가 6,500개 이상의 유전자 및 유전자 단편에 대한 특허를 가지고 있거나 출원 중에 있다. 마지막으로는 한 유전자에서 유래한 복수의 단편(EST)에 대해 각각 특허가 출원된다면 권리 분쟁이 심화될 수 있다는 것이다. 유전자의 기능성 단위인 엑손(exon), 단일염기다형성(SNPs), 돌연변이체(mutations), 단백질 모티프(protein motif), 조절 영역(control region), 전사체(transcripts) 등은 하나의 생물학적 메커니즘이며 다른 유전적 산물과 상호 작용하는 필수적인 요소인데 이들 요소들과 완전한 유전자가 각기 별개의 발명으로 취급된다면 최종 산물은 여러 특허에 걸쳐 있을 수밖에 없고 이는 변리사만 살찌우는 일이라는 것이다.[18]

18··· Bobrow, M. and Thomas, S., "Patents in a genetic age", *Nature* 409, 763-764.

6 나가는 말

우리 사회에서 생명공학 기술은 21세기를 이끌어나갈 핵심 산업으로 여겨지고 있으며 이를 위한 각종 육성 정책들이 쏟아져 나오고 있다. 이와는 대조적으로 생명공학 기술이 제기하고 있는 여러 사회적 문제들에 대해서는 거의 대응을 하지 않고 있다. 본문에서 살펴본 것처럼 국내에서도 개인 유전 정보의 이용이 크게 증가하고 있지만 유전자 프라이버시 보호나 차별을 금지하는 법률은 아예 없다. 벤처 기업의 육성에만 신경을 쓰다 보니 상업 활동을 효과적으로 관리할 수 있는 제도적 장치도 존재하지 않는다. 예를 들어 미국에서 유전자 검사를 진행하기 위해서는 최소한 세 가지 경로를 통해 관리를 받아야 하는데 여기에는 유전자 검사를 실시하는 실험실과 사용되는 기기, 시약, 서비스 내용 및 정확도, 피험자를 보호하기 위한 조치들이 포함되어 있다.[19]

그나마 다행인 것은 최근 들어 유전 정보의 이용뿐만 아니라 인간 복제 및 배아 연구, 이종간 이식, 생명공학 특허 등에 대한 관련 지침이나 법안들이 논의 중에 있다는 것이다. 그런데 생명공학에 대한 규제 형성 과정이 일부 과학자나 관료들이 일방적으로 결정하는 기술 관료적 방식이나 대중의 무지를 전제로 생명공학 지식의 확산이나 긍정적인 측면만을 홍보하는 과학 대중화 형태로 진행되어서는 안 될 것이다. 법률 제정이나 제도의 정비는 특정 이해 당사자들뿐만 아니라 다양한 사회 구성원들이 참여

19··· 이 3가지 경로는 Clinical Laboratory Improvement Amendment(CLIA), The Federal Food, Drug, and Cosmetic Act, The Federal Policy for the Protection of Human Subjects이다.

하는 '사회적 합의' 과정을 통해 이루어져야 한다. 미국 국립보건원은 최근 논란이 되고 있는 줄기세포 연구에 대한 지침을 만들면서 5,000건 이상의 의견을 받았고, 시민들의 의견을 청취하기 위해 COPR(Council of Public Representatives)을 설치해 운영하고 있는 것은 우리에게 시사하는 바가 크다고 할 수 있다.

시민들의 인권 보호와 안전을 위해서만 규제가 필요한 것은 아니다. 생명공학 산업에서의 성공적인 혁신을 위해서라도 생명공학 활동의 적절한 관리는 중요하다. 생명공학 기술은 생명체 자체를 연구 및 상업화 대상으로 하고 있어서 다양한 윤리적·사회적 쟁점들을 수반하기 때문에 신뢰와 정당성을 확보해야 한다.

인간유전체사업의 진행 과정에서 볼 수 있듯이 생명공학은 생명 현상에 대한 단순한 이해의 확장이라기보다는 과학적, 산업적, 사회적 차원의 여러 요소들이 개입된 복합적인 과정이다. 생명공학 활동의 미래는 열려 있으며 우리는 이 과정에 적극적으로 참여하여 보다 공익적이며 다양한 가치들이 반영될 수 있도록 노력해야 할 것이다. 특히 생명공학의 육성에만 치우쳐 있는 국내의 상황에서는 시민들의 적극적인 관심이 필요하다. 생명공학 활동은 우리가 그냥 '적응'해야 하는 그 무엇만은 아닌 것이다.

‡ 인간유전체사업 종료 이후 유전학 연구의 패러다임이 유전자 연구에서 DNA의 변이 연구로 전환되었으며, 이를 위해 각 나라의 정부들이 유전 연구를 확장하기 위해서 바이오뱅크를 구축하고 있다. 그러나 바이오뱅크는 개인의 민감한 정보를 영구히 보관 활용하기 때문에 다양한 쟁점들이 제기되고 있다. "개인은 유전 정보를 백지 동의할 수 있는가?", "세계 최대를 꿈꾸는 한국형 바이오뱅크?", "개인 정보의 익명화?" 등이 그것이다.

3장은 21세기 유전학 연구와 맞춤 의학의 실현에 중요한 기반이라고 하는 바이오뱅크를 다룬다. 바이오뱅크는 수십만 명이나 되는 참여자의 DNA와 의료 정보, 라이프스타일을 보관 분양하는 시스템인 만큼 다양한 쟁점이 제기된다. 구축 전에 사회적 공론화를 거쳐 쟁점에 대처한 나라들과, 우선 설립 후 제도를 만들어 갔던 우리나라를 비교한다.

이 글은 「국내외 바이오뱅크의 현황과 우려」,《시민과학》71호(2008. 4)를 수정한 글이다.

제3장 국내외 바이오뱅크의 현황과 쟁점

1 들어가며

인간유전체사업 완성 이후 인간 유전학 연구의 전반적인 흐름은 개별 유전자에 대한 기능 연구를 넘어 유전체의 다양성, 유전자와 환경 사이의 상호작용을 연구하는 방향으로 진행되고 있다. 이러한 연구 방향을 적극적으로 옹호하는 사람들은 개인의 유전적 차이 및 라이프스타일을 고려한 연구를 통해 유전자의 기능을 더욱 잘 이해할 수 있고, 궁극적으로는 개인이나 집단별 '맞춤 의학'을 제공해 줄 것이라고 주장한다.

DNA 염기서열 중심의 연구가 다른 형태의 연구에 비해 '삶의 질' 향상에 얼마나 효과적인지에 대한 근본적인 논란이 여전히 존재하지만, 중요한 점은 이런 방향이 새로운 연구 흐름과 시장을 창출하고 있다는 것이다. 이미 인간유전체사업을 거치면서 유전자의 과학적 의미나 한계와는 상관없이 사회적으로는 인간의 이해에 있어 유전자 중심적 담론이 확산되었고, 이를 바탕으로 기업이 직접 소비자의 유전자를 검사하는 시장이 형성되었으며, 인류 공동의 재산으로 여겨졌던 유전자에 대한 급속한 상업화가 진행된 바 있다.

유전자와 환경 간의 상호작용 연구를 효과적으로 수행하기 위해서 많은 나라들이 바이오뱅크(biobank)[1] 또는 각각의 유전자은행을 연결한 네트워크 시스템을 구축하고 있다. 바이오뱅크는 DNA를 추출할 수 있는 혈액이나 소변과 같은 생물학적 시료와 의료 정보, 라이프스타일 등의 개인 정보를 수집 · 보관 · 활용 · 분양하는 시스템이라고 할 수 있다. 이러한 연구 흐름에 따라 과거 병원에서 진단이나 치료 목적으로 수집해 보관하고 있는 검체들에 대한 가치도 재평가되고 있다. 이 글에서는 국내외 바이오뱅크의 구축 현황과 핵심 쟁점 그리고 설립 및 운영 과정에서의 시민 참여의 중요성을 살펴본다.

2 외국의 바이오뱅크 구축 현황

바이오뱅크와 관련해서 가장 많이 언급되고 있는 사례가 아이슬란드의 헬스 섹터 데이터베이스(Health Sector Database)이다. 아이슬란드 정부는 1998년 제정된 헬스 섹터 데이터베이스법에 따라 디코드 제네틱스

---

[1]··· OECD는 Human Genetic Research Database라는 용어를 '연구를 위해 DNA를 추출할 수 있는 생물학적 시료와 의료 정보와 같은 관련 데이터를 체계적으로 수집하는 시스템'으로 사용했다. 이 정의 안에는 genebank, biobank, population database, genome database, cohort 등이 포함되는데, 이 글에서는 biobank를 사용한다.

(deCODE genetics)라는 회사에게 12년 동안 바이오뱅크 운영 권한을 주었다. 디코드 제네틱스 사는 의료 기관과의 협력을 통해 거부를 표명하지 않은 아이슬란드 국민 전체의 의료 정보를 수집한 후 이를 유전 정보와 비교하는 작업을 진행하였다. 에스토니아는 2001년에 제정된 「인간유전자연구(human genes research)」법에 따라 에스토니아 유전체 프로젝트 재단을 설립하였다. 설립 초기에는 EGeen 사와 협력하였으나 2004년 계약이 파기되었다. 영국과 캐나다 퀘벡 주의 CARTaGENE의 경우 법률이 아닌 자율 규제 형식으로 설립 운영되고 있다. UK biobank는 Wellcome Trust, MRC, 복지부의 협력으로 1999년부터 추진되기 시작했으며, UK biobank limited가 운영을 맡고 있다. 질병 발병률이 높은 40~69세 사이의 50만 명이 수집 대상이다. 퀘벡 주의 CARTaGENE의 경우 2002년부터 본격적으로 시작되었으며 무작위로 선택된 25~69세 사이의 퀘벡 주민 5만 명의 정보가 수집된다. 이들 바이오뱅크들은 개인 간 유전적 변이 규명, 유전자와 환경 사이의 상호작용 연구를 통해 질병 진단 및 극복에 기여하는 것을 설립 목적으로 하고 있다. 대부분의 바이오뱅크들은 DNA를 추출할 수 있는 혈액이나 소변뿐만 아니라 신체검사 정보, 의료 정보, 라이프스타일 그리고 때에 따라서는 가계 정보까지 수집한다.

국제 협력도 활발히 진행되고 있는데, 대표적인 것인 HapMap 프로젝트이다. 2002년 10월에 출범한 국제 컨소시엄에는 미국, 일본, 중국, 나이지리아 등 6개국이 참여하고 있다. 각각의 집단으로부터 DNA(전체 270명의 혈액)를 확보해 유전자 변이를 규명하고 목록화한 후 후속 연구의 자원으로 활용하기 위해 설립되었다. 의료 정보나 개인 정보는 수집하지 않으며, 수집 직후 개인 식별 정보는 제거되어 재연결이 불가능하다. 유럽집행위원회의 지원 아래 8개국 쌍둥이 코호트(cohort)가(약 80만 명) 참여하는 Genome EUtwin도 구축되어 운영되고 있다. 이밖에 Public Population Project in Genomics(P3G), COGENE과 같은 국제 협력 컨소시엄이 존재한다.

3 쟁점 1: 개인 유전 정보를 백지 동의할 수 있는가?

개인의 민감한 정보들을 수집한 후 장기간 활용하는 속성을 가진 바이오뱅크는 다양한 사회·윤리적 문제와 운영상의 쟁점들을 제기한다. 윤리 및 감독위원회의 구성, 동의 절차 및 철회 권리, 프라이버시 보호 및 기밀성 유지, 바이오뱅크에 대한 접근 및 활용, 정보 및 시료의 소유권 및 상업화 등이 포함되는데, 특히 동의 절차에 대한 문제가 지속적으로 논란이 되고 있다.

기존의 생의학 현장에서는 특정한 연구 및 시술에 대해서 피험자가 연구의 목적, 위험과 이익, 대안적 방법 등에 대해서 충분히 설명을 들은 후 자발적인 상황에서 동의, 거부하는 것이 국제적 규범으로 정해져 있다.

그러나 대부분의 바이오뱅크의 경우 수집된 시료와 정보를 이용하는 연구가 포괄적이며 장기간에 걸쳐 진행되는 특징을 가진다. 이러한 성격으로 인해 동의서를 작성할 당시 향후 진행될 연구의 종류나 결과를 구체적으로 알 수 없기 때문에 '충분한 설명에 근거한 동의(informed consent)'가 제대로 이루어지기 힘들다. 그래서 대부분의 바이오뱅크들은 '포괄적 동의(broad consent)' 정책을 채택하고 있다. 즉 연구를 특정하지는 않지만 가능한 구체적으로 목적을 설명하고 동의를 받는 것이다. 이런 방식에 대한 반론도 지속적으로 제기되고 있다. 일부에서는 특정한 연구가 진행될 때마다 다시 동의를 받아야 한다고 주장하기도 한다. 포괄적 동의를 받은 후 시료와 정보를 무제한으로 사용해도 되는지, 참여자에게 연구 결과를 지속적으로 피드백하고 동의를 다시 받아야 하는지, 기관위원회(IRB)가 참여자의 이익과 동의를 대체할 수 있는지에 등에 대한 논란이 여전히 지속되고 있다.

현재 설립된 바이오뱅크 중 참여자의 권리가 가장 제한되어 있다고 평가받고 있는 아이슬란드의 경우 '추정 동의(presumed consent)'를 채택하고 있다. 거부 의사를 표명하지 않으면 동의한 것으로 간주하고 시민들의 의료 정보가 바이오뱅크에 자동으로 등록된 후 주기적으로 업데이트된다. 아이슬란드 국민들은 철회를 요청할 수 있으나 이 권리는 매우 제한되어 있다.

UK Biobank의 경우는 포괄적 동의(broad consent)를 채택하고 있다. 참여자들은 사전에 사업에 대해서 충분한 설명을 들은 후 동의를 받게 되는데, 재접촉 옵션을 선택할 수 있으며 언제라도 동의를 철회할 수 있다.

4 쟁점 2: 시민 참여와 시사점

바이오뱅크의 성공적 운영을 위해서는 대중의 '참여'와 추진 기관에 대한 '신뢰'가 중요하다. 기본적으로 시료 및 정보의 수집과 이용은 참여자의 자발적 동의에 의해서 이루어지며, 수집 목적이 추상적이면서 정보를 영구히 활용하는 바이오뱅크의 특성 때문이다. 바이오뱅크를 구축한 일부 나라들은 이런 성격을 사전에 인식하고 사업 초기부터 다양한 형태의 시민 참여 방식을 도입 활용하고 있다. 영국의 경우 1999년 처음 설립이 추진되었지만 다양한 의견 수렴 절차를 거쳐 2006년에서야 비로소 시료를 수집하였다. 아이슬란드와 에스토니아의 경우 직접적 시민 참여 방식을 활용하지는 않았지만 법률을 통해 바이오뱅크를 운영하고 있기 때문에 최소한의 사회적 논의가 있었다고 평가할 수 있다.

특히 영국의 사례는 우리에게 많은 시사점을 준다. 영국은 2000년 봄, 인간 생물학적 시료 수집에 대한 대중 자문 절차를 진행했다. 16번의 포커스 그룹과 43건의 심층 인터뷰를 실시했는데, 포커스 그룹은 영국 전역에서 일반인들(12건)과 인종적 소수자들(4건)로 나누어 진행하였으며 심층 인터뷰 대상자에는 의사 및 간호사, 장애인, 환자, 종교 지도자, 지역 대표, 시료 수집에 대한 직접적인 이해 관계자가 포함되었다. 2000년 가을에는 일반의와 간호사들에 대한 포커스 그룹을 실시하였다. 2002년 1월에는 MRC와 Welcom Trust의 지원 아래 People Science & Policy 사가 3번의 포커스 그룹을 진행하였는데, 바이오뱅크 저장 대상 연령인 45~69세의 시민 60명이 참여하였다. 참여자 모집 절차, 데이터와 시료에 대한 접근과 기밀성, 데이터의 활용, 바이오뱅크의 거버넌스 등이 토론 주제로 제시되었다. 2002년 4월에는 윤리 워크숍(Ethics Consultation Workshop)을 개최하여 60명의 생의학 연구자, 사회과학, 법률가, 임상의로부터 동의, 기밀성, 데이터의 보안, 상업화, 거버넌스에 대한 의견을 청취하였다. 2003년 여름에는 과거에 대중 자문 절차에 참여한 경험이 있는 45~69세 사이의 일반 시민 65명이 법률가, 사회학자, 윤리학자, 임상의, 일반인 대표 등으로 구성된 중간자문위원회(Interim Advisory Group)에 의해 만들어진 Ethics and Governance Framework(EGF) 초안을 검토했다. 또한 이 초안은 인터넷에 공개되어 일반인들의 의견을 수렴하는 절차를 거쳤다. 몇 년 동안의 대중 자문에서 참여자들은 시료의 남용 가능성, 차별, 참여자의 자율성 상실, 제약 회사 및 생명공학 회사에 의한 이윤 창출, 고용주와 보험회사의 접근 및 활용, 정부 및 산업계의 이해관계에 취약한 시행 주체에 대해 우려를 표명하였다.

그러나 우리에게는 부럽기만 한 이런 사례들에 대한 비판도 존재한다. 영국 정부가 광범위한 대중 참여 전략을 선택했음에도 불구하고 UK 바이오뱅크는 영국 내 몇몇 NGO들로부터 조직적인 비판을 받고 있다. 영국 정부가 과학적 타당성이나 안전 장치에 대한 독립적인 사전 검토 없이 졸속으로 추진했다는 점과 동의 절차 및 상업화에 대한 비판, 의회와 대중들에 의한 사전 검토 부재 등이 문제로 지적되었다. 대중 자문이 설립 주체에 의해 진행되어 중립성 시비가 일었으며, 대중 자문 결과 또한 프로젝트에 제대로 반영되지 않았다는 점도 문제로 지적되었다. 2003년 영국 하원 과학기술위원회는 MRC에 의해 진행된 대중 자문 절차가 프로젝트의 목적 및 방법에 대한 사회적 합의를 형성하기보다는 프로젝트 자체에 대한 광범위한 지지를 확보하기 위한 것이라고 비판하기도 했다.

아이슬란드의 경우 프로젝트의 일방적 추진, 상업적 성격, 동의 절차에 대한 문제로 사회적으로는 실패한 모델로 평가받고 있다. 설립 당시 주체 측의 일방적 홍보 아래 실시한 여론조사 결과가 중립성 시비에 휘말렸으며, 2003년 겨울 아이슬란드 대법원은 디코드 사가 채택하고 있는 '추정 동의'가 헌법에 위배된다는 판결을 내림으로써 프로젝트가 큰 타격을 받았다. 아이슬란드의 과학자, 의학자, 일반 시민 등으로 구성된 대표적 바이오뱅크 반대 단체인 'Mannvernd'에 따르면 2003년 6월까지 20,426명의 아이슬란드 국민이 철회 권리를 행사했다고 한다. AutoGen 사에 구축될 예정이었던 통가의 바이오뱅크는 교회와 인권 단체들의 강력한 반대로 인하여 무산된 바 있다.

설립 과정에서뿐만 아니라 진행 중에도 대중과의 소통이 중요하게 고려되고 있는데, 대부분의 바이오뱅크들은 웹사이트, 리플릿, 뉴스레터, 상담전화 등을 통해 프로젝트 진행 상황을 지속적으로 공지하며 대중과 소통하고 있다.

5 쟁점 3: 세계 최대를 꿈꾸는 한국형 바이오뱅크?[2]

우리나라는 2005년부터 「생명윤리및안전에관한법률」이 본격 시행됨에 따라 규제의 사각지대에 있었던 민간 유전자은행은 보건복지가족부의 허가 및 관리 대상이 되었다. 보건복지가족부의 실태조사에 따르면 2006년 말까지 전국에 19개의 유전자은행이 구축되어 운영되고 있다. 이중 12개의 유전자은행은 수집뿐만 아니라 분양 기능을 수행하고 있으며 3개 은행은 보관된 시료나 유전 정보가 없는 것으로 나타났다. 법률에 따라 유전자은행의 이용 계획은 기관위원회의 사전 심의를 받게 되어 있으나 9개 기관은 설립 이후 자체 기관위원회를 이용해 심의한 사례가 한 건도 없었다. 또한 전반적으로 개인의 유전 정보를 보호할 수 있는 자체 지침이나 동의서 작성이 부실한 것이 문제로 지적되었다.

현재 정부는 이런 개별 유전자은행들과 질병관리본부가 자체적으로 운영하고 있는 몇 개의 유전자은행들을 서로 연결하고, 추가하여 약 100만 명 규모의 대규모 한국형 바이오뱅크를 구축하는 계획을 추진하고 있다. 정부

2… 2008년 4월 Korea Biobank Project(한국 인체자원 종합관리사업)가 공식 출범하면서 초기의 100만 명 규모에서 50만 명(건강인 코호트 30만 명, 질환군별 자원 20만 명)으로 규모가 축소되었으며 2011년 50만 명분의 인체 자원을 확보했다. 현재는 한국인체자원은행사업 2기(2013~2015)가 진행되고 있다.

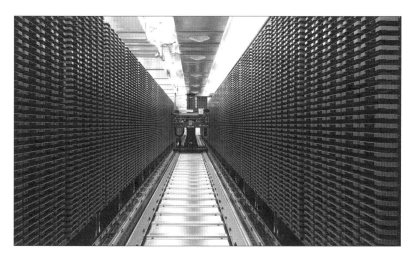

〈사진〉 개인 유전 정보를 담은 바이오뱅크 이미지.

가 추진 중인 보건의료생물자원관리 방안에 따르면 "인체 유래 생물 자원을 미래의 창출을 위한 소중한 국가 자원"으로 인식하고 거대 바이오뱅크 구축을 통해 "(황우석 사건으로) 실추된 국가 연구 신인도를 회복시키고 국제적 연구 분위기를 선도할 수 있는 기회로 이용함으로써 궁극적으로 생명 산업을 육성"하기 위해 이 사업을 추진한다고 밝히고 있다. 정부는 이 사업에 2008년부터 5년간 약 2290억 원을 투자할 계획이다. 좀 더 구체적으로 살펴보면 이미 수집한 약 20만 명분의 자원에 13개 코호트(cohort)를 통해 30만 명, 12개의 질환별 단위은행과 대학의 조직은행으로 20만 명, 건강검진을 통해 30만 명분을 추가하여 최종적으로는 100만 명의 검체와 개인의 의료 정보 수집을 목표로 하고 있다. 수집된 시료는 개별 은행(정부, 민간)에 보관되지만 모든 종류의 정보는 중앙 데이터베이스에 보관되어 연구자들이 자유롭게 이용할 수 있게 된다. 정부는 이 사업을 통해 개인별 맞춤형 건강관리를 실현하는 등 혁신적인 보건의료 서비스를 제공한다는 목표를 세우고 있다.

그런데 이 사업은 과학적, 국가적 필요성만을 강조한 채 어떤 사회적 논의도 없이 일방적으로 추진되고 있다. 공론화는커녕 사업 시행 자체가 외부에 제대로 공개되지 않아 투명성도 결여되어 있다. 외국의 경우 입법을 통해 제기될 우려들을 일정 부분 해소했거나 자율 규제로 설립한 경우에도 사전에 참여자의 권리를 보호하기 위한 구체적인 틀을 가지고 시작했다. 우리나라도 「생명윤리법」이 있긴 하지만 정부가 추진하는 바이오뱅크에 직접 적용하기에는 한계가 있다. 현행 「생명윤리법」에 따르면 수사 기관이나 정부의 유전자은행은 복지부의 관리감독을 받지 않아도 된다. 민간의 유전자은행은 관리 대상이지만 국가 차원의 활동은 대상에서 제외한 것이다. 유전 정보에 대한 비밀 유지와 상징적 차원의 차별 금지 정도가 이 사업과 직접 관련이 있다고 할 수 있다. 또한 「생명윤리법」은 유전자은행이 정보를 수집 · 보관 · 이용 · 활용하는 데 필요한 구체적인 사항도 규정하지 않고 있다. 상황이 이러함에도 불구하고 정부는 시료와 정보를 어떻게 효율적으로 수집하고, 관리할 것인지와 같은 기술적인 부분만 집중적으로 준비하고 있다. 체계적인 윤리적 지침이 없는 상태에서 시료와 정보가 수집되고 있으며 일부는 외부로 분양되고 있다.

우리나라도 외국처럼 사회적 합의를 통해 한국형 바이오뱅크의 설립 목적과 범위를 분명히 하고, 여기에 맞게 윤리적 틀과 관리 구조를 만드는 것이다. 이 과정을 통해 외국에서 이미 제기된 다양한 쟁점들에 대해 규명하고 설명해야 한다. 참여자의 인권과 자기 결정권을 존중할 수 있는 기본적인 방법 중 하나는 제대로 된 동의서를 받는 것인데, 이 동의서는 사업의 목적과 범위, 운영 방향과 직접 관련되어 있기 때문이다. 합의된 목적과 쟁점에 대한 규명이 없는 상태에서는 제대로 된 동의서를 받을 수 없다. 향후 하나로 묶일 각 유전자은행들이 현재 사용하고 있는 동의서를 보면 이런 문제가 여실히 드러난다. 수집 목적도 불분명하고 제각각이며, 해매다 바뀌기도 하는 등 참여자는 구체적인 정보도 없이 동의를 하고 있는 상황이다. 물론 철회 권리, 비밀 보장 등의 내용들도 있지만 이를 뒷받침하기 위한 후속 조치가 없어 상징적인 조항에 그치고 있다. 참여자들은 자신의 정보가 얼마 동안 어떤 방식으로 이용되는지 그리고 일부 정보는 이미 기업들에게 분양되었다는 사실을 알고 있을지 의심스럽다. 일부에서는 「생명윤리법」의 유전자 검사 동의서를 함께 사용하기도 하는데, 자체 동의서와 모순되는 내용도 있다. 예컨대, 「생명윤리법」의 유전자 검사 동의서는 제정 당시 개인 정보 보호를 위해 주민번호를 수집하지 않기로 해 주민번호 입력란이 없다. 그러나 일부 연구자들은 주민번호를 수집하는 동의를 함께 받고 있다. 한국형 바이오뱅크는 유전 질환, 일반인, 진단 목적의 검체 등이 포함된 다양한 유전자은행이 하나로 묶이는 특수한 형태를 가지고 있기 때문에 일관적이면서도 목적에 맞게 변형된 동의서가 필요하다. 물론 이를 위해서는 한국형 바이오뱅크에 대한 통합적인 윤리적 지침이나 법률이 제정되어야 한다.

6 쟁점 4: 익명화와 IRB

개인 정보를 보호하기 위해 연구자들이 일반적으로 선호하는 방식은 '익명화'와 '기관위원회(IRB)' 활용이다. 여기서의 익명화는 개인 식별 정보를 완전히 제거하는 것이 아니라 분리하는 것이다. 검체와 정보에 관리

번호를 붙이고 이름이나 주민번호와 같은 개인 식별 정보는 따로 보관하는 것이다. 그러나 필요한 경우 이 정보들은 재결합이 가능한데 이 방식이 적절한지에 대한 논의가 필요할 것으로 보인다.

개인 정보 보호와 관련해서는 우리나라의 독특한 맥락을 따로 언급할 필요가 있다. 우리나라는 주민등록번호라는 평생 불변의 유일 식별자를 발급하는 시스템을 가지고 있다. 주민번호 하나에 다양한 개인 정보가 묶여 있어 유출 시 피해가 크지만 이를 막기 위한 대책은 매우 빈약하다. 정부는 데이터베이스 구축과 연동을 법률로 장려하고 있지만 정작 개인 정보를 보호할 포괄적 법률은 없는 상태이며, 정보 보호 관행에도 문제가 많아 우리나라는 개인 정보 보호에 관해서는 후진국으로 평가받고 있다. 따라서 한국형 바이오뱅크 구축 과정에서 주민등록번호 수집 여부는 따로 검토할 필요가 있다. 기관위원회가 참여자의 의사와 권리를 얼마나 대표할 수 있을지도 의심스럽다. 재동의 없이 기관위원회를 통과하면 어떤 연구도 할 수 있는 것인지, 국가가 수집한 정보를 상업적 목적으로 제공해도 괜찮은지, 기관위원회가 각종 개인 정보들의 재결합을 결정할 자격이 있는지 그렇다면 그런 기관위원회의 정책은 누가 결정해야 하는지에 대한 문제가 제기된다. 게다가 일부 국가에서는 법으로 금지하고 있는 바이오뱅크에 대한 수사 기관의 접근 요구를 우리나라의 기관위원회는 어떻게 처리할지 의심스럽다.

앞서 언급한 사례들은 한국형 바이오뱅크의 준비 부족에서 비롯되고 있는 문제들 중 일부만을 지적한 것이다. 현재처럼 '익명화'라는 기술적 방법과 '연구 목적'이라는 정당성만을 강조하면서 100만 명이나 되는 개인 정보를 수집한다면, 당장은 손쉽게 정보를 획득할 수 있겠지만 장기적으로는 프로젝트에 대한 사회적 불신을 증가시킬 것이다. 이 과정에서 개인의 유전 정보와 의료 정보의 오남용 가능성은 높아질 것이며, 참여자의 자기 결정권도 크게 훼손될 것이다.

✝ 질병과 관련된 유전자 검사에 대한 관심과는 달리, 유전 정보를 개인 식별에 이용하는 것에 대해서는 사회적 관심이 그다지 높지 않고, 법적 · 윤리적 논의도 부족한 상황이다.

4장은 신원 확인에 사용되는 DNA 프로파일링을 다룬다. 첨단 과학 수사 기법으로 범죄 예방 및 해결에 크게 기여할 것이라는 이 기술의 특징과 사회 윤리적 쟁점을 살펴본다. 흉악범의 유전 정보 입력으로 시작된 DNA 데이터베이스는 지속적으로 확장되어 새로운 감시 시스템으로 발전하고 있다.

이 글은 「유전자 감식 기술의 사회 · 윤리적 쟁점」,《생명윤리》6권 1호(한국생명윤리학회, 2005)을 수정 보완한 것이다.

제4장 유전자 감식의 사회 윤리적 쟁점

1 들어가며

과거에 개인의 유전 정보는 유전병처럼 주변에서 쉽게 볼 수 없는 희귀 질환을 검사하는 데 제한적으로 사용되었다. 그러나 최근 인간 유전학에 대한 연구가 활발해지고 유전자에 대한 이해가 증가하면서 유전 정보가 활용되는 영역이 지속적으로 확장되고 있다. 2003년에 종료된 인간유전체사업(human genome project)은 유전 정보의 이용을 사회적으로 확산시키는 데 큰 역할을 했다. 사업 기간 동안 많은 유전학적 성과를 가져오기도 했지만 다른 한편으로는 유전자에 대한 과도한 믿음을 유포하는 역할을 했고 이런 인식론적 기반 위에서 유전 정보의 상업적 이용 또한 크게 증가하게 만들었다.

다른 한편으로는 민감한 생체 정보 중 하나인 유전 정보의 사회적 활용에 따른 우려의 목소리가 지속적으로 제기되었다. 유전 정보는 개인마다 고유하고 가족과 공유하고 있으며, 미래의 상태까지 추측할 수 있는 예측력을 가지고 있다. 따라서 유전 정보나 유전 정보를 뽑아낼 수 있는 검체가 잘못 사용될 경우, 사회적 차별과 불이익을 받을 가능성이 있다. 또한 최근의 생의학 활동은 진단, 연구, 상업화 사이의 구분이 모호한 형태로 진행되고 있어 유전 정보 자체의 보호뿐만 아니라 검체의 수집부터 활용 및 폐기까지 전 과정에 대한 규제가 필요하다. 유전 정보의 중요성과 오남용 우려로 인해 활용에 대한 사회적 연구와 유전 정보를 보호할 수 있는 제도적 장치들이 만들어졌는데, 대부분의 나라에서는 유전 정보로 인해 고용, 보험 등 사회 활동에 차별을 받지 않도록 법률로 금지하고 있으며 국내에서도 「생명윤리및안전에관한법률」을 통해 규제하고 있다.

최근 질병 관련 영역 못지않게 유전 정보 이용이 눈에 띄게 증가하고 있는 분야가 개인 식별 영역이다. 일부 국가에서는 범죄자 유전자은행이 구축돼 운영되고 있으며, 군대, 이민국 등에서도 유전 정보를 이용하고 있다. 국내에서도 이미 1990년대 중반부터 친자 확인, 사체 확인, 범죄 수사에 이용되고 있고, 수사 기관들은 신원 확인을 위한 유전자은행의 설립을 준비하고 있다. 그런데 질병과 관련된 유전자 검사에 대한 높은 관심과는 달리 유전 정보를 개인 식별에 이용하는 것에 대해서는 사회적 관심이 그다지 높지 않고 법적·윤리적 논의 또한 부족한 상황이다. 그러나 유전 정보를 신원 확인에 이용하는 과정에서도 개인의 프라이버시 침해, 유전 정보의 오남용, 국가의 시민 감시 체계 확장 등 다양한 문제가 발생할 수 있다. 이 글에서는 유전자 감식[1]의 개별적 이용과 데이터베이스 구축을 분리해서

1··· 신원 확인을 위한 DNA 검사 방법을 국내에서는 주로 유전자 검사(DNA

각각의 문제점을 국내외 사례를 중심으로 살펴보자 한다.

2 유전자 감식과 유전자정보은행

1) 유전자 감식

　질병이나 소인 검사와 달리 개인 식별에 사용되는 유전자 분석 방법을 유전자 감식(DNA typing) 또는 DNA 프로파일링(profiling)이라고 한다. 이 기술은 인간이 가지고 있는 DNA 중 다형성이 매우 심한 일부만을 중합효소연쇄반응(PCR)을 통해 증폭시킨 후 개인 식별에 이용하는 기술이다. 즉 어떤 사람의 유전체(genome)에서 상대적으로 희귀한 위치들을 특성화시켜 그 양상을 분리해 내는 것이다. 유전자 감식을 통해 나온 사람마다 특정한 패턴을 DNA 프로필(profile)이라고 한다.

　이 기법은 1985년 영국의 레스터(Leister) 대학의 제프레이스(A.J. Jeffreys)가 개발했다. 그는 사람의 미오글로빈(myoglobin) 유전자에서 개인차가 심한 고변이 유전자위(loci)를 발견했는데, 이것은 마치 손가락 지문처럼 천차만별이어서 처음에는 이를 DNA 지문(DNA fingerprint)이라 불렀다. 고변이 유전자위의 각 유전자형을 분석하는 방법으로는 크게 RFLP(Restriction Fragment Length Polymorphism)법과 PCR(Polymerase Chain Reaction)법, 그리고 미토콘드리아 분석법으로 분류할 수 있다. RFLP법은

typing)라는 용어로 사용하였으나 최근에는 DNA 프로파일링(DNA profiling)이라는 용어도 많이 사용한다.

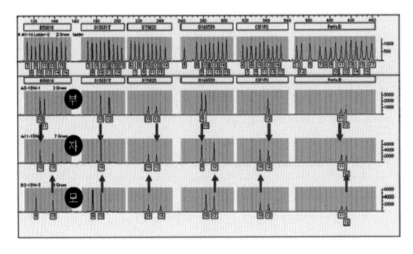

〈사진〉 유전자 프로필

분해되지 않은 원래의 커다란 길이의 DNA를 시료로 하는데 상대적으로
많은 양의 DNA가 필요해서 주로 법의학 분야에서는 비교적 길이가 짧은
고변이 유전자위를 양적으로 증폭시켜 실험할 수 있는 PCR 방법이 사용된
다(이승환, 1996).

　유전자 감식에 사용할 수 있는 DNA는 타액, 혈액, 정액, 뼈, 머리카락,
피부 조직 등에서 추출할 수 있다. 예컨대 범죄 현장에 남아 있는 담배꽁초,
머리카락, 정액 등에서 DNA를 추출할 수 있으며 최근에는 범인이 사용했
던 장갑, 흉기, 유리창에 찍힌 지문[2] 등에서도 뽑아낼 수 있다. 유전자 감식
은 친자 확인, 범인 검거, 사체 확인과 같은 신원 확인 분야에서 활발히 이용

　2… 국내 D 기업은 지문에서 DNA를 추출할 수 있는 키트(kit)를 세계 최초로 개발
했고, 향후 유전자 주민등록 시대를 대비해 정부의 지원을 받아 유전자 감식을 손쉽
고 빠르게 할 수 있는 DNA 칩(chip)을 개발하고 있다.

되고 있으며 앞으로 활용 영역이 더욱 확대될 것으로 보인다. 이 기술은 주로 수사 기관이나 군대, 이민국 등과 같은 국가 기관이나 친자 확인 등의 서비스를 해주는 바이오 벤처들이 이용하고 있다.

2) 범죄자 유전자정보은행

유전자 감식 결과로 나온 DNA 프로필을 컴퓨터에 저장해 검색 가능하도록 만든 것을 유전자데이터베이스(DNA database) 또는 유전자정보은행(DNA databank)이라고 한다. 범죄자 유전자정보은행의 데이터는 크게 범죄자 색인(felon index), 미제 사건 색인(forensic index), 표본 색인(population index), 세 가지로 구분된다. 범죄자 색인은 형이 확정된 일정 범위의 범죄자로부터 얻은 정보를 말한다. 그런데 이 정보만으로는 신원 확인을 할 수 없기 때문에 별도의 신상 정보 데이터베이스가 연동되어야 한다. 미제 사건 색인에는 현장에서 수거한 다양한 샘플로부터 얻은 정보가 저장된다. 현장 수거물을 분석하면 일차적으로 범죄자 색인과 비교해 보게 되는데, 일치하는 것이 없을 경우 이 데이터베이스에 장기간 저장된다. 표본 색인은 범죄와 무관한 임의의 집단에 대한 프로필의 분포가 저장된다. 이 자료는 일치 확률이나 가능성 비(likehood ratio)를 계산할 때 사용된다(DNA 프로필연구회, 2001). 또한 유전자정보은행에는 DNA 프로필만 저장되는 것은 아니다. 일반적으로 분석 후 남은 DNA도 일정 기관 냉장 보관하게 되는데 이것도 유전자정보은행에 포함시킬 수 있다.

법의학자들이 주장하는 유전자정보은행 구축으로 인한 기대효과는 크게 두 가지로 요약된다. 첫 번째는 흉악범을 비롯한 전과자들은 재범률이 높기 때문에 또다시 범죄를 저지르게 될 경우 데이터베이스에서 검색할 수 있어서 범인 검거가 용이하다는 것이다. 두 번째는 범죄 예방 효과를 들 수 있다. 자신의 DNA 프로필이 저장되어 있기 때문에 범죄를 저지르게 되면 검거된다는 불안감으로 범죄 욕구가 감소할 것으로 예상한다.

3) 국내 활용 현황

국내에서 유전자 감식을 실시하고 있는 기관은 행정자치부 산하의 국립과학수사연구소, 대검찰청 과학수사과, 일부 의과대학의 법의학 교실, 그리고 바이오 벤처들이다. 유전자정보은행의 설립은 주로 수사 기관이 주도하고 있지만 이들과 일부 대학의 법의학 교실, 바이오 벤처들은 서로 협력 관계에 있다.

(1) 대검찰청[3]

대검찰청 과학수사과는 1992년부터 유전자 감식을 실시해 왔다. 그동안의 감식 실적은 1992년 207건에서 2004년 1,371건으로 증가하였고 누적 건수는 7,438건이다. 감식 결과는 감정서 형태로 보관하고 있으며, 감식 후 남은 잔여 DNA 또한 5년간 보관하고 있다. 검찰은 1994년 1월 유전자정보은행 설치 추진위원회를 구성했고, 1998년에는 유전자 DB 구축 준비를 완료했다. 이 과정에서 「유전자정보은행설립에관한법률(안)」도 마련했다. 언론을 통해 공개된 법안 내용의 일부를 살펴보면, 입력 대상은 '금고 이상의 실형을 받은 확정된 기결수'로 하고 있고, 대상 죄목은 '강도, 강간, 살인, 절도 등 11가지'이다. 또한 유전자 DB의 자료는 범죄 수사 이외에 '변사

3··· 국회 법제사법위원회 국정감사 자료(1998-2004).

자의 신원 확인을 위한 행정적 목적', '감식 기법' 연구에 사용할 수 있도록 하고 있으며, 권한은 '사법 경찰관이나 연구자'에게 각각 부여했다. 한편 대검찰청은 1999년 총 2억 원을 투자해 한국형 유전자 감식 기법과 정보은행 설립에 필요한 소프트웨어를 개발했고, 이 과정에서 관련 특허도 확보했다. 검찰은 2001년부터 보건복지부, 한국복지재단, (주)바이오그랜드와 함께, "유전 정보 검색을 통한 가족 찾기 사업"을 추진해 왔고, 2002년 11월에는 성폭력 예방을 위한 '범죄자 유전자 DB 설립'을 제안했다. 현재는 범죄자유전자은행 관련 법률을 법무부에 제출해 둔 상태이다.

(2) 경찰청[4]

행정자치부 소속이지만 경찰청의 지휘 감독을 받는 국립과학수사연구소는 1991년에 유전자 분석실을 설치했고, 1993년부터 2003년까지 약 6만 9천의 검체에 대한 유전자 감식을 수행했다. 1996년까지 1,500건의 유전자 감식 자료를 데이터베이스화하였으며, 그 후에도 꾸준히 감식 자료를 데이터베이스화했을 것으로 추정된다. 국립과학수사연구소에서 분석하는 DNA는 현장 증거물, 피해자, 용의자 등이며 감식 결과는 문서로 된 형태로도 총무과에서 보관하고 있는 것으로 알려지고 있다. 한편, 장기간에 걸쳐서 진행된 한국인 집단의 DNA형 분포 및 빈도 등은 감정 결과 분석시에 일치 확률을 확인하는 데 사용하고 있다. 경찰청은 유전자 DB 설립을 오래전부터 추진해 왔으며 1995년에 「유전자자료관리및보호에관한법률(안)」을 마련했다. 관련 논문 등을 통해 공개된 당시 법률안의 내용을 보면

4… "〈유전자 DB 반대네트워크〉 정보 공개 청구에 대한 경찰청의 답변서 등", 경찰청 간담회 자료, 2004. 6. 22.

유전자 정보 자료 파일의 관리는 국립과학수사연구소 소장이 담당하며 샘플을 채취하는 대상은 '구속영장이 발부된 자'로 하며, 구속 당시에 시료를 채취하도록 하고 있다(유영찬 외, 1997).

2004년 2월부터는 그동안 검찰이 추진해 왔던 미아 찾기 유전자 DB 사업을 넘겨받아 진행해 오고 있다. 경찰청이 발표한 사업 내용을 보면 1년 이내에 보호 시설 내 18세 아동을 대상으로 DB를 구축하고 보호 아동에 대한 유전자 검사를 의무화하며 단계적으로 정신지체 장애인과 치매 노인 등으로 확대할 계획을 가지고 있다. 경찰은 2004년 12월까지 9,639명의 미아와 457명의 부모에 대한 DNA 채취를 완료하고 분석 작업을 진행 중이다.

(3) 바이오 벤처 및 기타 기관

유전 정보를 이용한 신원 확인은 수사 기관뿐만 아니라 바이오 벤처, 법의학 교실, 군대 등에서도 이루어지고 있다. 바이오 벤처들은 주로 친자 및 친족 확인을 중심으로 신원 확인 서비스를 제공하고 있고, 검사 후 남은 잔여 DNA를 영구 보관해 주는 기업도 있다. 일부 기업은 가족의 유전자 패턴 사진을 액자나 목걸이에 넣어서 판매하고 있다. 지난 2000년에는 '한겨레 가족 상봉 운동 본부'가 설립되기도 했다. 이 단체는 신원 확인 유전자 DB를 구축해 이산가족, 미아, 해외 입양아들의 가족 상봉을 돕기 위해 설립되었다. 현재는 활동 여부가 확인되지 않고 있지만, 이산가족에 대한 유전자 감식 서비스는 시장 가치가 커 향후 다른 형태의 조직이나 기업들이 생겨날 가능성이 높다. 군에서의 유전 정보 활용도 증가할 것으로 보인다. 현재 DNA를 통한 유해 발굴 사업이 진행 중이며, 동티모르 파병 이후부터는 해외 파병 시 DNA를 수거, 보관하고 있는 것으로 알려지고 있다. 일부 인사들은 군에서도 유전자 DB를 구축해야 한다는 주장을 하기도 했다(김녹권, 1992).

3 유전자 감식의 개별적 활용:
수사 기관의 DNA 수집 · 보관 · 폐기

국내에서 유전자 감식 결과가 법정 증거로 처음 채택된 것은 1992년이고, 1997년에는 유일 증거로 채택된 것으로 알려지고 있다. 이미 10년 전부터 수사 과정에서 개인의 유전 정보가 광범위하게 쓰이고 있음을 짐작할 수 있는 대목이다. 경찰청 자료를 보더라도 1993년부터 2003년까지 6만 건 이상의 유전자 감식이 이루어졌다. 최근 범죄자 또는 미아 찾기 유전자 DB 설립 여부를 둘러싼 사회적 논란이 있었는데, 특정인들에 대한 강제적 유전자 채취를 통해 이루어지는 유전자 DB 구축 문제는 법률적 측면뿐만 아니라 다양한 사회적 맥락과 가치를 고려한 후에 결정되어야 한다. 더욱 중요한 것은 유전자 DB 구축 논의에 앞서 현재 수사 기관의 DNA 수집 · 보관 · 폐기 관행에 대한 논의가 먼저 이루어져야 한다.

우선 용의자나 피해자로부터 DNA를 수집하는 과정에 문제는 없는지 점검해 봐야 한다. 언론 보도나 필자의 경험 등을 종합해 보면 수사 과정에서의 DNA 수집은 많은 경우 영장에 기초하기보다는 용의자나 피해자의 자발적 동의에 의해 진행되고 있다. 하지만 수사 과정에서의 DNA 채취는, 범죄자가 아니라는 것을 증명해야 하는 상황 때문에 실제로는 반강제에 가깝다고 할 수 있다. 동의서를 받고 있는 경우도 있다고는 하지만 이런 상황에서 충분한 설명에 근거한 자발적 동의를 구하는 것은 쉽지 않다. 참고로 경찰은 2004년 10월 발생한 경기도 화성 여대생 실종 사건의 범인을 잡기 위해 용의자 4,000명의 유전자를 채취해 현장 수거물과 대조하는 작업을 벌인 적이 있다. 또한 2004년 7월 서울 남부 지역에서 발생한 연쇄 살인 사건의 범인을 잡는다는 구실로 구체적 정황도 없이 수십 명 이상의 조선족 동포들의 유전자를 채취해 인권 단체들로부터 비난을 받은 적이 있다. 2002년 3월 경남 마산에서는 강간 살인 사건의 범인을 검거하기 위해 600여 명의 용의자들에 대한 DNA 채취가 이루어지기도 했다. 이런 식의 수사 방식으로 범인을 검거한 경우도 있지만, 이것이 과연 정당한 방법인지는 논란이 있을 수 있다. 유전 정보의 오남용이라는 개념은 그리 거창한 것이 아니다. 수사 기관이 구체적 증거도 없이 개인의 고유한 물질인 DNA를 채취하는 것 자체가 문제라고 할 수 있다. 아무리 수사상의 이유라도 특정인에 대한 DNA 채취는 법률이나 영장에 기초해서, 꼭 필요한 경우에 한해 신중하게 이루어져야 한다.

분석된 유전 정보와 잔여 DNA에 대한 보관에도 문제가 있다. 검찰과 경찰은 분석한 정보를 서류 형태로 보관하거나 DB에 입력하고 있으나 법률에 기반해서가 아닌 자체 내규에 의해서 관리되고 있다. 분석 후 남은 DNA도 냉동 보관하고 있는데 일부 기관은 샘플의 폐기에 대한 구체적 규정 또한 공개되지 않고 있다. 차후 검증 목적이나 신기술 적용으로 인해 잔여 DNA를 보관하고 있는데 여기에서는 신원 확인 정보뿐만 아니라 다양한 유전 정보를 추출할 수 있고, 연구 등 다른 목적으로 사용될 가능성이 있다. 신원 확인 유전자 DB 구축 논의에 앞서 범죄 수사 과정에서의 DNA 수집 · 분석 · 보관 · 폐기 등에 관한 규제 논의가 시급하다.

한편 경찰이 추진 중인 유전자 DB 구축을 통한 미아 찾기 사업에 대한 문제점도 지적할 수 있다. 지난 2001년 복지부가 유전자 DB 활용 미아 찾기 사업 추진을 밝혔을 때 인권 사회 단체들과 시민 배심원들은 반대 입장을 표명한 적이 있다. 개인의 유전 정보를 보호할 법률도 없는 상태에서 중립적 연구 기관도 아닌 수사 기관이 사업을 추진하고 있는 것에 강한 우려를 가지고 있었기 때문이다. 또한 미아 찾기 시스템[5]에 대한 개선 노력도 보이지 않았었고, DB 설립의 구체적 근거 또한 명확히 밝히지 않았었다. 덧붙여, 부득이하게 DB가 필요하다면 인권 침해에 대한 검토와 법률 제정 후 추진할 것을 요구한 바 있다. 2004년 2월 경찰은 검찰로부터 이 사업을 인계받아 미아 및 가족들에 대한 유전자 채취를 완료하고 분석 중에 있다. 하지만 4년 전에 지적했던 문제점들이 유전자를 다 채취하고 분석하고 있는 2005년에야 일정 부분 해결되었다.[6] 미아들에 대한 유전자 감식은 신상 정보가 부족하거나 얼굴이 변해 알아볼 수 없는 경우에 효과를 거둘 수 있다. 그런데 전국의 보호 시설에 어떤 아이들이 있는지조차 제대로 파악하지 않고 우선 사업을 추진했다. 심지어는 보호자가 분명한 위탁아동들을 보호하고 있는 시설을 방문해 협조를 구하는 사례까지 있었다. 법률이 없는 상태에서 진행하다 보니 DNA 수집 이용 폐기 등에 대해서도 일관되지 못한 모습을 보였고 동의서가 부실해서 논란을 빚기도 했다. 예컨대 2005년에는 치매 환자와 정신지체 아동의 DNA를 채취하면서 DNA를 신원 확인 외의 연구 목적으로 사용할 수 있도록 하는 동의서를 받아 비난을 받기도 했다. 개인의 유전 정보를 보호하려는 노력을 보여 '사회적 신뢰'를 쌓기보

---

5 … 미아 찾기 시스템의 문제점으로는 역할 분담에 대한 규정 부제, 미아 관련 기관 사이의 정보 공유 문제, 미신고 시설 파악 미비, 경찰의 소극적 수사 등이 지적되었다.

6 … 2005년 5월 4일 「실종아동등의보호및지원에관한법률」이 국회를 통과해 유전자를 채취할 수 있는 법적 근거는 마련되었다.

다는 언론을 통한 여론 확장에 더 주력했다(윤현식, 2004).

4 유전자정보은행 설립을 둘러싼 쟁점

1) 쟁점 1 : 유전자 감시망(DNA dragnet)은 확장 가능한가?

(1) 정보은행 자체의 확장

유전자 감식의 개별적 활용과 달리 유전자정보은행은 일단 구축되고 나면 입력 대상이 지속적으로 확장될 가능성이 높다. 확대의 근거는 여러 가지가 있지만 유전자 DB의 속성상 입력 대상의 확대와 효율성이 직접적으로 연결되어 있는 것이 중요한 이유라고 할 수 있다. 현재 수사 기관이 추진하고 있는 유전자정보은행의 설립 명분은 '미아 찾기', '성범죄자 예방'이지만 이들만 입력해서는 효과를 제대로 볼 수 없다. 언론에는 잘 드러나지 않았지만 일부 법의학자들도 이런 사실을 인정하고 있다. 2001년 통계에 의하면 성범죄자가 1100여 명인데 이들만 입력해서는 제대로 효과를 볼 수 없어, 시작은 성범죄자로 하되 지속적으로 늘려야 한다는 것이다.

2005년 언론에 공개된 검찰의 「유전자감식정보의수집및관리에관한법률안(안)」에 따르면 형이 확정된 범죄자뿐만 피의자에 대해서도 검사 또는 사법 경찰관이 피의자의 서면 동의를 얻어 유전자를 채취할 수 있도록 했다. 또한 유전자 감식 정보 관리 대상 범죄로 살인·강간·방화·강도·추행·상해·폭행·체포·감금·약취·유인·마약·절도·강도·폭력 등 15가지 범죄를 명시하고 있다. 게다가 유전자 자료 활용에 대해, 첫째, 검사 또는 사법 경찰관이 범죄 수사를 위해 요청하는 경우, 둘째, 경찰서

장이 변사자의 신원을 확인하기 위해 요청하는 경우, 셋째, 교정 시설의 장이 수형인 유전자 감식 정보의 수록 여부를 확인하기 위해 요청하는 경우, 넷째, 기타 유전자 감식 정보 색인부 상호간의 검색을 위해 필요한 경우 등 7가지로 제시하는 등 폭넓은 가능성을 열어놓고 있어 논란이 되고 있다.[7]

외국의 범죄자 유전자은행의 설립 과정을 보더라도 처음에는 '사회적 정당성'을 쉽게 얻을 수 있는 살인, 아동 성범죄 같은 흉악범에서 나중엔 사소한 절도에 이르기까지 그 대상이 확대되고 있다. 미국의 뉴욕 주의 경우에 시작 단계에서는 입력 대상 범죄가 21개였지만, 1999년에는 비폭력 범죄를 포함해 107개로 대폭 확대되었다. 일부 주에서는 미성년자, 교통 법규 위반자들에 대한 DNA 채취도 이루어지고 있다. 2003년 11월 5일 미 하원을 통과한 법률 HR3214는 FBI의 CODIS를 범죄자만이 아니라 용의자까지 입력이 가능하도록 하고 있는데, 이는 범죄자 정보은행의 목적을 범죄자에서 일반 시민으로 확대하는 것으로 볼 수 있다. 세계에서 가장 먼저 범죄자 유전자정보은행을 구축했던 영국 경찰은 2004년 전 국민을 대상으로 한 유전자정보은행 구축을 제안해 논란이 일고 있다(Wendling, 2003). 특히 영국은 다른 유럽 국가들에 비해 확장의 속도나 정도가 심각한 경우라고 할 수 있다. 2004년 4월 통과된 법률에 따르면 모든 체포된 용의자들에게 동의를 받지 않고 DNA를 채취할 수 있고, 무죄 판결을 받더라도 유전 정보와 DNA를 식별 가능하도록 영구히 보관할 수 있다. 2004년까지 저장된 프로필은 210만 건 정도인데 2004년 법 개정 이후 조만간 500만 건까지 증가할 것으로 예상하고 있다(Jobling. et al, 2004).

시카고 켄트 대학의 로리 앤드류(Lori Andrew)는 유전자정보은행의 확

7⋯「검찰 '피의자 유전자은행'도 추진」,《한겨레신문》, 2005. 3. 3.

장 성격을 다음과 같이 말하고 있다.

> 최초의 대상으로 강간범을 선택한 것은 전략적 조치이기도 했는데, [강간범과 같이] 매우 부정적인 대중적 이미지를 지닌 집단에 대해 DNA 검사를 강제로 부과하는 것은 대중의 반대를 유발할 가능성이 적기 때문이었다. 이 전략은 DNA 정보은행 프로그램의 확대에 대한 대중의 지지를 얻어내는 데 도움을 주었다. 일단 은행이라는 게 한번 설립되고 나면 '예금'을 모으려 하는 것은 당연한 수순 아닌가?(Andrew, 2001. 103쪽)

입력 대상뿐만 아니라 외부와의 연동 가능성도 높다고 할 수 있다. 범죄자 유전자은행의 개인 식별 정보가 신상 정보나 다른 신원 확인용 유전자은행들과 연동될 가능성이 있다. 특히 우리나라는 국가가 소유한 다양한 개인 정보들을 연동, 통합하는 것을 법률로써 장려하고 있다(고영삼, 1998). 미아 찾기, 이산가족 찾기, 군대 등의 신원 확인용 유전자정보은행이 서로 연동되고, 장기적으로는 정부가 이미 구축한 신상 정보——주민등록이나 지문데이터베이스——와도 연결될 가능성을 배제할 수 없다. 이런 경향은 국내외에서 확인되고 있다. 국내 법의학자 중 일부가 이와 유사한 주장을 한 사례가 있으며 최근 영국의 시민 단체들은 경찰이 의료 연구 목적으로 설립한 UK Biobank, NHS 기록 등을 비롯한 의료 DB와 새로 구축될 ID 카드에 접근을 요구하고 있는 것에 우려를 표명하고 있다. 또한 영국 정부는 범죄자 유전자은행에 미아 찾기 DB를 추가하려는 움직임을 보이고 있다(The Home office, 2004).

(2) 유전자 감식 활용의 증가

유전자정보은행이 설립되면 유전자 감식 기술의 사회적 활용도 크게 증가할 것으로 보인다. 유전자 감식 및 유전자정보은행은 얼핏 보기에 범죄자와 같은 특정 집단에 한정된 사안인 것처럼 보이지만 실제 상황에서는 상당히 많은 사람들에 대한 분석 및 저장이 이루어진다. 어떤 사건이 발생하게 되면 피해자, 현장에서 발견된 다양한 샘플, 용의자나 가족, 현장 주변 인물 등에 대한 분석이 이루어지게 된다. 그런데 이 과정에서 범죄자들이 아닌 일반 시민들의 인권이 침해될 소지가 있다. 수사 과정에서의 유전자 채취는 범인이 아니라는 것을 증명해야 하기 때문에 자발적 동의로 보기에는 논란이 있을 수 있다. 또한 용의자 가족의 DNA 프로필을 통해 범인을 검거하는 방식에 대해서도 문제 제기가 있을 수 있다(Falloon, 2004). 앞서 지적한 국내의 몇 가지 사례에 덧붙여 1997년 프랑스의 작은 마을에서는 십대 소녀를 강간 살해한 범인을 잡기 위해 수사 당국이 마을에 사는 15세에서 35세 사이의 모든 남자들에게 DNA 샘플을 제출하도록 요구하기도 했다(Andrew, 2001).

2) 쟁점 2: DNA의 오·남용 가능성

일부에서는 유전자 감식 결과는 질병이나 소인 정보와 전혀 상관없고, 정보은행에도 개인 식별 유전 정보만 저장되므로 민감한 유전 정보가 유출될 가능성이 없다고 주장하기도 한다.[8] 하지만 이런 주장에는 논란이 있을

---

8 … 「성폭력 범죄자 유전자은행 설립——개인 식별 외 사용 불가능」, 《한국일보》, 2002.11.29.

수 있다. 유전자 감식 결과의 오남용은 감식 결과인 DNA 프로필, 분석 과정, 잔여 DNA로 나누어서 생각할 수 있다(McEwen J.E., 1997).

유전자 감식 결과 나온 DNA 프로필에 질병 정보가 들어 있지 않아도, 개인이나 그 가족을 식별할 수 있는 정보는 개인 유전 정보의 정의나 유전자 프라이버시의 개념을 끌어오지 않더라도 법적으로 보호받아야 할 매우 민감한 개인 정보 중의 하나이다. 나아가 이 유전 정보가 원래 목적 이외의 다른 목적(예컨대 행정적 목적)으로 사용되는 것도 문제가 될 수 있다.

과정의 측면에서 보면 신원 확인에 사용되는 DNA 부위와 다른 정보의 분석에 이용되는 DNA 부위가 서로 분리돼 존재하는 것은 아니다. 다만 분석 위치가 다를 뿐이다. 즉 마음만 먹으면 수거된 DNA에서 다양한 정보들을 추출할 수 있다. 예를 들면 개인의 유전체는 하나의 책과 같아서 5페이지에서 신원 확인 정보를, 10페이지에서 질병 정보를 뽑아낼 수 있다.

2004년에 미국의 일부 기업은 STR 방식이 아닌 SNPs(Single Nucleotide Polymorphisms)를 이용한 유전자 감식법을 개발하기도 했다. SNPs는 기능을 하는 유전자 안에 존재하기 때문에 프로필 이외의 다른 정보를 얻을 가능성이 있다(Gill, 2004; Constans, 2004). 특히 인간유전체사업 완성 후 개인의 SNPs에 대한 새로운 기능들이 속속 밝혀지고 있으며 이에 대한 의료적, 상업적 가치가 매우 높아지고 있는 상황이다. 유전학이 발전하면서 과거에는 의료상의 정보를 나타낸다고 생각되지 않았던 DNA의 특정 지역이 나중엔 의료 정보를 제공해 줄 가능성을 배제할 수 없다. 유전자 감식 기술에 사용되는 표식자(marker)는 원래 질병을 진단하는 의료적 목적에서 개발된 것이다. 다른 사례를 들어보면 국내 일부 수사 기관이나 미국의 CODIS가 사용하는 표식자 중 하나가 'D21S11'인데 이것을 사용해 다운증후군(Down Syndrome)에 걸렸지만 증상이 아직 나타나지 않은 어린 미아들을 분석할 경우 일반인들과 다른 결과가 나온다. 즉 신원 확인 목적으로 유전자 감식을 했음에도 유전병을 앓고 있다는 사실이 밝혀지는 것이다(Thomson, 1991).

채취 대상자로부터 혈액 또는 타액 샘플을 채취하면 일정 분량의 DNA를 확보할 수 있다. 만약 감식 후 DNA를 완전히 폐기한다면 유전 정보의 오남용 위험성은 줄어들겠지만 일반적으로 차후의 검증 목적이나 신기술 적용을 위해 계속 보관하게 된다. 당장은 아니더라도 남겨진 DNA에서는 다양한 종류의 유전 정보를 추출할 수 있고 이런 정보들은 신원 확인 이외의 다른 목적으로도 사용될 가능성이 높다(McEwen, 1997). 특히 DNA 보관 방법이나 관리 주체가 수사 기관이라는 특수성으로 인해 폐기에 대한 관리 감독도 쉽지 않을 것으로 보인다.

실제로 영국 경찰은 유전자 감식 목적으로 추출한 혈액을 이용해 용의자의 인지나 동의 없이 HIV 검사와 같은 의료적 목적의 유전자 검사를 실시해 문제를 일으킨 바 있다(Booth, 2004). 미국의 경우 24개 주에서는 분석 후 남은 DNA를 법률 집행 외의 다양한 목적으로 이용하는 것을 허용하고 있다. 매사추세츠 주에서는 DNA 정보를 "다른 인도적 목적의 증진"을 위해 이용하는 것을 허용하고 있고, 앨라배마 주에서는 "의료 연구를 지원하기 위해" DNA DB에 접근하는 것을 허용하고 있다(Simoncelli, 2003).

3) 쟁점 3 : 개인 기본권의 침해 논란

범죄자 유전자정보은행을 구축하게 되면 특정 범죄자(또는 용의자까지)에 대한 강제적 DNA 채취가 이루어진다. 이런 행위와 관련해서 DNA 채취가 헌법에 위배되는지 여부, 채취 시기, 영장 발부 여부와 같은 법률적 정당성에 대한 논의가 있을 수 있다. 하지만 통계적으로 재범률이 높다고 해서 이미 죗값을 치른 범죄자들의 DNA를 국가가 강제로 채취해 보관하는 것은 범죄의 재발을 전제하는 것으로 개인의 기본권을 침해하는 것으로도 볼 수 있다. 비록 범죄자라 할지라도 자기 '신체 일부'를 국가 권력에 의해 강제적으로 침해당할 수 있는 것은 아니라며 이런 행위를 개인 프라이버시의 심각한 훼손으로 보는 학자도 있다. DNA는 사람마다 고유하고 다양한 정보를 담고 있고 당사자뿐만 아니라 가족들의 유전적 상태까지 포함하고 있어 가족 모두의 사생활이 침해당할 가능성도 있다. 또한 이런 행위는 범죄의 원인을 사회적 · 환경적 요인이 아닌 개인적(유전적) 차이로 파악하려는 시도라는 비판을 받을 수 있다. 유전자정보은행을 실시하고 있는 미국에서는 국가의 DNA 채취에 맞서 '샘플 반환 소송'이나 '양심적 DNA 거부자(DNA conscientious objectors)'들이 등장하기도 했다(Willing, 1998; Andrew, 2001).

특히 유전자정보은행을 설립한 외국과 단순히 비교할 수 없는 우리나라의 특수한 상황도 고려되어야 한다. 우리나라는 개인마다 고유한 식별 번호인 주민등록번호와 전 국민의 지문을 전산화된 형태로 운영하고 있는, 세계적으로도 보기 드문 비정상적 신원 확인 시스템을 갖추고 있다(한상희, 2001). 이렇게 특수한 식별 제도가 있는 상황에서 개인의 유전 정보까지 국가가 소유해야 하는지에 대해서는 많은 논의가 필요할 것이다.

4) 쟁점 4 : 감식 결과의 불완전성

유전자 감식은 때에 따라서 신원 확인 분야에서 유용하게 사용될 수 있고, 식별력 또한 높다고 할 수 있다. 특히 우리나라 수사 기관은 감식 기술의 기술력을 인정받고 있다고 한다. 따라서 실제로 오류 가능성이 높다고 주장하는 것이 아니라 이 기술이 만능이 아니라는 것을 강조하고자 한다. 예컨대 유전자 감식 결과만으로는 충분한 증거가 될 수 없는 경우도 있다. 유전자 감식 결과는 특정인이 특정한 시간에 검체가 발견된 장소에 있었다는 것을 알려줄 뿐이다. 이런 경우 법적 증거로 제대로 역할을 하기 위해서는 다른 추가 증거들이 필요하다.

유전자 감식 결과에 대한 논란도 있을 수 있다. 감식 결과에 오류가 발생할 수 있는데 분석에 사용한 방법, 실험 과정 및 해석, 검체의 특성 등에 의해서 차이가 날 수 있다. 물론 대부분의 경우 여러 가지 표식자를 동시에 사용하거나 다양한 방법들을 사용하기 때문에 동일인일 확률이 매우 높지만 어떤 경우에는 확률이 아주 낮거나 분석이 불가능 할 때도 있다. 개인마다 밝혀지지 않은 유전적 특이성도 충분히 존재할 수 있다. 어떤 경우에는 현장에서 수거한 샘플의 상태가 좋지 않거나 양이 적어 분석이 제대로 이루어지지 못하는 경우도 있다. 오클라호마의 툴사에 거주하는 듀햄(Durham)은 강간죄로 4년 동안 복역 후에 1997년 석방되었다. 그가 범죄 시각에 다른 곳에 있었다는 7가지의 알리바이가 있었음에도 불구하고 그는 11살 소녀를 강간한 죄로 3000년 형을 선고받았는데, 이는 전적으로 DNA 테스트에 근거한 것이었다. 듀햄의 유전자형이 소녀의 몸에서 발견된 정액의 그것과 일치했기 때문이다. 나중의 DNA 검사에서 듀햄은 용의자가 아님이 밝혀졌는데, 초기 테스트를 재분석한 결과 혼합된 샘플을 분리하는 어려움 때문에 해석을 잘못했음이 밝혀졌다(Simoncelli, 2003).

감식 결과를 판독하는 데 있어 '해석상의 편향'이 존재할 수도 있다. 법의학자들은 의뢰인(수사 기관)의 목표를 받아들이는 쪽으로 직업적인 유인을 가지며 이런 유인들은 그들의 과학적 공공성을 손상시킬 수 있다는 것이다. 미국의 웨스트버지니아 주에서는 법의학 실험실에서 근무하는 법의학 기술자가 수년간 DNA 기록들을 변조한 사건이 있었다. 주 대법원은 이 기술자가 증언한 130건의 사례들을 검토한 결과 2001년까지 9명이 무죄로 석방되었다(Thompson, 1997).

5 나오며

신원 확인 분야에서 개인의 유전 정보 활용은 앞으로 지속적으로 증가할 것으로 보인다. 대형 사고나 전장에서의 사체 확인, 외모만으로는 식별이 불가능한 미아의 신원 확인, 용의자와 현장 수거물 비교 확인 등 다양한 영역에서 사용될 것이다. 그러나 신원 확인을 위해 개별적 상황에서 개인의 유전 정보를 사용하는 것에 머물지 않고 효율성을 이유로 정보은행을 구축하게 되면 차원이 다른 복잡한 쟁점들이 제기된다.

신원 확인 유전자정보은행이 구축되면 데이터베이스의 속성상 확장 가능성이 높고, 다른 데이터베이스와 공유 연동될 가능성이 크다. 이러한 성격으로 인해 유전자정보은행을 흉악범과 같은 특정 부류의 사람들에게만 해당된다는 사회적 통념은 잘못된 것이다. 외국의 사례들을 통해 이런 우려가 기우가 아님을 확인할 수 있다. 유전자정보은행은 단순한 범죄 해결의 도구가 아닌 새로운 신원 확인 시스템의 도입, 국가의 감시 체계 확장이라는 측면에서 파악하려는 관점들이 점차 설득력을 얻고 있다.

유전자정보은행을 섣불리 도입하기보다는 현재에도 활발히 이용되고 있는 수사 과정에서의 유전자 감식 기술에 대한 논의가 우선되어야 하고, 관련 기관들은 사회적 신뢰를 쌓아야 할 것으로 보인다. 유전자정보은행의 파급력에 비해 법적 · 사회적 논의는 활발히 진행되지 못하고 있다. 공론화가 더딘 이유로는 관할 문제, 판단 정보의 부족, 논의가 일부에 의해 독점되고 있는 구조 등을 들 수 있다. 가장 큰 이유는 범죄자 유전자정보은행에 대한 사회적 통념을 꼽을 수 있다. 외국에서처럼 국내에서도 '유전자 검사'와 '과학 수사'라는 단어가 가지고 있는 신비한 이미지와 통념이 신원 확인 유전자정보은행에 대한 문제점을 가리고 시민들의 관심을 약화시키는 역할을 하고 있는 것으로 보인다(Andrew, 2001).

유전자정보은행 구축처럼 사회적으로 파급력이 큰 중요한 정책 결정은 사회적 검토나 합의를 통해 결정되어야 한다. 여기서 말하는 사회적 검토란 설립의 단순 찬반을 의미하는 것이 아니라 과연 유전자정보은행이 우리 사회에 꼭 필요한지와 같은 큰 틀에서부터 논의가 시작되어야 한다. 이를 판단하기 위해서는 외국의 사례뿐만 아니라 국내 범죄 수사 체계, 기존의 신원 확인 시스템의 관계, 개인 정보 이용 관행이나 보호 시스템, 관련 기관들의 사회적 신뢰 정도 등과 같은 폭넓은 사회 문화적 맥락들이 고려되어야 한다. 또한 이 과정은 학술적 논의나 전문가들만의 참여로만 제한되어서는 안 되며 일반인들도 참여해 균형 잡힌 정보를 제공받고 학습을 하며 자신의 의사를 표시하는 등 광범위한 형태로 이루어져야 한다.

✝ 1990년대 말부터 유전자조작생명체 중 하나인 GM 작물이 확산되었다. 굶주림과 환경 문제를 해결하는 데 기여할 수 있다는 옹호자부터, 인체와 환경에 위해하다는 반대자까지 논쟁이 심화되었다.

5장은 GM 식품을 둘러싼 쟁점을 다룬다. GM 작물을 둘러싼 쟁점 중에서 주로 인체 및 환경 위해성과 표시제 그리고 최근 시장 진출을 시도하고 있는 GM 동물에 대해서 살펴본다. "GM 식품은 안전한가?", "유전자 오염이 확산되는가?", "생물 다양성 파괴 및 생태계 교란" 등이 주요 주제들이다.

이 글은 「GM식품 과연 필요한가?」,《시민과학》100호(2014, 01/02)를 수정 보완한 글이다.

제5장 유전자조작식품은과연필요한가?

1 들어가며

외래 유전자를 삽입해 만드는 유전자조작생명체(GMO, genetically modified organism) 중 하나인 GM 작물은 1990년대 말부터 확산되기 시작했다. 1994년 칼진(Calgene Corporation: 지금은 몬산토의 자회사) 사가 유전자 조작된 무르지 않는 토마토를 출시했으나, 제품 자체의 문제와 소비자의 외면으로 성공하지 못하고 시장에서 사라졌다. 상업적으로 성공한 최초의 GM 작물은 1996년에는 몬산토(Monsanto Company) 사가 출시한 라운드업 레디(Roundup Ready)인데, 자사가 판매하는 제초제 라운드업에 내성을 갖도록 유전자 조작된 콩이다.

GM 작물이 시장에 나온 초기에, GMO 옹호자들은 GM 작물의 확산이 굶주림과 환경 문제를 해결하는 데 기여할 것이라고 주장했다. 우수한 형질과 척박한 환경에서 자랄 수 있는 작물의 출현은 생산량 증대로 이어져 기아 해결에 도움을 줄 수 있다는 것이다. 또한 제초제 저항성 작물이나 살충 성분을 가진 작물의 확산으로 제초제와 살충제의 사용량을 줄여 환경문제에 기여할 수 있다고 주장했다. 그런데 기아는 생산량의 부족 때문이 아니라 접근권 같은 정치 사회적인 문제[1]라는 연구 결과와 인식이 확산되면서, 현재는 하나의 수사로 받아들여지고 있다. 특히 몬산토를 중심으로 한 몇몇 거대 다국적 기업들이 특허받은 GM 작물 시장을 독점하고 있다는 사실은 이런 주장의 설득력을 떨어뜨리고 있다. GM 작물의 환경 위해성에 대해서도 논란이 많은데, GM 작물의 확산이 오히려 농약 사용량을 증가시켰고, 제초제와 살충제에 죽지 않는 슈퍼 잡초와 슈퍼 곤충의 출현을 촉진하고 있다는 주장도 점차 설득력을 얻고 있다. 이 글에서는 GM 작물을 둘러싼 쟁점 중에서 인체 및 환경 위해성과 표시제 그리고 최근 시장 진출을 시도하고 있는 GM 동물에 대해서 살펴본다.

2 쟁점 1 : GM 식품은 안전하다?

GM 작물의 재배 면적은 꾸준히 증가하고 있다. 1996년 상업 재배가 시작될 당시 GM 콩과 옥수수는 각각 50만, 30만 헥타르였는데 2012년도에는 8000만과 5500만 헥타르로 그 면적이 크게 증가하였다. 2012년 현재 전

1··· 이에 대해서는 프랜씨스 라페(2003), 『굶주리는 세계』(허남혁 옮김, 창비)와 장 지글러(2007), 『왜 세계의 절반은 굶주리는가?』(유영미 옮김, 갈라파고스)를 참고할 것.

세계에서 생산되는 콩의 81%, 목화의 81%, 옥수수의 35%, 카놀라의 31%가 GM 작물이다. 우리 주변에서도 GM 식품은 쉽게 찾아볼 수 있다. 2012년까지 옥수수, 콩, 면화, 감자, 카놀라 등 7개 작물과 1개 미생물 총 82건의 수입 GMO를 식품용으로 승인했다. 승인 건수는 세계 5위, 수입량으로 세계 2위로, 식용 콩의 75%, 옥수수의 45%가 GM 식품이다. 이들은 두부와 식용유와 같은 1차 가공 식품뿐만 아니라 콩과 옥수수 성분이 들어간 다양한 식품에 포함되어 있다.

이렇게 주변에서 쉽게 접할 수 있는 GM 식품의 안전성은 제대로 검증된 것일까? GM 작물 옹호론자들은 경작지의 꾸준한 증가와 지난 20년 동안의 섭취 경험이 GM 작물의 안전성을 보여주는 것이라고 주장한다. 우선 상업적 재배 면적의 증가를 살펴보자. GM 작물은 23개국에서 재배되고 있는 것으로 알려지고 있지만 실제로는 미국, 캐나다, 아르헨티나, 브라질, 인도, 중국 6개국이 전체 재배 면적의 95%를 차지하고 있다. 재배 면적이 감소하고 있다는 보고도 있다. 유럽에서는 구 동구권의 일부 국가와 스페인에서 옥수수와 감자 각각 한 종씩 상업적 재배가 이루어지고 있는데, 2008~2010년 사이 재배 면적이 23% 감소했다.[2] 전 세계 전체 농업 경작지에서 GM 작물이 차지하는 비율도 2.7%로 극히 적다. 품목도 쌀과 밀과 같은 동서양의 주식이 아닌 콩, 옥수수, 면화, 카놀라로 제한적이며 GM 작물은 식용 이외에 동물 사료와 바이오 연료로도 많이 사용된다. 유전자 조작된 형질도 제한적인데 상업 재배되고 있는 GM 작물의 99%가 제초제 저항성과 해충 저항성을 가진 작물이다.

여태까지 먹었는데 큰 탈이 없었다는 주장도 따져볼 필요가 있다. 이는

2··· Friends of the Earth International(2011), "Who benefits from GM crops?"

과학적 근거도 없을뿐더러, 비판자들이 우려하는 인체 위해성은 먹은 후 바로 병원에 실려가는 응급 상황이나 희귀한 질병만을 말하는 것이 아니다. 비판자들은 GM 식품이 크게 세 가지 경로를 통해 인체에 영향을 미칠 수 있다고 주장한다. 첫 번째는 살충 성분을 가진 Bt 독소처럼 삽입된 유전자 산물이 독성이나 알레르기를 유발할 수 있다는 것이다. 두 번째는 유전자 조작 과정에서 작물이 돌연변이적 영향을 받거나 유전자 조절 또는 생물학적 구조 및 기능에 영향을 받아서 사람에게 알레르기를 유발할 가능성이다. 세 번째는 제초제 저항성 작물의 확산으로 잔류 농약이 증가하게 되어 생기는 부작용이다.[3] 그런데 이러한 영향을 과학적으로 평가하기는 쉽지 않다. 우선 GM 식품을 분리 유통해서 특정 인구 집단을 상대로 장기간의 역학 조사를 실시해야 하는데, 이는 꽤 어려운 작업이다. 알레르기 유발 가능성을 검사하기 위한 여러 방법들에 대한 이견도 많으며 연구 결과에 대한 불확실성이 존재한다.

동물 실험에서 GM 식품이 위해할 수 있다는 연구들이 1990년 말부터 최근까지 꾸준히 발표되고 있다. 가장 잘 알려진 사건은 1998년 영국에서 터진 푸스타이 사건이다. 로웨트 연구소의 생화학자 아파드 푸스타이(Arpad Pusztai) 박사는 TV 다큐멘터리 프로그램에 출연해 어린 쥐에게 GM 감자를 먹였더니 면역 반응이 저하되고 성장과 발달에 문제가 생겼다고 주장해 큰 파장을 일으켰다. 이후 연구소 측이 푸스타이 박사의 데이터에 문제가 있다고 발표하고 정직 처분을 내리자 논란은 더욱 확산되었다. 비판

3··· Michael Antoniou, M, et al.(2012), "GMO Myths and Truths: An evidence-based examination of the claims made for the safety and efficacy of genetically modified crops", earthopensource.

자들은 인체 위해성 증거가 나왔다며 GM 식품 섭취를 일시 중단할 것을 요구하였다. 반면 주류 농업생명공학자들은 실험의 문제점을 제기하며 비판했고 영국 왕립학회도 푸스타이 박사의 주장에 대해서 비판적인 입장을 내놓았다. 이런 논란에도 불구하고 푸스타이 박사가 수행한 연구의 일부는 1999년 의학 분야의 저명 학술지인 《랜싯(lancet)》에 실렸다. 논문 게재 이후 옹호론자들은 학술적 가치는 없지만 논쟁을 위해 게재된 것이라고 의미를 깎아 내렸지만 이는 사실이 아닌 것으로 밝혀졌다. 당시 《랜싯》 사설에는 논문으로 발표되기 이전에 언론에 연구를 발표한 푸스타이 박사뿐만 아니라 연구 평가 기관도 아니면서 개입한 왕립학회도 비판한 바 있다. 이 과정에서 푸스타이 박사는 연구소를 떠났으며 연구팀은 해체되었고, 자료도 폐기되었다. EU는 이 사건 이후 GMO 모라토리엄을 선언하기도 했다.

가장 최근의 논란은 프랑스 칸 대학의 세라리니(Gilles-Eric Séralini) 박사팀의 연구 결과이다. 세라리니 박사팀은 몬산토 사의 라운드업 제초제와 여기에 내성을 가진 유전자 조작 옥수수(NK603)를 2년간 쥐에게 먹인 결과를 《식품 및 화학 독성학(Food and Chemical Toxicology)》지에 발표했다. 결과는 충격적이었는데, GM 옥수수와 라운드업을 투여한 암컷 쥐들은 대조군에 비해 2-3배나 더 빨리 그리고 많이 죽었다. 암컷 쥐들에게서는 유선종양이 관찰되었으며 뇌하수체 이상 증상이 발견되었다. 수컷 쥐들에게도 문제가 생겼는데 대조군보다 신장 질환이 1.3-2.3배 더 많이 나타났다. 연구팀은 이러한 결과가 이미 독성이 밝혀진 제초제인 라운드업뿐만 아니라, GM 옥수수에 삽입된 유전자의 과도한 발현이 원인일 수 있다고 해석했다. 몬산토의 NK603은 국내에서 2002년부터 식용으로, 2004년부터는 사료용으로 승인되어 꾸준히 수입되고 있는 옥수수이다. 이 논문의 가장 큰 의의는 2년간의 장기간의 독성 관찰 결과라는 데 있다. 이전 동일한 학술지에 실렸던 몬산토 측 논문의 연구 기간은 60일이었다. 논문이 공개되자 다국적 기업들과 농업생명공학자들이 크게 반발했다. 비판자들은 논문이 실린 학술지의 권위, 사용된 쥐, 실험 방법 및 설계, 통계 수치, 세라리니 박사의 전공 및 반GMO 성향 등을 들어 공격했다.[4] 이에 대한 세라리니 박사팀의 반박과 재반박이 오가는 사이 2014년《식품 및 화학 독성학》지가 세라리니 박사팀의 논문을 철회하면서 논쟁은 더 커지고 있다. 과학계에서 이미 동료 심사를 거쳐 출판된 논문이 부정행위가 드러나지 않은 상황에서 철회된 것은 매우 이례적인 일이다. GMO 비판자들은 몬산토에 근무했던 연구자가 이 학술지의 편집진에 합류하면서 벌어진 일이라며 분노하고 있다. 전 프랑스 환경장관이었고 현재 유럽의회 회원인 코린 르파주(Corinne Lepage)는 세라리니의 논문은 GMO와 라운드업 제초제의 장기 독성에 대해 좋은 의문을 제기했으며 논문이 철회되었어도 이런 의문들이 사라지지 않을 것이라고 말했다.[5] 현재까지 발표된 동물을 대상으로 한 연구들은 대부분 다른 연구자들에 의해서 재연되지도 않았지만 그렇다고 틀렸다고 확실히 반박되지도 않았다. 그럼에도 불구하고 인체 위해성 실험을 진행했던 연구자들은 주류 농업생명과학자나 기업과학자들로부터 비판은 물론이고 모욕적인 인신공격을 받고 있다.

4··· 박상표(2013),「몬산토는 독극물을 판매하는 죽음의 상인인가, 기아로부터 인류를 해방할 구세주인가?」, 세라리니 박사팀의 최근 장기 독성 연구 결과에 대한 과학적 논란, 건강과 대안 오픈 세미나.

5··· Casassus, B.(2013), "Study linking GM maize to rat tumours is retracted", *Nature News*.

3 쟁점 2: 유전자 오염이 확산된다!

인체 위해성 논란과 달리 GM 자물의 확대가 환경에 좋지 않은 영향을 미치고 있다는 사실은 어느 정도 인정받고 있다. GM 작물 옹호론자들은 제초제 내성 작물과 해충 저항성 작물의 확산으로 맹독성 제초제인 라운드업이나 살충제의 사용량이 줄어들 것이라고 주장했다. 비판자들은 제초제와 살충 성분에 저항을 가진 슈퍼 잡초와 슈퍼 곤충의 출현으로 농약 사용량이 줄지 않을 것이라고 우려했다.

지난 20여 년 동안 GM 작물들은 잡초와 작물을 따로 구분해서 라운드업과 같은 제초제를 살포해야 하는 번거로운 작업이 필요없는 편리함으로 인해서 농가에 빠르게 확산되었다. 그런데 제초제에 내성을 가진 슈퍼 잡초도 함께 증가하고 있다. 1996년 처음 발견된 라운드업 내성 잡초는 미국과 남미를 비롯해 GM 작물이 확산되는 곳을 따라 빠르게 퍼져나가고 있다. 이로 인해서 제초제 사용량을 늘리거나 독성이 더 강한 제초제를 뿌려야 하는 상황이 벌어지고 있다. 미생물인 Bt에서 독소를 생산하는 유전자를 삽입해 만든 해충 저항성 작물도 마찬가지다. 이 작물에도 죽지 않는 슈퍼 해충의 출현을 막기 위해서 경작지 일부에 일반 작물을 심어 해충들의 피난처를 만드는 전략을 쓰고 있지만 큰 효과가 없는 것으로 드러나고 있다.[6] 해충 저항성 작물의 다른 문제는 토양 속의 유용한 박테리아나 유익한 곤충들에게도 영향을 준다는 점이다. Bt 작물은 뿌리 주변에서 영향을 섭취하고 질병에 저항할 수 있도록 도움을 주는 균근 곰팡이(mycorrhizal

---

6 ··· Gassmann AJ, Petzold-Maxwell JL, Keweshan RS, Dunbar MW., "Field-evolved resistance to Bt maize by Western corn rootworm", PLoS ONE, 2011; 6(7): e22629.

fungi)와 같은 유익한 토양 곰팡이를 감소시킨다. 또한 Bt 옥수수가 생산하는 독소는 해충뿐만 아니라 나비, 무당벌레, 풀잠자리, 벌과 같은 유익한 곤충에게도 악영향을 미치는 것으로 드러나고 있다.

　GM 작물의 환경 위해성 논란에서 가장 현실적이고 심각한 문제는 유전자 오염이다. 유전자 오염이란 GM 작물이 재배지를 탈출해 일반 경작지에서 자라거나 허가받지 않은 GM 작물이 식품 공급 시스템에 들어가는 것을 말한다. 2002년 미국에서는 돼지 백신 생산용 옥수수가 식용 대두 품종을 오염시켜 개발사인 플로디진이 25만 달러의 벌금을 물고 대두를 회수 파기하였다. 2006년에는 해충 저항성 옥수수인 Bt10이 식용으로 유통되어 신젠타가 150만 달러의 벌금을 물은 바 있다. 2011년에는 식용으로 허가받지 않은 해충 저항성 쌀인 Bt63이 중국, 독일, 스웨덴에서 쌀국수와 이유식에서 발견되어 파장을 일으켰다. GM 작물과 일반 작물은 겉보기에는 비슷해서 육안으로 확인하기 쉽지 않다. 유기농 옥수수 밭에 이웃에서 온 유전자 조작 옥수수가 자라고 있을 수 있는 것이다. GM 작물의 경작지 탈출과 비의도적 오염을 막기는 사실상 불가능하다.

　유전자 오염 문제는 국내에서도 현실화되고 있다. 2009년부터 2012년까지 국립환경과학원의 조사 결과 47개 지역에서 GM 작물이 검출되었다. 전국 22개 시군에서 발견되었는데, 평택과 원주시 등 8개 시군은 2개 지역 이상에서 GM 작물이 발견되었다. 작물별로 보면 옥수수 28개, 유채 6개, 면화 12개, 콩이 1개 지역이다. 주로 사료 공장이나 운송로 근처 그리고 축산 농가 주변에서 발견되었다.[7] GM 작물의 상업적 재배가 금지된 우리나

7… 최희락 외, 「LMO 자연환경모니터링 및 사후관리 연구(IV)」, 국립환경과학원, 2012.

라 이곳저곳에서 GM 작물이 자라고 있는 것이다.

4 쟁점 3: 급기야 GM 동물이 등장하다

GM 작물에 대한 논쟁이 여전한 가운데 최근 외국에서는 GM 동물의 환경 방출 및 상업화에 대한 논쟁이 한창이다. GMO 찬반 양측 모두가 주목하고 있는 대상은 아쿠아바운티(AquaBounty) 사가 개발한 유전자 조작 대서양 연어이다. 이것은 일반 연어보다 성장 속도가 두 배나 빠르다. 만약 이 연어가 미 FDA의 승인을 받는다면 식용으로 판매되는 세계 최초의 GM 동물이 된다.

전 세계적으로 수산물에 대한 소비는 증가하고 있는 반면, 어획량은 감소하면서 양식에 대한 의존도가 갈수록 증가하고 있다. 그런데 양식장의 확장에는 한계가 있고 여기서 자라는 어류들은 성장이 느리며 각종 질병에도 취약하다. 이러한 상황을 극복하기 위해 성장이 빠르거나 질병에 저항성을 가진 GM 어류가 1980년대 말부터 속속 개발되고 있다. 이미 연어, 농어, 틸라피아, 송어, 미꾸라지, 잉어 등 35종 이상의 GM 어류가 개발되었다. 어류는 난자가 크고 치어를 대량으로 생산할 수 있어서 다른 동물에 비해 유전자 조작도 용이하다.

GM 어류에 대한 가장 큰 우려는 생물 다양성 파괴와 생태계 교란이다.[8] GM 어류가 자연종과 교배하여 자연종이 감소하는, 종 다양성의 파

8··· 김봉태, 「유전자 변형 수산식품의 위해성 논란과 대응 방향」, 한국해양수산개발원, 2003.

괴를 예상할 수 있다. 성장이 빠른 GM 어류는 먹이와 번식지를 독차지할 가능성이 높아 자연종의 생존을 어렵게 할 것으로 보인다. 생태계 교란도 우려되는데 외래종의 출현으로 먹이사슬이 교란되고 지역 생태계가 파괴될 수 있다. 또한 특정 질병에 저항성을 갖는 유전자로 인해 새로운 질병이 출현할 가능성도 배제할 수 없다. 어류는 물속에서 서식하고 치어의 경우 크기도 작기 때문에 관리가 쉽지 않으며 활동 범위도 넓은 특징을 가진다. 특히 환경 위해는 초기 단계에서는 확인이 어렵고 나중에 밝혀지는 경우가 많은데 영향이 드러날 때에는 원상태로 회복하기가 쉽지 않다.

현재 FDA의 승인을 기다리고 있는 아쿠아바운티 사의 GM 대서양 연어는 최초의 식용 GM 어류라는 점에서 소비자, 환경 단체들이 크게 반발하고 있으며 주류 과학자들 사이에서도 찬반이 엇갈리고 있다. 이 회사는 환경 위해성 논란을 최소화하기 위해서 GM 연어를 캐나다에서 생산한 후 파나마의 내륙으로 옮겨와 양식 및 가공하고 다시 미국에서 판매하는 다소 복잡한 생산 절차를 계획하고 있다. 여기에 더해 여러 종류의 탈출 방지 시설을 설치하고 GM 연어를 불임시켜 설령 자연에 방출되더라도 자연종과의 교배가 힘들게 만들었다.

1989년 개발이 완료된 이 연어는 1995년에 FDA에 승인을 요청했는데 2010년이 돼서야 본격적인 심사 움직임이 시작되었다. FDA는 2012년에 환경 영향 평가를 발표했고, 2013년 초반에는 대중 자문까지 완료하였다. GM 연어의 승인이 임박해지자 미국 내 소비자 단체들의 움직임도 활발해지고 있다. 현재까지 약 200만 명의 소비자, 과학자, 어업 종사자 등이 FDA에 반대 의견을 보냈고 22개 동물 보호 단체들도 공동 서한을 보냈다. 12명의 상원의원과 21명의 하원의원도 FDA에 서한을 보내 우려가 해소될 때까지 승인 보류를 요청했다. 미국 내 60개의 슈퍼마켓 체인 약 9000개 매장은 설령 승인이 나더라도 이 연어를 판매하지 않겠다고 선언했다. 최근에는 미국 최대의 슈퍼마켓 체인인 크로거(Kroger)와 세이프티(Safeway)가 판매 거부에 동참해 반대 운동에 힘을 실어주고 있다.

환경 소비자 단체들의 우려는 크게 세 가지이다.[9] 첫째는 생태계를 교란할 가능성이다. 개발사의 주장과 달리 시판 후 야생 연어가 감소하고 생태계가 교란될 것이라고 전망한다. 시판될 연어는 불임된 암컷이지만 100% 불임 처리는 기술적으로 불가능해 자연종과 교배할 수 있다는 것이다. 실제로 이 회사는 FDA에 95%만을 불임 처리하겠다고 밝힌 바 있다. 빠르게 성장하기 위해서는 많은 양의 먹이가 필요하기 때문에 GM 연어는 야생종에 비해 공격적이다. 두 번째는 인체에 위해할 수 있고 영양도 떨어진다는 것이다. 유전자 조작 식품의 인체 안전성은 아직 명확히 증명되지 않아 사람에 따라서는 이 연어를 먹고 알레르기 반응을 보일 수 있다는 것이다. 성장이 빠른 GM 연어는 인슐린유사성장인자(IGF-1, Insulin like growth factor-1)의 함유량이 높은데 이 호르몬은 유방암, 대장암, 전립선암과 관련이 있다는 보고가 있다.[10] 영양학적인 측면에서도 별 이득이 없는데 GM 연어는 일반 연어에 비해 오메가3가 65.4%가 적고 지방은 57.8%나 많다.

9··· Food & Water Watch(2010), GE Salmon Will Not Feed the World. Friends of the Earth(2013), Genetically engineered fish. The Center Food Safety(2013), Genetically Engineered Salmon:The Next Generation of Industrial Aquaculture.

10··· Yu H. and T. Rohan, "Role of the Insulin-Like Growth Factor Family in Cancer Development and Progression", *Journal of the National Cancer Institute*, vol. 92, iss. 18. September 20, 2000; Moschos, S. and C. Mantzoros, "The Role of the IGF System in Cancer: From Basic to Clinical Studies and Clinical Applications", *Oncology*, vol. 63 iss. 4. November 4, 2002.

비타민, 필수 아미노산도 일반 연어보다 적다. 세 번째는 미국의 규제 시스템이 GM 어류를 제대로 평가하기에는 부족하다는 것이다. FDA는 GM 동물을 평가하기 위한 적절한 기준을 가지고 있지 못해 동물 신약(New Animal Drug Application)으로 분류해 평가하고 있으나 살아 있는 생명체를 평가하기엔 적절하지 않다는 것이 반대론자들의 주장이다. 심사도 제조사가 제출한 내용에 기초해서 이루어지고 있으며 분석 대상 연어도 6-12마리로 그 수가 매우 적다. 그리고 FDA의 승인 절차에는 GM 연어의 확산이 사회 · 경제 · 문화적으로 어떤 영향을 가져올지에 대한 검토가 빠져 있다고 주장한다. 사실 GMO 의무 표시제가 없는 미국에서는 GM 연어 토막이 일반 연어와 섞여서 팔려도 소비자들은 알 수가 없는 실정이다.

우리가 직접 소비하는 식품은 아니지만 GM 연어와 함께 논란이 되고 있는 동물은 곤충인 GM 모기이다. 영국에 소재한 옥시텍(Qxitec) 사는 뎅기열을 매개하는 모기의 개체수를 줄일 수 있는 GM 모기를 개발해 환경 방출 시험을 진행하고 있다. 뎅기열은 모기 매개성 바이러스 질환으로 고열을 동반하며 일부 환자들에게는 치명적인 질병이다. 세계적으로 매년 5천만에서 1억 명 정도의 사람들이 뎅기열에 감염된다. 그동안 뎅기열이나 말라리아와 같은 모기 매개성 질환을 예방하기 위해서 주로 살충제를 사용해 모기의 개체수를 줄여왔다. 그런데 살충제는 인체에 해로울 뿐만 아니라 내성 모기를 출현하게 하거나 이로운 곤충에게도 영향을 미치는 부작용이 있다.[11]

옥시텍 사의 GM 모기는 살충제를 사용하지 않고도 개체수를 줄이기

---

11 ··· The Parliamentary Office of Science and Technology(2010), Genetically Modified Insects.

위해서 고안되었다. 이 모기는 테트라사이클린(tetracycline)이라는 항생 물질이 있어야 생존이 가능하도록 유전자 조작되었다. 즉 이 GM 모기와 야생종 사이에서 나온 유충들은 항생 물질이 거의 없는 자연에서는 생존이 힘들어 이론적으로는 개체수가 감소하게 된다.

논란은 GM 모기를 케이먼 제도(2009), 말레이시아(2010), 브라질(2011)에 방출하면서부터 시작되었다. 이 과정에서 윤리 환경적 문제가 제기되었는데, 지역 주민들의 동의를 받지 않은 것이다. 케이먼 제도와 말레이시아 실험의 경우, 방출 후에야 대중에게 공개되었다. 대중의 의견을 수렴하는 절차나 공식적인 환경 위해성 평가를 거치지 않았다. 특히 모기와 같은 곤충은 장거리 이동이 가능해 전 지구적 통제 방법에 대한 논의가 필요할 것으로 보인다.

실험 결과에 대해서도 논란이 많은데 회사 측은 케이먼 제도의 실험에서 뎅기열 매개 모기의 약 80%가 감소하는 성과를 거뒀다고 밝혔지만, 모기 개체수의 감소와 뎅기열 감소 사이의 관계를 증명하지는 못했다.

GM 모기의 자체의 한계와 문제도 제기되고 있다. 이론적으로는 항생 물질인 테트라사이클린이 없으면 생존이 불가능해야 하지만 실제로는 실험실에서는 3-4%, 자연에서는 약 15%의 모기가 이 물질이 없어도 생존이 가능한 것으로 알려지고 있다. 특히 테트라사이클린은 쓰레기 더미 같은 실험실 밖 환경에서도 발견된다. 사람을 물지 않는 수컷을 방출하고 있으나 0.5% 정도는 암컷으로 밝혀져 사람에게 영향을 줄 가능성도 제기되었다. 일부에서는 GM 모기의 방출로 뎅기 바이러스가 진화하거나 더욱 치명적인 형태로 변할 수 있다는 우려를 하고 있다. 게다가 특정 모기의 개체수 감소는 다른 모기의 증가 가능성을 높여줄 가능성도 제기되고 있다. 회사 측은 완전 박멸이 아닌 개체수의 80% 감소를 목표로 하고 있는데 이를 위해서는 매달 또는 몇 주마다 100만 마리 이상의 모기를 방출해야 한다. 즉 개체수를 낮추기 위해서는 지역 사회가 특허 모기를 지속적으로 구입해 관리해야 하는 것이다.

앞으로 기업들의 GM 동물의 시장 진출 시도는 더욱 활발하게 진행될 것으로 보인다. GM 작물 분야는 이미 몬산토를 비롯한 일부 다국적 기업들이 독점하고 있어서 신규 진출이 어려운 영역이다. 반면에 GM 동물 분야는 벤처 자본이나 소규모 기업들이 경쟁력을 확보하기 유리한 영역으로 향후 여러 종류의 GM 동물이 등장할 것으로 보인다. 이번에 GM 모기를 방출한 옥시텍 사는 이미 배추좀나방, 솜벌레, 지중해 열매파리 등의 유전자 조작 곤충을 개발해 놓고 있다.

5 쟁점 4: 표시제──시민의 알 권리와 선택할 권리

시민들의 관심이 높은 GM 식품의 안전성에 대한 논란은 앞으로도 꽤 오랜 시간 지속될 것으로 보인다. GMO 옹호자들은 위험하다는 결정적인 증거가 나오지 않는 한 안전하다고 주장할 것이고 우려하는 시민들은 인체에 안전하다는 결과가 없는 한 잠재적으로 위험한 식품으로 취급할 것이기 때문이다. 앞에서 지적한 것처럼 GM 식품을 장기간 섭취했을 경우 인체에 어떤 결과를 초래하는지에 대한 연구는 실험 자체도 어려울뿐더러 연구비를 받기도 쉽지 않은 상황이다.

안전성 논란이 끊임없이 제기되자 GM 작물 주요 수출국인 미국과 캐나다를 제외한 많은 국가에서 GMO 표시제를 실시하고 있다. 유럽연합은 GMO 원료를 사용한 모든 식품에 표시제를 의무화하고 있고, 중국에서는

GMO 원료를 사용한 지정 식품에 표시를 해야 한다. 이밖에 일본, 호주, 뉴질랜드 등 64개국이 GMO 표시제를 실시하고 있다.[12] GM 작물 수입 세계 2위인 우리나라도 2001년부터 표시제를 실시하고 있다. 원칙적으로는 GM 콩과 옥수수 원료가 사용된 식품의 표면에 '유전자재조합식품' 또는 '유전자재조합식품 OO 포함'이라는 문구를 넣게 되어 있다.[13] 그런데 왜 우리는 마트에 진열된 가공 식품에서 GMO 표시를 볼 수 없을까? 있으나 마나 한 표시제를 실시하고 있기 때문이다. GMO가 가공 식품의 주요 성분 5순위 안에 들지 않거나 최종 제품에 재조합 DNA나 외래 단백질이 남아 있지 않는 경우에는 표시를 하지 않아도 된다. 이로 인해 GM 콩과 옥수수, 카놀라 등으로 만들어진 간장, 두부, 식용유, 두유, 과자, 이유식 등이 아무런 표시 없이 시중에 유통되고 있다. GMO가 들어간 가축 사료나 GM 작물을 운반하는 차량에는 표시를 해야 하지만 우리가 먹는 가공 식품에는 표시할 필요가 없다. 우리나라 소비자 기본법은 소비자가 물품을 선택할 때 필요한 지식과 정보를 제공받을 권리를 규정하고 있는데 이 내용에도 어긋나는 정책이라고 할 수 있다. 유명무실한 표시제로 인해서 소비자의 알 권리와 선택권이 침해당하고 있는 것이다. GMO 표시제가 제대로 실시된다면 인체 위해성 여부를 추적하는 데도 도움이 될 수 있다. GM 식품의 위해성은 장기간에 걸쳐 나타날 수 있고, 사람마다 GM 성분에 대한 감수성이 다를 수 있기 때문에 표시제는 인체 위해성을 추적할 수 있는 중요한 수단이 될 수 있다.

12… 국가별 GM 식품 표시제 현황은 http://www.centerforfoodsafety.org/ge-map 에서 볼 수 있다.

13… 식품안전처 유전자재조합식품정보. http://www.mfds.go.kr/gmo/index.do.

시민 단체는 물론이고 공공기관인 한국소비자원에서도 표시제 개정 목소리를 지속적으로 내고 있지만 좀처럼 개선되지 않고 있다. 식품 업체뿐만 아니라 한미 FTA 체결로 최대 GM 수출국인 미국의 눈치를 봐야 하는 상황도 표시제 개선을 어렵게 하고 있다. 표시제 반대론자들은 표시제를 탈규제 시대에 불필요하고 쓸데없는 규제로 여기고 있으며, 유럽연합과 같은 엄격한 표시제가 실시된다면 식품 가격의 상승으로 오히려 소비자에게 피해가 돌아갈 것이라고 주장한다. 그러나 굳이 유럽연합의 사례를 들지 않더라도 가공 식품 표면에 각종 식품 첨가물과 원산지와 같은 정보들이 빼곡히 들어차 있는 현실을 고려하면 설득력이 떨어진다.

6 나오며

GM 작물의 확산이 기아를 해결해 줄 것이라는 통념은 굶주림에 대한 정치 사회적인 분석과 이해가 확산되면서 점차 설득력을 잃어 가고 있다. 대신 GM 작물의 인체 및 환경 위해성 문제가 GMO를 둘러싼 논쟁의 중요한 쟁점으로 부각되고 있다.

제초제 저항성 GM 작물의 확산은 농약 사용량을 증가시켜 슈퍼 잡초의 출현을 촉진하고 농민과 소비자들의 건강에 영향을 주고 있다. 살충 성분을 함유한 GM 작물은 해충뿐만 아니라 식물과 환경에 이로운 나비나 곤충, 토양 생물에게도 영향을 미치고 있다. 특히 GM 작물이 경작지를 탈출해 자라거나 일반 작물과 섞여서 유통되는 '유전자 오염'은 앞으로 심각한 사회 문제로 부상할 가능성이 높다. 결국 유전자 오염으로 인해 장기적으로 GM 작물과 유기농이 공존하기 힘든 환경이 만들어질 것으로 보인다.

GM 식품의 안전성 문제는 환경 위해성 문제보다 더욱 논란이 많고 불확실하다. GM 작물을 섭취한 동물에게서 문제가 발생한다는 논문이 종종 발표되고 있지만 결과에 대해서는 이견이 많고 합의된 검증 방법도 아직 없다. 이 논란은 앞으로도 꽤 오랜 시간 지속될 것으로 보인다. GMO 옹호자들은 '위험'하다는 결정적인 증거(?)가 나오지 않는 한 안전하다고 주장할 것이고 일부 과학자들과 우려하는 시민들은 인체에 '안전'하다는 결과가 없는 한 잠재적으로 위험한 식품으로 취급할 것이다.

안전에 대한 우려는 표시제로 연결되는데 우리나라 표시제는 소비자의 알 권리를 크게 제약하는 유명무실한 제도로 자리 잡았다. 이를 의식해 일부 소비자들은 비용과 시간을 들여 Non GM 식품을 선택해서 먹고 있다. GM 식품을 거부하고 지속 가능한 농업을 지지하는 의미 있는 운동의 한 방식이지만 최소한 유럽과 비슷한 수준의 안전성 평가나 표시제가 도입되지 않은 한 그 효과는 제한적일 수밖에 없다.

GM 식품 나아가 GMO에 대한 태도는 단시간 내에 결론을 얻기 힘든 인체 위해성 여부뿐만 아니라 환경에 어떤 영향을 주고 있는지, 관련 의사결정은 투명하고 민주적으로 진행되고 있는지, 표시제는 제대로 작동하고 있는지, 지속 가능한 농업의 미래는 어떤 것인지 등 다양한 쟁점들을 폭넓게 고려한 후 판단해야 한다. 특히 GMO의 확산으로 누가 이익을 얻고 있는지 꼼꼼히 따져봐야 할 것이다.

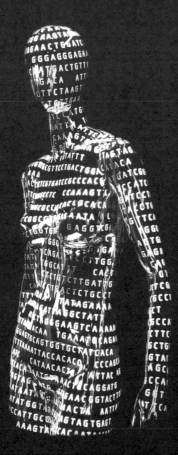

제2부

한국 사회의 맨얼굴

황우석 사태

✝ 한국 사회의 맨얼굴을 드러낸 희대의 사건이 발생했다. 이는 한국의 생명공학 논쟁에서 주요 계기이자 전모일 만큼, 총체적인 실상을 보여주었다.

6장은 황우석 박사팀의 논문 조작이 세상에 드러나는 과정을 다룬다. 《네이처》지의 문제제기에서부터 〈PD 수첩〉의 취재와 좌절 그리고 극적인 반전 속에 정부, 언론, 학계, 황우석 박사가 어떻게 대응했는지 구체적으로 볼 수 있다. 또한 이 과정에서 드러나지 않게 기여했던 다른 행위자들(제보자, 시민 단체, 필자)의 역할도 담았다.

이 글은 『침묵과 열광』(강양구 · 김병수 · 한재각, 후마니타스, 2006), 7장의 내용을 수정 보완한 글임을 밝힌다.

제6장 황우석 사태, 한국민 영웅의 몰락

1 사태의 서막

2004년 2월 12일 황우석 박사가 세계 최초로 인간의 난자를 이용해 배아줄기세포 1개를 만들었고 이 내용이 《사이언스》라는 학술지에 실린다는 사실이 언론을 통해 공개되었다. 당시 황우석 박사는 국내에서는 유명 인사였지만 국제적으로 그리 널리 알려진 학자는 아니었다. 심지어는 황 박사를 국내 스타로 만든 복제 소 '영롱이'나 '진이'조차 그 실체가 확인되지 않은 상황이었다. 당일 거의 모든 신문이 동시에 많은 지면을 할애해서 배아 복제 성공 소식을 크게 다뤘다.

논문이 언론에 공개되자 〈시민과학센터〉는 「생명윤리법」이 제정되지 않은 상황에서 정부가 연구비를 지원한 점을 비판하면서, 실험 승인 전 어떤 윤리적 검토를 진행했는지 공개할 것을 요구했다. 덧붙여 인간 배아 복제 성공으로 앞으로 난자 및 수정란에 대한 수요가 크게 증가할 것을 우려했다. 그러나 사회적 분위기는 연구 성과에 대한 열광으로 가득 차 있었다. 거의 대부분의 언론이 이 문제를 일방적으로 다루었으며 마치 당장이라도 난치병 환자들을 치료할 수 있고, 엄청난 경제적 효과를 창출할 것처럼 보도했다. 윤리 사회적 측면은 고사하고 논문 내용을 과대 포장하는 것조차 마다하지 않았다. 외신을 소개하는 것도 편향적이었다. 배아 복제 성공이 과학적 측면뿐만 아니라 윤리적 측면 때문에 세계적 관심을 받고 있다는 사실을 고려하지 않은 채, '세계 최초'를 강조하며 황우석 박사에게 유리한 내용들만을 뽑아서 보도했다. 언론의 일방적 보도와 사회적 열광은 가뜩이나 침체되어 있던 생명공학 감시 운동 진영을 더욱 위축시켰다.

인간 배아 복제에 대한 구체적인 지적은 국내 시민 단체가 아닌 외국에서 먼저 제기되었다. 2004년 5월 6일 《네이처》는 황우석 교수의 배아 복제 실험 과정에 문제가 있을 수 있다는 사실을 비중 있게 다루었다. 실험에 직접 참여한 여성 연구자들의 난자 제공 문제, 연구의 윤리성과 타당성을 심사했던 한양대 병원 IRB의 불투명성, 그리고 공동저자에 청와대 정보과학기술 보좌관이 포함돼 있는 사실 등을 문제점으로 지적했다. 그러면서 만약 이런 의혹들이 사실로 밝혀진다면, 한국뿐만 아니라 전 세계 배아줄기세포 연구에도 악영향을 미치게 될 것이라고 경고했다. 세계적 저널인 《네이처》에 한국 관련 보도가 사설과 뉴스를 통해 총 5면이나 게재된 것은 처음 있는 일이었다. 그러나 《프레시안》을 제외한 그 어떤 언론도 이 기사를 제대로 보도하지 않았다. 다만, 황우석 박사의 분노에 찬 주장만을 짤막하게 다뤘을 뿐이다.

2 〈PD수첩〉 방영과 파장

2005년 11월 22일에 MBC 〈PD수첩〉 '황우석 신화의 난자 의혹' 편이 방송됐으며, 이를 전후로 노성일 미즈메디병원 이사장과 황 교수의 기자회견이 이루어졌다. 이를 통해 영원히 미궁 속으로 빠질 뻔했던 난자 공여 의혹의 일부가 드러났다. 그런데 〈PD수첩〉 1편 방영 전후의 상황을 되짚어 볼 필요가 있다. 시작은 미국에서부터 터져나왔다. 11월 12일, 황 교수의 연구가 《사이언스》에 실리는 데 큰 역할을 했으며, 2005년 논문의 교신저자이기도 한 미국 피츠버그대 제럴드 섀튼(Gerald P. Schatten) 교수가 돌연 결별을 선언했던 것이다. 섀튼 교수는 난자 취득 과정에 윤리적 문제가 있다는 신뢰할 만한 정보를 얻었다며 황 박사와의 결별은 물론 세계 줄기세포 허브 사업에도 손을 떼겠다고 발표했다. 온 국민이 그 이유를 몰라 어리둥절하고 있을 때, 《경향신문》은 황 박사의 연구에 대해 〈PD수첩〉이 취재하고 있다는 사실을 최초로 보도했다. 그러면서 섀튼 교수의 결별이 〈PD수첩〉의 취재와 무관하지 않을 것이라는 황 박사 측의 발언도 덧붙였다.[1]

〈PD수첩〉 방송 전날인 11월 21일, 황우석 박사팀에 난자를 제공했던 노성일 이사장은 기자회견을 열고 난자 공여 상황을 해명했는데, 매우 미묘한 시점이었다.[2] 〈PD수첩〉을 통해서 전모가 드러날 것을 예상하고 방송 전날 미리 해명한 것이다. '황우석 구하기'에 적극적으로 나서면서 방송의 의미를 축소하려는 시도였다. 또한 이것은 난자 문제를 정면 돌파하려는 황우석 사단과 정부의 대응이 시작된 것이기도 했다. 기자회견에서 노 이

1··· 「연구팀원이 MBC에 "줄기세포 가짜" 제보」, 《경향신문》, 2005. 11. 15.

2··· 노성일, 「'난자 의혹' 기자회견문」, 2005. 11. 21.

사장은 20명의 여성에게서 난자를 채취해 줄기세포 연구를 위해 공급했고, 이들에게는 150만 원 정도의 실비가 지급됐다고 밝혔다. 그러나 이런 행위는 법적으로 아무런 문제가 없음을 강조했다. 덧붙여 노 이사장은 이런 논란이 국익에 무슨 도움이 되겠냐며, 상대편이 조금이라도 잘 되면 비하하고 질투하는 사회 풍토 탓에 쓸데없는 문제가 불거지고 있다고 주장했다.

정부의 대응 속도도 빨라졌다. 11월 24일 오전 보건복지부는 기자회견을 열고 서울대 수의과대학 IRB가 조사하고 평가한 난자 수급 조사 결과를 발표했다. 보건복지부가 대독[3]한 IRB 조사 결과에 따르면, 노성일 이사장의 기자회견 내용과 크게 다르지 않았다. 하지만 여기에 서울대 수의과대학 IRB와 보건복지부의 결론이 덧붙여졌다. 황 박사의 연구는 「생명윤리법」이 발효되기 전에 진행된 것이라 법적으로 문제가 없으며, 국제 규범인 〈헬싱키 선언〉에도 위배되지 않는다는 것이었다. 그러면서 이런 일이 발생한 배경에는 동서양의 문화적 차이가 작용했다는 해석을 내리고 있었다. 게다가 이번 기회를 통해 앞으로 연구용 난자를 제대로 공급할 수 있는 시스템을 정비해야 한다는 정책 건의까지 담고 있었다.

마치 정부와 사전 조율을 한 듯, 이날 오후에는 황우석 박사가 기자회견을 열었다. 황 박사는 여성 연구원의 난자 제공이 사실이기는 하지만, 자신은 《네이처》의 취재가 이루어진 후에야 알게 됐다고 주장했다. 또한 자신이 난자 제공자 명단을 직접 확인했지만, 여성 연구원은 들어 있지 않았다는 과거의 발언도 거짓이었다는 점도 인정했다. 그러면서 그동안 거짓말을 한

3… 이 발표는 원래 서울대 수의과대학 IRB의 이영순 위원장이 하기로 되어 있었으나 박기영 당시 청와대 보좌관이 보건복지부 차관에게 전화를 해서 복지부가 발표하도록 한 것으로 밝혀졌다. 박재완 의원, "[보도자료] 청와대, 2005. 11. 24. 황 박사팀 난자 조달의 문제점 축소——왜곡 기자회견에 개입", 2006. 2. 20.

이유는 연구원들의 프라이버시를 보호하기 위한 것이었다고 해명했다. 난 자 매매 부분에 대해서는 노성일 이사장만을 믿고 단지 받아서 썼을 뿐이고, 이마저도 〈PD수첩〉이 취재하면서 알게 됐다고 주장했다. 마지막으로 자신의 연구가 세계 최초로 진행되고 있는 만큼, 윤리적 절차가 미처 확립되지 못해서 생겼던 결과였다고 강변했다.[4]

3 정부의 정면 돌파 시도

'황우석 사태'의 첫 번째 국면, 즉 난자 수급 과정에서의 연구 윤리 위반 논란에 대한 황우석 팀의 대응은 비교적 성공적이었다. 〈PD수첩〉의 문제 제기에 '물타기'를 시도해 국민들의 혼란을 부추기면서 잠시나마 진실을 가릴 수 있었던 것이다. 노성일 이사장, 보건복지부, 황 박사로 이어지는 연속적인 기자회견은 윤리 문제를 정면 돌파하기 위해 기획됐다고 할 수 있을 것이다. 그러나 황 박사와 노 이사장은 2004년부터 수없이 거짓말을 해왔기 때문에 그들의 주장을 액면 그대로 믿기는 어려웠다. 황 박사의 연구 윤리 위반에 대한 정부의 첫 번째 공식 발표였던 서울대 수의과대학 IRB 보고서를 살펴보면서, 문제점을 점검해 보기로 하자. 우선 서울대 수의과대학 IRB는 난자 수급 문제를 조사하기에는 적절치 않은 기관이었다. 황우석 박사와 직접적으로 이해관계가 있는 기관이 논쟁적인 사안을 조사했다는 것 자체가 조사의 객관성을 의심받기에 충분했기 때문이다. 실제로 위원 구성이나 회의 진행 과정을 보면 문제가 여실히 드러난다. 서울대 수의과

4⋯ 황우석, 「기자회견 발표문」, 2005. 11. 24.

대학 IRB는 수의과대학 박사 4명과 외부 인사 4명으로 구성되도록 규정되어 있었는데, 외부 인사 중 대부분은 황 박사가 직접 추천한 사람들이었다. 여기에는 황 박사 연구에 체세포를 제공한 척수 손상 아이의 아버지가 참여하고 있었으며, 황 박사의 '비공식 라인'으로 분류되는 법학자 한양대 정규원 교수와 국가인권위원회의 한희원 국장도 포함돼 있었다. 위원 구성만을 보더라도 조사가 제대로 이루어질 리 만무했다.

구성뿐만 아니라 실제 운영 과정도 독립적이지 못했다. 중립성을 지켜야 할 이영순 위원장은《조선일보》에 기고한 칼럼을 통해 황우석 박사를 치켜세우기에 여념이 없었다.[5] 더 나아가 이 위원장은 자신이 서울대 수의과대학 IRB 위원장인 것을 2005년 10월까지는 몰랐다고 주장하기까지 이른다.[6] 위원장도 모르는 상황에서 어떻게 회의가 열려 연구 계획을 승인한 것일까? 조사 대상자가 조사위원들과 함께 모여 대책을 논의한 것이라는 비난을 피할 수 없게 됐다. 결국 서울대 수의과대학 IRB 보고서는 국민을 기만한 거짓 보고서로 밝혀졌다.

서울대 수의과대학 IRB와 보건복지부의 해석도 황당하기 그지없다. 이 보고서는 여성 연구원들이 자발적으로 난자를 제공했으며, 황우석 박사는 이러한 사실을 사후에야 알게 됐다고 결론을 맺고 있다. 그러나 동시에 보고서는 여성 연구원들이 사전에 황 박사와 이 문제를 수차례 상의했다는 점을 인정했다. 그러면서 여성 연구원들이 난자 채취를 위한 병원 방문으로 여러 차례 장기간 연구실을 비워야 했으며 이를 연구 책임자인 황 박사가 모르기는 힘들 것이라는 상식적인 의문에 대해서는 외면했다. 게다가

5··· 「이영순 "반황우석 세력의 비윤리적 언행"」,《조선일보》, 2005. 11. 26.

6··· 「이영순 "10월까지 내가 IRB 위원장인 줄도 몰랐다"」,《오마이뉴스》, 2006. 1. 6.

석·박사과정 대학원생의 경우 황 박사와의 특수한 관계로 인해 졸업 시기, 논문 저자 포함 등의 직접적인 이해관계가 있을 수 있어, 객관적인 사실에 대해서 진술하기 어렵다는 점을 고려해야만 했다. 그러나 서울대 수의과 대학 IRB 보고서는 이를 고려하지 않았다. 실제로 난자를 기증한 두 연구원은 모두 황 박사의 논문에 공동저자로 포함됐을 뿐만 아니라, 한 명은 모대학 교수로 임용됐으며 또 다른 한 명은 미국의 섀튼 박사 연구실로 유학을 갔다.

난자 제공자에게 주어진 금품 제공이 단지 실비 보상이라는 주장도 납득하기는 어려웠다. '실비 제공'이라는 용어를 사용하려면 제공자가 연구용으로 난자를 제공할 의사를 명확히 표시하고, 이에 대해 교통비·숙박비·식비와 같은 최소한의 보상만을 받았을 때만 그나마 가능할 것이다. 그러나 난자를 제공한 여성이 스스로 경제적 이유로 난자를 팔았다고 증언했음이 확인됐고 이를 실비 보상이라고 주장하는 것은 너무 불성실한 판단이었다.

난자 기증 제도가 있는 일부 나라와 비교해 봐도 노성일 이사장이 지급했다는 실비 보상액은 터무니없이 높다. 예컨대 배아 관리 정책이 엄격한 영국의 경우, 불임 부부를 위한 난자 기증자에게 300~500파운드(51만~85만원) 정도의 금액을 시술에 따른 불편에 대한 보상으로 지불하라고 권고하고 있다.[7] 하지만 이 사건에 개입된 난자 매매 전문 중개업체인 DNA 뱅크를 통해서 노성일 이사장은 난자를 제공한 여성에게 150만 원을 지급했다.

7··· Human Fertilisation and Embryology Authority, "The Regulation of Donor-Assisted Conception: A consultation on policy and regulatory measures affecting sperm, egg and embryo donation in the United Kingdom", 2005.

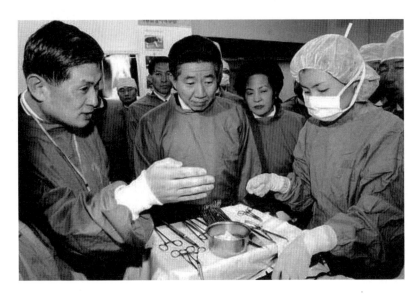

〈사진〉 황우석 박사가 노무현 대통령에게 연구 과정을 설명하고 있다.

이 금액은 DNA 뱅크가 2000년부터 난자를 매매하고 지불하는 금액과 동일할 뿐만 아니라, 2005년에 발효된 「생명윤리법」에 의한 법적 처벌을 받았을 때에 문제가 됐던 금액과도 같았다.

마지막으로 윤리 준칙 위배 사실조차 없다는 결론 또한 놀라운 일이었다. 서울대 수의과대학 IRB는 국제 윤리 규범인 〈헬싱키 선언〉을 자의적으로 해석하면서 그 근거로 '동서양의 문화적 차이'라는 궤변을 늘어놓았다. 우리나라에서의 교수와 학생의 관계를 생각한다면 오히려 이 선언을 더욱 엄밀히 적용했어야 했다. 설령 난자 매매가 법률을 위반한 것은 아닐지라도 의사인 노성일 이사장이 난자 매매를 금지한 대한의사협회의 〈의사윤리지침〉을 위반한 사실은 부정할 수 없었다. 그럼에도 윤리 준칙 위배가 없다고 결론을 내린 것은 IRB로서의 자기 존재를 스스로 부정했다고 봐야 할 것이다.

서울대 수의과대학 IRB 보고서의 황당한 결론의 밑바닥에는 인체를 다루는 생명공학에서조차 "윤리 규정 좀 어겼더라도 결과만 좋으면 괜찮다"는 식의 결과 지상주의가 깔려 있었다. 획기적 성과를 얻기 위해서라면, 난자 매매나 충분한 정보가 제공되지 않은 상태에서의 기증일지라도 이를 장려하는 것이 합당한가? 더 나아가 여성 연구자의 난자를 사용해도 되는가? 이미 수십 년 전에 확립된 국제적 연구 윤리 규범을 국내 상황을 핑계로 무시한다면, 아무리 과학적 성과가 좋아도 국제적으로는 제대로 인정받지 못할 것이다. 뿐만 아니라 국제적 협동 연구도 힘들 것이다.

4 계속되는 진위 공방

의혹을 제기한 MBC 〈PD수첩〉이 네티즌들의 집중 공격을 받는, 상식에 반하는 일이 벌어지고 있을 즈음, 예상치 못한 곳에서 논문 진위 문제가 수면 위로 떠올랐다. 11월 27일 노무현 대통령은 청와대 홈페이지에 올린 글에서 MBC 〈PD수첩〉에 대한 여론의 질타가 도를 넘은 것에 대한 우려를 표명했다. 그런데 세간의 관심을 끈 것은 이 대목이 아니었다. 노 대통령이 〈PD수첩〉이 황우석 박사 논문의 진위 여부에 대해 취재하고 있다고 거론한 것과, 이와 관련된 대통령의 상황 인식, 그리고 박기영 전 보좌관의 역할이었다. 노무현 대통령은 "짜증스럽다"며 〈PD수첩〉의 취재가 "도저히 납득이 가지 않는"다고 발언했다.

대통령의 발언 이후 상황이 더 급박하게 돌아갔다. 〈PD수첩〉의 최초 취재 목적이 알려지면서 〈PD수첩〉에 대한 사회적 압력은 더욱 거세졌다. 아직까지도 '황우석 신화'가 강고할 때였기 때문에, 일부 네티즌뿐만 아니라 대부분의 국민들도 〈PD수첩〉의 취재가 '불순한 의도'에서 출발한 것이 아 닌가 하는 의구심을 갖기 시작했다. 그런데 공교롭게도 대통령이 글을 올 린 시점은 〈PD수첩〉 취재가 거의 끝날 무렵이었다. 줄기세포 진위를 확인 하기 위해 황 박사 측으로부터 줄기세포를 인수하는 막바지 작업이 한창 진행 중이었다. 게다가 이미 1차 인수 시 받은 일부 줄기세포가 맞춤형 배아 복제 줄기세포가 아니라는 것도 확인된 상태였다. 11월 28일, 황우석 박사 연구팀은 〈PD수첩〉에 2차 검증에 응하지 않겠다고 통보함으로써 변호사 까지 참여해 작성한 인수 계약을 일방적으로 파기해 버렸다. 이에 대응해 MBC는 12월 1일과 2일 〈뉴스데스크〉와 〈PD수첩〉 팀의 기자간담회를 통 해 검사 결과의 일부를 공개하면서 황 박사를 공개적으로 압박하기 시작했 다. MBC은 황 박사가 계속 약속을 이행하지 않는다면 그동안의 취재 결과 를 〈PD수첩〉을 통해 방송할 계획을 가지고 있었다.

그런데 12월 4일, 사태의 흐름을 뒤집을 만한 놀라운 사건이 터져 나왔 다. 〈PD수첩〉에 '중대 발언'을 했다고 알려진 김선종 연구원이 YTN과 의 인터뷰에서 자신의 발언은 협박 등의 강압에 의해서 이루어진 것이라 고 주장한 것이다. 이른바 '취재 윤리' 위반 사건이 터진 것이다. YTN 보 도는 MBC에 대한 많은 시민들의 맹목적 비난에 기름을 부었다. 결국 이 날 밤 MBC는 마치 사전에 준비라도 한 것처럼 매우 신속하게 사과 방송을 내 보냈고, 동시에 〈PD수첩〉 프로그램 자체를 무기한 중단하기로 결정했다.

하지만 또 다른 극적 반전을 위한 준비가 시작됐다. 12월 6일 〈PD수첩〉 이 확인한 줄기세포 2번 라인의 DNA 지문 결과가 논문의 것과 다르다는 사실을 《프레시안》이 보도한 것이다.[8]

---

8 … 「'2번 줄기세포'는 '가짜'인가 '실수'인가」, 《프레시안》, 2005. 12. 6.

〈PD수첩〉이 황 박사 측으로부터 받은 것이 줄기세포가 맞기는 한데, 환자 맞춤형은 아니라는 결론이었다. 2005년《사이언스》논문에는 2번부터 11번까지의 맞춤형 줄기세포가 보고됐고, 각 번호는 만든 시간 순으로 매겨진 것이었다. 그런데 2번 줄기세포의 DNA 지문이 논문의 것과 다르다는 것은 그 뒤에 만들어진 줄기세포들도 문제가 있을 수 있다는 의심을 받기에 충분했다.

황우석 박사 측은 5개 샘플 중에서 1개만 결과가 나온 것은 검사 방법에 문제가 있었던 것이라며 결과 자체를 인정하려 하지 않았다. 여기에 사회적으로 명성이 있는 과학자들까지 거들고 나섰다. 유전체연구사업단장인 유향숙 박사는 줄기세포가 배양되면서 DNA가 변할 수 있고, 따라서 DNA 지문도 달라질 수 있다고 주장했다. 하지만 이는 과학적으로 납득하기 힘든 주장이었다.[9]

검사 결과의 정확성 여부를 떠나, 체세포 복제로 만들어진 배아줄기세포의 DNA가 처음 확립할 당시의 지문 검사에서는 정상이었는데, 세포 배양 중에 변한다는 주장은 인간 배아 복제 성공 자체의 의미를 무색하게 하는 발언이었다. 왜 맞춤형 배아 복제인가를 생각해 볼 문제다. 그것은 줄기세포에 체세포 제공자의 유전체가 그대로 담겨 있기 때문이다. 그런데 시간에 따라 DNA가 변형돼 지문 분석이 불가능할 정도라면, 환자 맞춤형 배아 복제의 의미가 없어지는 것이다. 황 박사의 2005년 논문의 데이터들을 제대로 읽어보지 않았거나 황 박사를 돕기 위한 정치적 발언으로밖에 볼 수 없었다. 더구나 DNA 지문 분석법은 비교적 손쉬운 분자생물학 기법으로 장비나 시약 또한 광범위하게 보급돼 있다. 문제는 〈PD수첩〉이 황 박사

9…「체세포와 줄기세포는 다르다: 유향숙 박사 인터뷰」, YTN, 2005. 12. 2.

측으로부터 받은 줄기세포를 여러 개로 나누어 수차례 분석을 시도했음에도 동일한 결과가 반복된 것은 처음부터 시료 자체에 문제가 있었던 것으로 보였다. 즉 검증을 방해하기 위해 황 박사 측이 시료에 모종의 작업을 했을 가능성이 높았던 것이다.

한편 당시 사회적으로는 일반인뿐만 아니라 전문가 사이에서도 《사이언스》라는 유명 저널에 논문이 실렸다는 사실만으로도 논문의 진실성이 증명되는 것이라며 사회적 논란 자체가 무의미하다는 주장이 설득력을 얻고 있었다. 하지만 이런 주장 또한 저널의 동료 심사 체계(Peer Review System)를 제대로 이해하지 못했거나, 황 박사를 두둔하기 위한 발언이라고 할 수 있다. 이런 인식은 과학 저널의 논문 심사 방식과 최근 과학계에서 관심이 증가하고 있는 연구 부정행위에 대한 이해 부족에서 기인한다고 할 수 있다.[10] 《사이언스》와 같은 과학 저널들은 제출된 데이터들이 사실이라는 전제하에 과학적 타당성을 검토한다. 이 과정에서 시료를 직접 보거나 실험을 재현하는 등의 직접적인 실험은 하지 않는다. 즉 서류만으로 심사를 진행하는 것이다. 따라서 제출자가 데이터를 그럴듯하게 조작했다면 충분히 심사 과정을 통과할 수 있는 것이다. 이런 동료 심사 체계의 한계로 인해 저널에 발표된 논문이 재현 불가능하거나 조작으로 밝혀져 철회되는 사태가 종종 발생하고 있다.[11] 황우석 박사의 논문이 실린 《사이언스》조차 지난 2000년부터 2005년까지, 논문의 데이터가 조작됐거나 재현 불가능하

10… 연구에서의 부정행위 사례와 연구 윤리에 대한 문제는 다음을 참고할 것. 『제2차 시민과학포럼: 연구 진실성(Research Integrity), 그 쟁점과 대책』, 참여연대 시민과학센터, 사회복지공동모금회관, 2006. 2. 23.

11… 최근에는 논문의 이미지 조작 여부를 검토하는 프로그램까지 등장했다. The Office of Research Integrity(ORI, http://ori.dhhs.gov).

다고 인정된 약 21건의 논문을 철회한 바 있다.

5 조작 증거의 폭로

YTN의 이른바 '청부 취재' 보도 이후, 대통령마저 '이제는 덮자'는 발언을 하고 있는 상황에서 또 한 번의 극적인 반전이 터져 나왔다. 반전을 이루어낸 곳은 '브릭(BRIC)'으로 알려진 생물학연구정보센터라는 인터넷 사이트였다. 2005년 12월 5일부터 '브릭' 게시판에는 논문의 체세포와 줄기세포의 DNA 지문이 너무나 유사하다는 주장과, 세포의 사진들이 중복됐다는 주장들이 지속적으로 올라왔다.

맞춤형 줄기세포라면 체세포와 줄기세포의 DNA 지문이 같아야 한다. 그런데 복사한 것처럼 아주 똑같아도 문제가 될 수 있다. 체세포와 줄기세포는 DNA 분석 결과에 있어서 각 표식자(marker)에 대한 위치는 같아야 하지만, 그 높이(peak)나 배경 잡음은 달라야 한다. 왜냐하면 줄기세포와 체세포의 DNA는 서로 같을지라도 다른 형태의 세포 안에 들어 있기 때문이다. 이로 인해 각각의 세포에서 DNA를 추출할 때 그 양도 다를 뿐만 아니라 분석 과정에서의 미세한 조건들도 다를 수밖에 없다. DNA 지문이 복사한 것처럼 동일하다는 것은 체세포에 대한 분석을 두 차례 반복해서 만든 데이터를, 하나는 체세포 결과로, 다른 하나는 줄기세포 결과로 이용했다는 의혹을 살 수밖에 없었다.

사진 중복 문제 또한 단순한 실수로 보기에는 무리가 있었다. 황우석 박사팀의 주장처럼 논문 제출 시의 단순한 실수가 아니라 '포토샵'을 이용한 조작 의혹이 이루어진 것이라는 의혹을 불러 모았다. 같은 사진을 반대로 돌리거나 배율을 다르게 해서 게재했을 뿐만 아니라, 심지어는 두 개의 세포를 반으로 쪼개서 사진을 실은 것이 아니냐는 의혹과 증거가 계속 제시됐다. 이런 소장 학자들의 주장은 두 개의 줄기세포를 열한 개로 늘렸다는 김선종 연구원의 〈PD수첩〉 인터뷰 내용과도 일치하는 것이었다.[12]

계속 드러나는 논문 데이터에 대한 조작 의혹과 증거들은 서울대의 일부 소장 학자들을 움직이게 했다. 서울대 소장 교수 30여 명은 일련의 의혹 제기가 타당성이 있다며, 서울대 총장에게 연구 진실성에 대해 진상조사를 촉구하는 성명서를 발표했다. 국제적인 압박도 시작됐다. 2005년 논문의 책임저자인 섀튼 교수가 소속돼 있는 미국 피츠버그대에서 논문에 대한 조사를 착수하겠다고 발표한 것이다. 결국 12월 11일 서울대는 자체 조사위원회를 꾸려 줄기세포 연구 결과를 검증하기로 결정했다.

6 조작 내용

12월 15일 미즈메디병원의 노성일 이사장은 언론과의 인터뷰에서, 황우석 연구팀의 2005년 《사이언스》 논문에 보고된 줄기세포가 지금은 전혀 없다고 실토하면서, 열한 개의 배아줄기세포 가운데 아홉 개는 가짜가 확실하며 나머지 두 개의 진위 여부는 아직 확인되지 않았다고 주장했다.[13] 이로 인해서 사회적 분위기가 급반전되자, 이날 저녁 MBC는 〈PD수

12… 「"나는 시키는 대로 할 수밖에 없었다" 김선종 연구원 증언 입수…… "황우석 교수 지시로 사진 불려"」, 《프레시안》, 2005. 12. 10.

13… 「노성일 이사장 "황우석 줄기세포 없다"」, 《한겨레》, 2006. 1. 17.

첩) '황우석 신화 2탄'을 전격 방송하고 그동안의 취재 과정과 결과를 공개했다.

다음날 오전 황우석 박사는 입원해 있던 병원에서 황급히 나와 긴급 기자회견을 열었다. 수많은 국내외 기자들 앞에서 황 박사는 논문 준비 과정에서 '인위적 실수'가 있어서 논문을 철회할 계획이라고 밝혔다. 그리고 일부 줄기세포가 곰팡이 오염으로 죽었지만, 줄기세포가 있는 것만은 분명하다고 주장했다. 이 주장은 황 박사의 지지자들이 여전히 믿고 있는 '원천기술론'의 기원이 됐다. 또한 새로운 주장도 내놓았다. 누군가에 의해 자신의 맞춤형 줄기세포가 미즈메디병원의 수정란 줄기세포와 바꿔치기됐다는 것이다.

그런데 황우석 박사의 기자회견은 전문가들도 이해하기 힘든 암호문과도 같았다. 실수면 실수지 '인위적 실수'라는 것은 무엇을 의미하는지 명확하지 않았다. 이로 인해 많은 사람들이 줄기세포가 만들어진 시점과 개수 등을 맞춰보는 데 상당한 시간과 노력을 들여야 했다. 황 박사 주장의 핵심은, 원래 있었는데 누군가가 바꿔치기를 했고, 그 과정은 자신도 잘 모르겠다는 것이었다. 국내의 한 줄기세포 전문가는 황 박사가 '바꿔치기'라는 단어를 사용한 순간 이 논문이 조작됐다는 확신을 갖게 됐다고 한다.[14]

황우석 박사의 주장을 차분히 되새길 여유도 없이, 오후에는 노성일 이사장이 반박 기자회견을 개최했다. 미즈메디병원 측에서 바꿔치기했을 것이라는 황 박사의 주장을 정면으로 반박하면서, 오히려 황 박사를 "교수로서, 과학자로서, 지도자로서 자격이 없는 사람"이라고까지 비난했다. 한 편의 드라마 같은 두 과학자의 '진실 게임'을 보면서 많은 국민들은 혼란과 허

14··· K대 N교수 전화 인터뷰, 2005. 12. 7.

탈감에 빠질 수밖에 없었다. 의혹이 제기될 때마다 솔직히 해명하기는커녕 지속적으로 거짓말을 해왔던 황 박사와, 한때는 동지였지만 이젠 적이 되어 인신공격까지 주저하지 않는 노 이사장. '황우석 사태'의 파국은 이렇게 끝을 향해 달려가고 있었다.

2005년 12월 23일 서울대 조사위원회는 중간발표회를 열고 2005년 논문은 단순한 실수에 의한 오류라 아니라 두 개의 줄기세포에서 얻은 결과를 열한 개로 부풀려서 만들어낸 고의적인 조작으로 "과학의 기반을 훼손하는 중대한 행위"라는 의견을 밝혔다. 그리고 연구 책임자인 황 박사가 직접 논문 조작에 개입했다고 밝혔다. 그러나 사회적 분위기는 과학계와 사뭇 달랐다. 서울대 조사위원회의 중간 발표 후에도 출처가 확인되지 않은 두 개의 줄기세포와 원천 기술 존재 여부를 두고 사회적 논란이 가시지 않았다. 이렇게 논란이 지속되자 12월 28일 서울대 조사위원회는 다시 기자간담회를 개최했다. 여기서 조사위원회는 환자 체세포의 DNA와 일치하는 줄기세포는 현재 찾을 수 없고, 만들어졌다는 사실을 입증할 만한 과학적 데이터도 황 박사팀이 보유하고 있지 않다는 조사 결과를 발표했다.

매일 뉴스의 중심에 서 있던 서울대 조사위원회가 2006년 1월 10일 발표한 최종 보고서는 2004년과 2005년 《사이언스》 논문의 진위 문제, 난자 사용 개수 및 채취 과정의 문제, 관련 기술에 대한 평가, 복제 개 스너피의 진위 등에 대한 조사 결과를 담고 있다.

2005년 논문과 관련해서 관심의 초점은 황우석 박사가 체세포 핵이식을 통해 만들었다는 2번과 3번 줄기세포주의 정체였다. 여전히 일부에서는 이 두 개만이라도 진짜라면 황 박사에게 기회를 한 번 더 줘야 한다는 주장이 끊이지 않고 있었기 때문이다. 그런데 답은 의외로 간단했다. DNA 지문 분석 결과, 2번(식별번호 NT-2)과 3번(식별번호 NT-3)은 체세포 복제 줄기세포가 아니라 각각 미즈메디 수정란 줄기세포 4번과 8번이었던 것이다. 체세포 복제 줄기세포와 수정란 줄기세포는 육안으로 판별이 불가능하지만, DNA 지문 분석법을 쓰면 비교적 간단히 그 실체를 파악할 수 있다. 그럼에도 황우석 연구팀은 이 두 개의 세포를 가지고 열한 개를 만든 것처럼 보이기 위해, 논문에 실린 모든 데이터를 조작했다. 세포 사진은 김선종 연구원의 증언처럼 두 개의 세포 사진을 여러 형태로 조작하고 부풀려서 마치 열한 개인 것처럼 꾸몄고, DNA 지문 분석 결과는 줄기세포 없이 체세포만을 가지고 조작해 낸 것이었다.

뒤이어 2004년 논문에 대한 진위 여부도 확인됐다. 서울대 조사위원회는 2004년 논문에 문제가 있다는 것을 발견하고 처음에는 적잖이 놀랐다고 한다. 최소한 2004년 논문은 진짜일 거라는 기대가 있었기 때문이었다. 황 박사 실험실과 문신용 교수 연구실에서 보관하고 있던 줄기세포(식별번호 NT-1)를 분석한 결과, DNA 지문이 2004년 《사이언스》 논문의 것과 다르게 나온 것이다. 조사위원회는 우여곡절 끝에 체세포와 난자 제공자가 논문에 표시된 A가 아닌 그 당시 비슷한 시기에 체세포와 난자를 제공했던 B였다는 점을 확인하게 된다. 그러나 조사위원회를 더욱 혼란스럽게 한 것은 NT-1 줄기세포와 B의 DNA 지문도 완전히 일치하지 않는다는 점이다. 결국 서울대 조사위원회는 DNA 지문 분석 결과에 대한 검토와 토론 끝에, 이 정체불명의 세포주는 체세포 복제가 아닌 처녀생식으로 만들어진 돌연변이 세포주일 가능성이 높다는 결론을 내렸다. 한편 이때에도 논문의 데이터에 대한 조작이 이루어졌다. 논문에 실린 세포 사진의 상당수가 NT-1이 아닌 미즈메디병원의 수정란 줄기세포를 이용해 만들어진 것이었으며, 줄기세포를 증명하는 자료 중 하나인 테라토마 사진은 대부분 미즈메디 수정란 줄기세포로 만들었는데, 일부는 출처가 확인되지 않고 있다. 난자 및 체세포 제공자가 뒤바뀐 사실이 확인됐기 때문에 NT-1의 DNA 지문도 조작된 것으로 드러났다.

서울대 조사위원회의 보고서가 발표된 후 지금까지도 2004년 논문을 위해 만들어진 '세포주의 실체'와 '원천 기술' 여부를 두고 논란이 가시지 않고 있다. 서울대 조사위원회는 이런 논란을 미리 예상한 듯 체세포 복제 줄기세포 관련 기술을 '핵이식 기술, 배반포 형성 기술, 줄기세포 확립 기술'의 3단계로 나누어 구체적으로 설명했다. 황우석 박사 연구팀은 핵이식 기술, 배반포 형성 기술을 가지고 있다고 판단되나, 산업적 · 의학적 효과를 기대하기는 힘들다는 것이었다. 그러면서 다음과 같은 말로 황 박사 연구팀에 대해 매우 회의적인 결론을 내렸다. "핵이식에 의한 체세포 복제 줄기세포는 존재하지 않으며, 존재했다는 어떤 과학적 증거도 없다. 따라서 현재 체세포 복제 줄기세포를 만들 수 있는 원천 기술은 없다."[15]

7 논문 조작의 배경

그렇다면 황우석 박사가 어떻게 전 세계 과학자들과 난치병 환자들을 상대로 사기 행각을 벌이게 된 것일까? 황 박사는 과거에도 그랬던 것처럼 대중적 지지를 얻고, 막대한 예산과 인력을 투입한다면 머지않은 미래에 맞춤형 배아 복제줄기세포를 얻을 수 있을 것이라고 생각했던 것으로 보인다.

15⋯ 서울대 조사위원회, 『황우석 교수 연구 의혹 관련 조사 결과 보고서』, 2006. 10, 40쪽.

그러나 황우석 박사는 배아 복제 연구에 대해 이해가 부족했고, 과학자로서의 소양도 부족했기 때문에 '용감'할 수 있었다는 주장도 제기되고 있다. 황 박사는 일반인들이 생각하는 것과는 달리 자신이 진행한 연구 내용에 대해서 잘 알고 있지 못했다. 취재에 참여한 〈PD수첩〉의 관계자에 따르면, 황 박사는 자신의 논문이 구체적으로 어떻게 만들어졌는지 잘 알지 못했고, 실험 방법이나 내용에서도 무지함을 보였다고 한다.

> 황 교수는 언제 처음으로 환자 유래 체세포 복제 줄기세포가 성립(establish)됐는지를 기억하지 못했고, 테라토마 실험을 어디서, 누가 했는지도 알지 못했다. 그러나 그것은 별로 문제되지 않는다는 모습이었다. 과연 줄기세포는 만들었으나 기억을 잘 못한다는 것이 진실이었을까?[16]

언론을 통해 황우석 박사가 실험복을 입고 실험에 열중하는 모습을 종종 보아왔는데 이런 행위가 모두 연출된 것이었다고 추측할 수 있다. 과거 황 박사 실험실에 있었던 연구원들에 따르면 황 박사는 실험 과정을 잘 몰라 촬영 과정에서 실수를 반복한 적이 있었다고 한다.[17] 상황이 이렇다 보니 실험실 관리도 제대로 이루어지지 않았고, 이로 인해 소속 연구원들은 연구자로서 알아야 할 과학적 지식이나 연구 윤리에 대해서 충분히 숙지하지 못했던 것으로 보인다.

서울대 조사위원회에 참여한 교수들에 따르면, 황우석 박사와 연구원

16⋯「〈PD수첩〉 취재 후기 "진실에 환장한 '꼴통' 믿어줘 감사"」,《프레시안》, 2005. 12. 18.

17⋯ 황우석 팀의 전 연구원 T와의 전화 인터뷰, 2006. 1. 27.

들은 자신의 실험실에 어떤 세포들이 저장·배양되고 있는지조차 정확하게 알지 못했다고 한다. 또한 실험의 가장 기본이 되는 연구 노트의 작성도 너무 부실해서 실험의 실체를 파악하는 데 애를 먹었다고 전하고 있다.[18] 생명공학 실험에서 실험 과정을 기록하고 사진을 찍는 일은 연구자의 기본적인 일과이자 매우 중요한 사항이다. 예컨대 황 박사 실험실에서는 미즈메디 5번을 2004년에 만든 맞춤형 줄기세포(NT-1)로 알고 배양하고 있었으며, 복제 실험의 핵심 데이터 중 하나인 난자 제공자의 기록조차 제대로 보관하고 있지 않았다. 황 박사 실험실의 비정상적인 모습은 '원천 기술' 논란을 무색하게 한다. 언제, 어떻게, 무엇을 만들었는지조차 제대로 확인할 수 없는 실험실이었던 것이다.

조작 사실이 드러난 상황에서도 황 박사는 과학자답지 못한 모습을 지속적으로 보였다. 자신의 잘못을 솔직히 인정하고 사회적 혼란을 최소화했어야 함에도 불구하고 대중을 상대로 한 언론 플레이를 지속했다. 줄기세포가 '바꿔치기'됐다는 주장을 지속하면서 음모론을 확산시켰고, "줄기세포가 11개면 어떻고, 1개면 어떠냐"는 학자로서의 자질을 의심하게 하는 유명한(?) 말을 남기기도 했다. 결국 황우석 박사는 전 세계를 경악하게 한 조작 행위의 의미에 대해서 제대로 판단하지 못하고 있는 것으로 보인다. 인간 배아 줄기세포 연구에 대한 황 박사의 이해 부족, 과학자로의 자질 부족으로 인한 실험실 운영 능력의 한계가 이번 조작 사건의 일차적 원인이라고 할 수 있을 것이다.

18··· 「드러나는 '황우석 연구실' 실상」, 《연합뉴스》, 2006. 1. 6.

8 논문 조작과 난자

2006년 2월 2일, 황 박사 대책회의 사건으로 위원장이 사퇴한 가운데 운영된 국가생명윤리심의위원회의 조사 보고서가 공개됐다. 다행히도 이 보고서를 통해서 난자와 관련된 연구 윤리 위반의 실체가 보다 구체적으로 드러나게 됐다.[19] 보고서는 크게 난자 수급 과정, 연구원 난자 제공, 한양대병원 IRB와 서울대 수의과대학 IRB의 문제를 다루고 있었다. 아래에서는 앞에서 언급되지 않았던 새롭게 밝혀진 사실들을 중심으로 정리해 보도록 하자.

우선 황우석 박사 실험실에 제공된 난자의 숫자가 구체적으로 확인됐다. 2002년 11월 28일부터 2005년 12월 24일까지 미즈메디병원, 한나산부인과의원, 한양대병원, 제일병원 등 총 4개 기관에서 119명(여성 연구원 2인 제외)의 여성으로부터 138회에 걸쳐 총 2,221개의 난자가 채취되어 황 박사 실험실에 제공됐다. 일부 제공자의 경우 수차례에 걸쳐 난자를 제공했는데, 2회 이상 제공한 여성이 24명에 이르렀다. 특히 전체 제공자 중 66명에는 금전적 보상이 이루어졌다고 하는데, 이들의 거의 대부분은 경제적·사회적 약자였다.

여성 연구원 2인의 난자 기증 과정도 자세히 드러났다. O 연구원의 경우 2003년 3월 10일 황우석 박사의 차량으로 함께 미즈메디병원으로 가서 노성일 이사장으로부터 직접 시술을 받았고, 다시 황 박사와 함께 실험실로 돌아와 실험에 참여했다. 황 박사가 난자 제공을 승인했고 직접 그 연구

19··· 국가생명윤리심의위원회, 「황우석 교수 연구의 윤리 문제에 대한 중간보고서」, 2006. 2. 2.

원과 함께 병원에 갔다는 것도 충격적이지만, 오전에 난자를 채취하고 오후에는 자기 난자를 이용해 복제 실험을 했다는 점은 도저히 받아들이기 힘든 사실이었다. O 연구원은 난자 부족으로 인해 실험의 진척이 늦어지자 자신이 자발적으로 제공 의사를 밝혔다고 주장했지만, 동료에게 보낸 공개된 이메일을 보면 O 연구원이 당시 어떤 상황이었는지 추측할 수 있다.[20]

한편 보고서를 검토해 보면, 황우석 박사팀이 연구원 난자 제공 사실을 숨기려 했다는 흔적도 엿보인다. 다른 난자 제공자인 연구원 P 씨는 실명이 아닌 '김선경'이라는 가명을 사용해 난자를 채취했다. 이는 연구원 난자 제공 사실이 외부로 알려지면 문제가 될 것을 염려했기 때문으로 보인다. 현재까지 황 박사가 난자 제공 여성 연구원들에게 구체적으로 어떤 내용을 얘기했는지는 확인되지 않고 있다. 다만, 2003년 봄 8명의 여성 연구원들에게 난자 기증 의향서를 나눠 주고 서명을 받았다는 사실만으로도 과학자로서 하지 말아야 할 비윤리적 행위를 저질렀다는 비판에서 자유롭지 못할 것으로 보인다.

한양대병원 IRB의 문제점도 명확히 드러났다. 그동안 줄곧 심의 과정에 아무런 문제가 없었다는 박문일 위원장의 주장과는 사뭇 다른 내용들이

20··· 처음에 시작은 제가 했지만, 무서워요. 전신마취, 셀프 클로닝(self cloning, 자신의 난자로 체세포 복제 실험을 하는 것), 이건 있을 수 없는 일——자신의 난자를 자신이 복제하고 지독하게 독해요——내 자신이 그런데, 이런 내 자신을 이해해서 단단하고 강한 ······ 지금까지처럼, 믿어주고, 옆에서 지켜봐 주세요. 이 방법은 아니었는데, 끝까지 포기하지 못했던 것, 선생님께 대적하지 못했던 것, 이런 내 자신을 용서할 수 있도록 다녀와선 더 열심히 공부할래요. 아무 일 없을 거예요 ······ ○○ 씨랑 내 이름으로 된 논문에, ······ 어드미션(admission, 유학 신청에 대한 승인서)도 나오고······.

었다. 원래 연구 계획서에는 전혀 기재되지 않았던 미즈메디병원에서 매매를 통한 난자 채취가 이루어졌던 것이다. 애초부터 한양대병원 IRB는 실험의 윤리적 문제를 감독하는 데에는 별로 관심이 없었던 것으로 보인다. 한양대병원 IRB는 논문 제출 시 꼭 필요한 서류 작성을 위해서 이용됐을 뿐만 아니라, 윤리적 논란의 방패막이 역할을 했다고 볼 수 있다. 서울대 수의과대학 IRB에 대해서도 추가적으로 밝혀진 사실들이 있었는데, 보고서는 "서울대 수의과대학 IRB는 위원장·간사 등 대부분의 위원들이 IRB의 역할과 임무에 대한 지식과 인식이 없었으며, IRB의 법적·윤리적 의무에 대해서도 인식이 부족했다"고 판단했다. 더 나아가 서울대 수의과대학 IRB 측은 공문서 위조도 마다하지 않았는데, 2005년《사이언스》논문의 부록에 영문으로 제출된 연구계획심의결과통지서의 이영순 위원장 날인은 본인 몰래 조작한 것으로 밝혀졌다. 황우석 박사팀은 과학적 내용뿐만 아니라 윤리적 검토 사실까지 조작한 것이다.

9 황우석 사태와 생명공학감시연대

2005년 5월 19일 황우석 박사는 두 번째 배아 복제 논문을《사이언스》에 발표하게 된다. 그러나 이번에는 시민사회 진영에서 단 하나의 성명서도 나오지 않았다. 생명공학 감시 운동의 핵심 단체였던 〈시민과학센터〉, 난자 문제에 관심을 가졌던 여성 단체뿐만 아니라 교리상 복제를 허용할 수 없는 가톨릭계조차 침묵하였다. 두 번째 배아 복제 성공 소식으로 사회적 분위기는 더욱 일방적으로 되었는데, 국민적 영웅 앞에 실험 절차나 윤리적 문제에 대한 목소리는 설자리가 없었다.

이러한 상황에서 2005년 5월 당시 여성민우회 처장의 제안으로 과거에 생명공학 감시 운동에 참여했던 몇몇 활동가[21]들을 중심으로 생명공학 쟁점에 대한 사회적 대응의 필요성이 논의되기 시작한다. 이들을 중심으로 몇 차례의 실무 모임 끝에 2005년 7월 11일 참여연대 강당에서 〈생명공학 감시연대〉가 공식적으로 출범하였다. 이 모임에는 총 14개의 시민사회 단체[22]가 참여하였다.

이 연대 모임은 출범 제안서에서 두 번의 배아 복제 성공이 '세계 최초', '노벨상 수상 가능성'이라는 화려한 수식어로 표현되고 있으며, 난치병 치료, 국가 경쟁력 향상에 대한 환상이 정부와 언론을 통해 확대 재생산되면서 연구 찬성은 애국, 비판은 매국이라는 등식이 나오는 등의 일방적 사회 분위기를 비판하였다. 이에 시민사회 단체들이 나서서 새로운 생명공학 기술이 가져올 생명 경시, 여성 건강 위협, 의료 불평등, 정부와 언론의 역할에 대해 공론의 장을 만들고 함께 대응할 수 있는 사회적 흐름을 형성해야 할 것이라고 주장하였다. 이로서 〈생명윤리안전연대모임〉(1998), 〈조속한 생명윤리법 제정을 위한 공동 캠페인단〉(2001), 〈DNA DB 반대 네트워크〉(2004)에 이어 네 번째로 생명공학 문제에 대응하기 위한 시민사회의 연대 모임이 출범하게 되었다.

〈생명공학감시연대〉는 2005년 8월 25일 연대 모임의 첫 사업으로 '인간 배아 연구 이대로 좋은가'라는 제목으로 토론회를 개최하였다. 감시연대가 인간 배아 연구에 대해 토론회를 개최한 것은 배아 연구에 대해 직접적

21… 당시에 참여했던 활동가는 명진숙, 정은지, 명호, 김병수이다.

22… 건강권실현을위한보건의료단체연합, 녹색연합, 대한 YWCA연합회, 시민과학센터, 여성환경연대, 인드라망생명공동체, 참여연대, 초록정치연대, 풀꽃세상, 한국여성단체연합, 한국여성민우회, 한국YMCA전국연맹, 환경운동연합, 환경정의.

인 반대를 표명하기 위한 것은 아니었다. 지난 5년간의 논쟁을 통해 배아 연구의 장단점, 성체줄기세포의 가능성, 난자를 제공해야 하는 여성의 입장, 언론 보도의 문제점, 과학자 내부의 다양한 의견, 종교계의 입장, 시민 단체의 입장, 사회적 합의 형성 과정의 문제점, 합리적 실험 절차 등을 구체적으로 알 수 있는 기회가 있었다. 그러나 '세계 최초'라는 수식어 앞에 이런 성과들이 바로 묻혀버렸기 때문이다. 당시 토론회는 그동안의 사회적 학습 결과를 환기시키기 위해서 마련되었다. 이날 토론회에서는 인간 배아와 언론 보도, 배아 연구와 여성, 연구 절차 그리고 「생명윤리법」의 한계에 대한 내용이 발표되었다.

이후 〈생명공학감시연대〉는 〈PD수첩〉의 취재와 방송으로 인해 공개적으로 촉발된 황우석 사태가 진행되는 동안 지속적으로 성명을 발표하면서 대응했다. 사태가 진행되었던 11월 23일부터 2006년 5월까지 총 11차례의 성명을 발표했다. 당시의 사건은 그 자체만으로도 충격적이었을 뿐만 아니라 상황 전개 또한 반전에 반전을 거듭하고 있었기 때문에 일반 시민은 물론이고 기자들이나 전문가들조차 냉정한 시각을 갖지 못하고 있었다. 성명은 주로 혼란스러운 상황에서 일반 시민들이 이 사건을 냉정하게 바라볼 수 있도록 균형 잡힌 정보와 시각을 제공하는 데 초점을 두었다

황우석 사태를 둘러싼 사회적 혼란이 어느 정도 정리된 2006년 1월에 〈생명공학감시연대〉는 그동안의 사태를 평가하는 토론회를 개최하였다. 사태의 일차적 책임은 황우석 박사에게 있었지만 전 세계를 상대로 부정 행위를 저지를 수 있었던 사회적 배경 또한 무시할 수 없는 것이었다. 그동안 언론-정부-정치권은 황우석 박사를 중심으로 공고한 네트워크를 형성한 후 일방적인 지원과 편파적 보도를 통해 현실을 왜곡하는 데 앞장서 왔다. 당시 토론회는 황우석 사태를 통해 드러난 한국 사회의 문제점

을 진단해 보고, 향후 나가야 할 방향을 모색하기 위한 목적으로 개최되었다.

갑작스럽게 전개된 황우석 사태로 인해 〈생명공학감시연대〉는 성명서를 발표하는 등 현안에 직접적으로 대응하였지만 초기의 결성 목적은 좀 더 장기적인 것이었다. 당시 출범 목적은 시민 단체들의 역량을 고려해서 느슨한 형태의 연대 모임을 만들어 최소한 시민사회 단체 내부에서라도 생명공학에 대한 비판적 담론을 확산시키고, 장기적으로는 전체적인 대응 역량을 강화하는 것이었다. 이와 관련된 활동으로 감시연대는 외부 전문가를 초청해 △「생명윤리법」의 한계와 대안, △ 이종간 장기이식의 문제점, △ 생명공학과 여성을 주제로 총 3번의 내부 포럼을 개최하였다. 그러나 이들 포럼 개최를 끝으로 〈생명공학감시연대〉는 공식적인 활동을 마감하였다.[23]

10 황우석 사태와 참여연대 그리고 필자

황우석 사태 전개 과정에서 참여연대와 필자의 활동 중 일부를 따로 언급하고자 한다. 그동안 황우석 사태와 관련하여 〈PD수첩〉의 활동은 널리 알려졌지만, 시민 단체의 공식·비공식적 역할이나 〈PD수첩〉과의 관계에 대해서는 잘 알려지지 않았다.

2004년 10월 당시 참여연대 〈시민과학센터〉의 간사였던 필자는 최초로 제보자 부부를 만났다. 서울대병원에서 있었던 첫 만남에서 제보자 부

23···「생명공학감시연대 활동의 평가」, 생명공학감시연대 내부 문건, 2006. 5.

부는 자신들을 자세히 소개한 후, 2004년《사이언스》논문 실험 당시 난자 수집 과정에 문제가 있었고, 황우석 박사팀의 연구가 실제보다 과장돼 있다는 내용의 제보를 했다.[24] 참고로 당시의 제보는 배아 복제에 비판적이었던 사람이라면 누구나 짐작할 수 있는 수준의 내용이었다.

이날 접촉을 두고 일부에서는 〈시민과학센터〉가 황우석 박사 연구의 문제점을 제보받고 이를 공론화하지 않고 이후 비판의 소재로만 활용했다는 주장이 제기되었다. 그러나 이런 의혹 제기는 당시 사회적 상황을 고려하지 않은 주장이다. 2004년 가을 제보자가 제기한 '난자 수집 과정의 문제'나 '연구 성과의 과장'은《네이처》를 비롯한 국내외 일부 언론, 한국생명윤리학회의 노력으로 이미 구체적으로 제기된 상태였으나 사회적 논란은 거의 없었다. 더구나 당시 황우석 박사의 권력과 그에 열광하는 사회 분위기, 난자 문제에 대한 우리 사회의 인식을 고려하면 섣부르게 공론화했다가는 문제 해결 없이 공익 제보자만 고통을 겪을 수 있는 상황이었다. 2005년 겨울 〈PD수첩〉이 난자 매매에 대해 방송을 했을 당시 사회적 분위기를 보면, 우리나라 상황에서 난자에 관한 윤리적 문제가 어떻게 인식되고 있었는지를 충분히 알 수 있다. 필자와 제보자 부부는 사회적 상황, 제보의 내용, 시민단체의 역량, 공익 제보자가 겪는 상황 등을 공유한 후 현 시점에서 공론화를 하지 않기로 결정했다.[25]

2005년 6월 중순 필자는 제보자로부터 다시 연락을 받는다. 당시 제보자는 〈PD수첩〉에 황우석 박사와 관련된 문제를 언론사에 제보한 사실을

24··· 2004년 논문 자체에 문제가 있었다는 사실은 2005년 겨울 필자와 제보자가 대화 도중에 발견하였다.

25··· 「'황우석 사태' 최초 제보자 여전히 실직 상태」, 박인규의 집중 인터뷰, 참여연대 시민과학센터 김병수 운영위원,《프레시안》, 2006. 6. 27.

말하며 언론사가 이 문제를 취재하는 것과 제보자 보호에 대한 의견을 구했다. 얼마 후 원자력병원에서 있었던 두 번째 만남에서 제보자는 2004년 《사이언스》 논문에 매매된 난자와 연구원의 난자가 사용된 사실을 구체적으로 밝혔다. 더 나아가 2005년 논문의 진위 여부가 의심된다는 취지의 제보를 했다. 제보자는 2005년 《사이언스》 논문이 조작되었다는 주장에 대해서 구체적인 증거는 제시하지 못했지만, 황우석 박사 실험실의 역사 및 분위기, 자신의 연구 경험, 현재 실험실 구성원 등에 대해서 자세히 언급했다. 당시 제보자는 설령 황우석 박사가 배아 복제에 성공을 했더라도 11개가 아닌 1-2개 정도만 가능할 것이라고 예상하고 있었다. 그리고 자신의 주장을 뒷받침하는 증거들을 제시했는데 나중에 〈PD수첩〉 팀에게 제공한 것과 동일한 것이었다. 이후 필자는 제보의 진위 파악 및 제보자 신변 보호를 위해 참여연대에서 공익제보를 담당하는 부서인 투명사회국 국장과 함께 제보자를 몇 차례 더 만났다.

동시에 이 문제를 어떻게 다루어야 할지에 대한 참여연대 내부 논의가 이루어졌다. 당시까지만 해도 〈PD수첩〉의 취재가 시작되기 전이었고, 제보자 또한 초기에 〈PD수첩〉에 확신이 있었던 것은 아니었다. 참여연대는 여러 형태의 검토 끝에 당시 사회적 분위기에서 언론을 믿을 수는 없지만 그렇다고 시민 단체가 전면에 나서기도 힘들다는 결론을 내렸다. 먼저 2005년 논문 진위를 가릴 만한 결정적 증거가 없었다. 진위를 밝히기 위해서는 줄기세포를 인수받아 검증을 해야 하는데 당시의 제보자 진술만으로, 그것도 과학계도 아닌 시민 단체가 검증을 요구하기는 힘들었다. 성명, 기자회견, 정보 공개 청구, 토론회 같은 기존의 시민 단체 활동 방식으로는 해결하기 힘든 부분이었다. 게다가 당시의 사회적 분위기상 감사원이나 국가청렴위원회 같은 국가 기관도 신뢰할 수가 없어서 이를 통한 진실 규명도 어렵다고 판단했다. 가장 결정적인 이유는 제보자가 외부 노출을 꺼려했기 때문이다.

이후 참여연대와 필자는 〈PD수첩〉팀과 함께 작업을 하게 되었다. 참여연대는 제보자에 대한 법적·행정적 지원을 맡게 되었으며 〈PD수첩〉 방송 후에는 〈생명공학감시연대〉의 구심점 역할을 하였다. 필자는 좀 더 직접적으로 결합했다. 〈PD수첩〉 및 제보자와 내용을 공유하면서 기술적 문제 등 여러 형태의 자문, 회의에 참여하였고, 때때로 취재에 동행하기도 했다. 필자는 체세포 제공자의 DNA 채취 방법 제시, 유전자 감식 분석 기관 선정, 줄기세포 인수 시 지켜야 할 조건 작성, 최종 줄기세포 검증 기관 섭외, 미즈메디와 황우석 박사 측이 제공한 자료 및 검사 결과 검토 등의 역할을 했고, 이후 제보자가 신변에 위험을 느낀 후에는 상당 기간 동안 임시로 머물 거처를 마련해 주기도 했다.

당시 우리나라 줄기세포 연구자들의 특징과 황우석 박사의 권력을 잘 보여주는 사례가 있다. 우여곡절 끝에 황우석 박사로부터 줄기세포를 받기로 했지만, 인수 장소에 같이 가지는 않더라도 최소한 인수할 세포가 줄기세포인지 여부를 확인할 사람이 필요했다. 현미경으로 세포를 보는 매우 간단한 작업이었지만 아무도 나서지 않았다. 당시 보건복지부에 등록된 또는 공개적으로 줄기세포(성체 포함)를 연구한다는 국내의 거의 모든 연구자에게 도움을 요청했으나 어떤 과학자나 기관도 도움을 주지 않았다. 결국 서울 근교의 한 대학의 '학부생'이 인수 과정에 참여했으며, 최종 검증은 필자가 평소 알고 있던 서울 소재 불임클리닉에서 이루어졌다.

11 나오며

황우석 사태 당시 정부, 정치권, 언론, 과학계 등은 황 박사팀의 비윤리적 행위에 적극 동조하거나 은폐하는 데 앞장선 바 있다. 이러한 현상은 단순히 황우석 박사 개인의 강력한 네트워크 때문만은 아니었다. 정부가 생명공학 활동을 경제 성장의 수단으로만 파악하고 있었기 때문이다. 이로 인해 정부는 규제 자체에 대해 강한 거부감을 가지고 있었다.「생명윤리법」에 대한 사회적 합의 결과와 상관없이 복제 연구가 진행될 수 있도록 공식, 비공식적 개입[26]을 통해 황우석 박사팀에게 제도적 특혜를 제공하였다. 황우석 사태는 생명공학에 대한 민주적 통제가 제대로 이루어지지 못함으로써 발생한 일이라고도 할 수 있다.

정부의 강력한 생명공학 육성 정책은 생명 윤리와 안전 문제, 연구의 절차에 대한 다양한 쟁점들을 경제 성장의 장애물로 인식하게 했으며, 제기되는 쟁점을 점검하고 사회적 토론을 통해 대책을 마련할 기회를 봉쇄했다. 이러한 정책 방향은 일반인들이 과학기술을 바라보는 태도에도 영향을 미쳤다. 과학기술을 사회와 끊임없이 상호 작용하는 다양한 활동으로 파악하는 것이 아니라, 대중들이 관여하기 어려운 전문가들만의 영역으로 만들어 버렸다. 이런 관점은 사회적으로 파급력이 큰 과학기술 정책 결정에서 일반인들을 소외시키는 결과를 가져왔고, 결국 전문가에 대한 과도한 위

26… 정부의 확인된 개입은 다음과 같다. △ 생명윤리자문위원회의 일부 자문위원 설득, △「생명윤리법」부칙조항 수정 △「생명윤리법」에 이종간 핵이식 세계 최초로 허용 △ 줄기세포 임상시험 완화 △ 황우석 연구의 경제적 가치 산출 지시 △ 황우석 사태 이후에도 체세포 복제 육성 계획.

임으로 정책이 왜곡될 가능성을 높게 하였다. 과학기술에 대한 이런 편협한 인식은 현대 과학기술의 속성과 부합되지 않을뿐더러, 현대 과학기술로 인해 야기될 위험에 대한 대응책 마련이라는 관심에 볼 때도 문제라고 할 수 있다.

황우석 사태가 우리나라 생명공학 정책 전반을 재검토하는 계기가 되어야 했음에도 불구하고 실제로는 다른 방향으로 전개되었다. 정부는 황우석 사건에 대한 국가생명윤리심의위원회와 검찰의 공식적인 조사가 끝나기도 전에 줄기세포 육성 정책을 마련했다. 황우석 사건의 비윤리적 문제를 조사하였던 국가생명윤리심의위원회는 법률안 개정으로 정부 정책을 뒷받침하였다. 난자 수급 절차를 「생명윤리법」에 포함시켜 체세포 복제 연구를 이전보다 더욱 활성화시켰다.

✝ 이 장에서는 황우석 박사 연구팀의 부정행위를 구체적으로 살펴본다. 당시
의 부정행위는 데이터 조작, 저자 표시, 실험실 운영, 생명 윤리, 과학자의 사회적
책임 등에 걸쳐 진행된 연구 윤리 위반의 종합이라고 할 수 있을 만큼 보기 드문
사례이다. 더불어 부정행위 증가의 사회적 맥락도 살펴본다.

　　이 글은 「연구 부정행위는 막을 수 없을까」, 『철학으로 과학하라』(웅진지식하
우스, 2008)의 글을 수정 보완한 것이다.

제7장 황우석 사태로 본 연구 부정행위

1 들어가며

황우석 사태는 한국 사회에 큰 충격과 혼란을 주기도 했지만, 다른 한편으로는 여러 종류의 사회적 학습을 할 수 있는 계기를 제공해 주었다. 그중하나가 과학 활동에 있어서 연구 윤리의 준수가 얼마나 중요한지를 일깨워준 것이다. 특히 황우석 박사 연구팀의 연구 부정행위는 연구 윤리 위반의종합 선물 세트라고 할 만큼, 한 연구에서 다양한 형태의 부정행위가 한꺼번에 진행된, 과학사에서도 사례를 찾아보기 힘든 사건이었다. 이 글에서는 연구 윤리의 정의를 황우석 사건을 통해 구체적으로 살펴본다.

연구 윤리의 범위에 관해서는 다양한 의견이 있지만 국내에서 자주 언급되는 사항들을 정리하면 크게 다섯 가지로 나눌 수 있다. 첫째는 연구 과정에서 발생하는 문제들이다. 연구자는 연구의 설계에서부터 실험 방법,

데이터의 관리 및 보관, 출판에 이르는 전 과정에서 객관성을 유지해야 한다. 실험 결과를 의도적으로 손질하는 행위를 데이터의 '날조', '위조', '변조'로 나누기도 한다. 두 번째는 저자 표시(authorship)에 관한 것이다. 과학자들은 자신의 연구 결과를 학술지에 발표해서 업적을 인정받는다. 이 과정에서 윤리적 문제가 빈번히 발생한다. 예컨대, 연구에 기여한 사람이 저자 목록에서 빠지거나 전혀 기여하지 않은 사람이 목록에 포함되는 것이 여기에 해당된다. 세 번째는 실험실 운영 과정에서 발생하는 문제이다. 지도교수와 학생 사이의 관계, 선임 연구원과 후임 연구원 사이의 관계, 실험실 내에서의 성차별, 자원의 공정한 배분 등이 포함된다. 네 번째는 생명 윤리와 같은 특정한 연구 활동에서 지켜야 할 윤리 기준이 있다. 생의학 연구는 인체를 비롯한 생명체를 그 대상으로 한다는 점에서 연구를 진행하는 과정에서 세심한 주의가 필요하다. 실험 참여자, 인체 유래 물질의 이용, 실험 동물에 대한 적절한 고려가 여기에 해당된다. 다섯 번째는 과학자의 사회적 책임이다. 연구를 수행하기 위해서는 막대한 자금이 필요하다. 그래서 과학자들은 정부나 기업으로부터 후원을 받는데, 이런 연구비들이 애초의 목적대로 제대로 사용되었는지 그리고 공공성에 반하거나 비윤리적 연구에 사용되지는 않았는지 등의 문제가 포함된다(김명진, 2006).

2 연구 부정행위의 결정판

전 세계 생의학자들의 주목을 끌었고, 난치병 환자들에게 희망을 주었던, 그리고 황우석 박사를 일약 세계적 과학자로 만들었던 2004, 2005년 《사이언스》지 게재 논문은 날조되거나 위조된 자료들로 만들어졌다. 논문 작성

과정에서, 날조는 존재하지 않는 데이터나 결과를 실제로 있는 것처럼 보고하는 행위를 말하며, 위조는 연구와 관련된 데이터나 실험 과정을 조작하는 것을 말한다. 2004년《사이언스》논문과 관련해서는 논문에 실린 줄기세포 사진의 상당수가 체세포 복제 줄기세포가 아닌 미즈메디병원의 수정란 줄기세포를 이용해 만들어졌다. 줄기세포를 증명하는 자료 중 하나인 테라토마(teratoma) 사진 또한 대부분 미즈메디 수정란 줄기세포나 출처 불명의 줄기세포에서 나왔다. 난자 및 체세포 제공자가 뒤바뀐 사실이 확인됐기 때문에 첫 번째 체세포 복제 줄기세포(NT-1)의 DNA 지문도 조작된 것으로 드러났다. 즉 처녀생식 세포주를 체세포 복제 줄기세포인 것으로 보이기 위해 거의 모든 데이터를 조작했던 것이다.

2005년《사이언스》논문에서는 DNA 지문 분석 결과, 2번과 3번 줄기세포는 체세포 복제 줄기세포가 아니라 각각 미즈메디 수정란 줄기세포 4번과 8번으로 밝혀졌다. 연구팀은 이 두 개의 세포를 가지고 11개를 만든 것처럼 보이기 위해, 논문에 실린 모든 데이터를 조작했다. 세포 사진은 김선종 연구원의 증언처럼 2개의 세포 사진을 여러 형태로 조작하고 부풀려서 마치 열한 개인 것처럼 꾸몄고, DNA 지문 분석 결과는 줄기세포 없이 체세포만을 가지고 만들어낸 것이었다. 즉 체세포 복제 줄기세포가 전혀 없었음에도 불구하고 마치 11개를 만든 것처럼 조작한 것이다. 이와 같은 데이터 조작은 과학의 토대를 위협하고 연구 활동에 대한 사회적 신뢰를 떨어뜨리는 심각한 연구 부정행위라고 할 수 있다.

최근 과학계에서는 저자 표시(authorship) 문제를 둘러싼 논란이 심심치 않게 일어나고 있다. 과거와 달리 연구 활동이 세분화·상업화되면서 논문의 저자에 포함되는지의 여부가 연구자에게 중요한 관심사가 되고 있다. 과학 활동을 직업으로 삼고 있는 연구자에게 저자 표시는 단순한 성과물

이상의 의미를 가진다. 저자에 포함되는지의 여부와 표기 순서 등은 연구자의 업적과 연결돼 있는데, 고용ㆍ승진ㆍ경제적 이해관계와 직접적인 관련이 있다. 2004년 황우석 박사의《사이언스》지 게재 논문도 저자 표시를 둘러싼 논란에 휘말렸다. 15명의 저자 중 13번째로 식물생리학을 전공한 당시 청와대 보좌관이 포함된 것이다. 이처럼 연구에 기여하지 않은 사람을 명단에 넣어주는 행위를 "공동저자를 선물(gift co-authorship)"한다고 하며 비윤리적 행위로 간주하고 있다. 2005년 논문에서도 전체 저자 25명 중에서 논문 작성에 전혀 기여한 바가 없으면서도 저자에 포함된 사람이 문신용 교수 등 5명이나 되었다. 특히 저자 표시 문제는 황 박사 실험실뿐만 아니라 우리나라 연구 현장에서도 쉽게 볼 수 있는 부정행위이다. 이번 사태가 터지기 전인 2004년에 국내 생명공학자들을 대상으로 실시한 설문 조사에 따르면 대부분의 연구자는 저자 결정 과정이 공정하지 않다고 생각하고 있었다. 연구에 기여한 사람을 배제하는 경우가 자주 있었으며 연구에 기여하지 않는 사람에게 저자의 자격이 부여된 것을 목격한 연구자도 많았다.

실험실에서 지도교수와 학생의 관계는 졸업 시기, 논문의 저자 포함 여부 등의 현실적 이해가 걸려 있어서 권력 관계가 비대칭적으로 형성되는 경우가 일반적이다. 따라서 지도교수는 실험실 운영에 세심한 주의를 기울여야 한다. 체세포 복제를 위해 난자를 구하는 과정에서 여성 연구원 2인이 난자를 제공했다는 사실은 실험실 내의 위계적인 권력 관계와 무관하다고 말할 수 없을 것이다. 명절 때가 되면 학생들은 황우석 박사의 로비 대상자들에게 고기를 배달하는 일도 담당했다고 하는데, 학생들에게 연구 책임자의 사적인 일을 맡기는 것은 비민주적 실험실 운영의 대표적인 사례로 꼽을 수 있다.

체세포 배아 복제가 전 세계적으로 주목을 받게 된 이유는 단지 의학적 가능성 때문만은 아니었다. 인간 배아에게 어떤 도덕적 지위를 부여할 것인지와 같은 근본적인 물음, 연구에 필요한 수많은 난자를 어떻게 구할 것인지와 같은 굵직한 생명 윤리 문제가 연결되어 있었기 때문이다. 황우석 박사 연구팀은 두 편의《사이언스》논문에서 체세포 배아 복제 연구를 위해 총 427개의 기증된 난자를 사용했다고 밝혔다. 그러나 나중에 밝혀진 사실에 따르면 이보다 훨씬 많은 총 2,221개의 난자를 연구에 사용했다. 이를 위해 119명의 여성의 난자가 제공되었는데, 이들 중 66명에게서는 돈을 주고 난자를 구입하였다. 매매를 통해 난자가 제공되었다는 사실은 생의학 연구의 국제 표준인 '기관윤리심의위원회(IRB)'가 제대로 작동하지 않았다는 것을 의미한다. 원래 IRB는 실험 전에 연구 계획의 의학적 · 윤리적 타당성을 검토하는 위원회로 각 기관에 설치되어 있는 상설 기관이다. 생의학 연구의 국제 표준인 IRB는 연구 계획 전체의 윤리성을 평가할 뿐만 아니라 구체적으로는 임상 시험에 참여하는 피험자의 안전 · 권리 등을 보호하는 역할을 한다. 인간 배아 복제 연구는 배아의 도덕적 지위로 인해 그 자체만으로도 윤리적 논란의 핵심에 있을 뿐만 아니라 다량의 난자를 확보해야 하기 때문에 IRB 심의는 필수 사항이었다. 학술지에 논문을 투고할 때에도 IRB 심사 결과를 첨부해야 한다. 황우석 박사팀의 윤리적 심사는 한양대 병원과 서울대 수의대에서 이루어졌다. 자신과 긴밀한 관계를 맺고 있던 한양대 의대의 일부 교수들을 이용해 쉽게 심사를 통과했으며, 심지어 서울대 수의대 IRB는 황 박사 자신이 직접 위원들을 선임했고, 결과 보고서도 조작했다. 황우석 박사팀은 과학적 내용뿐만 아니라 윤리적 검토까지 조작했던 것이다. 이런 행위는 구체적으로〈헬싱키 선언〉과 같은 국제적 합의와 「생명윤리및안전에관한법률」, 「의약품임상시험관리기준」, 「의사윤리지침」, 「IRB 설치 및 운영에 관한 가이드라인」과 같은 국내의 생명 윤리 법률과 지침들을 위반한 것이다.

황우석 박사는 정부나 기업으로부터 받은 후원금의 상당 부분을 연구가 아닌 다른 용도로 사용했다. 일반 시민들의 세금으로 조성된 연구비를 유용하거나 비윤리적 연구에 사용한 것이다. 또한 사태가 진행될 때 자신의 잘못을 솔직히 인정해 사회적 혼란을 막았어야 함에도 불구하고 지속적인 언론 활동을 통해 논란을 증폭시켰다. 과학자의 사회적 책임이 무엇인지를 되돌아보게 하는 모습이라고 할 수 있다.

3 연구 부정행위는 개인의 문제인가?

연구 부정행위에 대한 전통적인 관점은 정신 나간 또는 과학적 훈련을 제대로 받지 못한 일부 과학자들의 개인적 일탈 행위로 보는 것이다. 정상적인 과학자 사회에서는 쉽게 일어나지 않는 행위라는 것이다. 미국의 과학사회학자 로버트 머튼(Robert King Merton)은 20세기 초 과학자 사회의 고유한 도덕적 규범들로 '보편주의', '공유주의', '탈이해관계', '조직화된 회의주의'를 제시한 바 있다. 머튼은 이 중에서 탈이해관계 규범을 위반한 극단적 형태의 일탈 행위를 연구 부정행위로 간주했다. 당시 머튼은 이들 규범 구조가 과학자 사회나 과학 지식을 객관적으로 유지하는 데 기여하기 때문에 부정행위는 쉽게 발생하지 않는 것으로 파악했다.

그러나 1970-1980년대 이후 심각한 과학 부정행위가 지속적으로 발생하자 선진국에서는 이를 개별 과학자의 문제로만 파악하기보다는 좀 더 구조적인 측면에 관심을 갖게 되었다. 부정행위의 빈번한 발생은 과학이나 과학자에 대한 사회적 신뢰를 떨어뜨리고 과학의 기본 가치를 침식하기 때문에 그대로 방치할 수 없었던 것이다. 대표적인 기구가 1992년에 세워진 미국의 연구윤리국(ORI, Office of Research Integrity)이다. 이 기구는 개별 연구 기관이 부정행위 조사와 관련해서 적절한 지침을 갖추고 있는지를 감독하고, 필요한 경우 자체적인 조사를 수행하기도 한다. 또한 연구 윤리를 증진시키고 부정행위를 예방하기 위한 다양한 활동을 진행하고 있다. 황우석 사건 이후 국내에서도 이와 유사한 기구들이 만들어졌다. 서울대학교는 2005년 12월 연구진실성위원회를 구성해 황우석 사건을 처음으로 조사했고 이후 수의대 학위논문들과 복제 늑대 논문에 대해 조사한 바 있다. 과학기술부는 2007년 2월 연구 부정행위를 방지하기 위해서 〈연구윤리확보를 위한 지침〉을 만들어 국가 연구개발 사업을 수행하는 모든 연구 기관이 따르도록 하고 있다. 이 지침은 연구 과정(위조, 변조, 표절)과 저자 표시에서 발생하는 부정행위를 조사 대상으로 하고 있다.

　연구 부정행위를 조사하는 기구까지 만들어야 하는 이유는 무엇인가? 현재의 논문 심사 체계에서는 부정행위를 발견하기가 쉽지 않기 때문이다. 황우석 사태 당시 일반인은 물론이고 전문가들조차 혼란을 겪었던 이유 중하나는 황우석 박사의 논문이 《사이언스》라는 세계 최고의 학술지에 실렸기 때문이다. 세계적 학술지가 데이터 조작을 발견하지 못했다는 것을 쉽게 납득할 수 없었던 것이다. 일반적으로 과학자들은 학술지에 논문을 발표해 자신의 연구 성과물을 인정받는다. 연구자가 학술지에 논문을 제출하면, 익명의 심사자들이 실험 방법이나 데이터들을 검토해 게재 여부를 결정하게 된다. 또한 이렇게 출판된 논문은 동료 연구자들에 의해서 그대로 재연될 수 있다는 가정을 가지고 있다. 그러나 과학의 객관성을 유지시켜 준다고 믿어왔던 '동료 심사'와 실험의 '재연'에는 한계가 존재한다. 《사이언스》와 같은 과학 학술지들은 제출된 데이터들이 사실이라는 전제 아래 과학적 타당성을 검토한다. 이 과정에서 특별한 경우가 아니라면 시료를 직접 보거나 실험을 재연하는 등의 절차는 거치지 않는다. 즉 서류만으로 심사를 진행하기 때문에 제출자가 포토샵과 같은 프로그램으로 데이터를 그럴듯하게 조작한다면 발견하기가 쉽지 않다. 사후적 보장 장치인 실험의 재연도 실제 실험 현장에서는 광범위하게 일어나지 않는다. 자신에게 꼭 필요한 연구가 아니라면 굳이 남이 한 실험 절차를 똑같이 따라할 필요가 없다. 다른 연구자가 한 실험을 그대로 반복하는 것은 새로운 데이터를 내놓거나 방법을 개발해서 인정을 받아야 하는 연구자에게는 별로 매력적인 작업이 아니다. 게다가 실험을 재연하기 위해서는 대상 논문에서 사용한 실험 절차와 시료 등을 그대로 이용해야 하는데 조건을 맞추기가 쉽지 않다. 예컨대 어떤 연구자가 황우석 박사의 실험을 재연해 보고 싶었다고 해도 수많은 인간 난자를 구할 수 없어서 포기했을 것이다. 또한 최근에 발표되는 상당수 실험 절차는 특허와 연결되어 있어서 핵심적인 실험 조건을 삭제하고 논문을 제출하는 경우도 있다. 대부분의 학술지들은 실렸던 논문에 오류, 부정행위와 같은 문제가 발생하면 논문을 취소하는 철회 (retraction) 제도를 가지고 있다. 황우석 박사의 논문이 실렸던 세계적 학술지인 《사이언스》조차 2000년부터 2005년까지 최소한 21편 이상의 논문들이 저자의 요구 또는 편집장 직권으로 철회되었다.

4 왜 연구 윤리 위반 사례가 증가하는가?

연구 윤리 위반 사례가 증가하고 있는 원인도 살펴볼 필요가 있다. 앞서 언급한 것처럼 과학자들은 자신의 연구 성과를 학술지에 발표함으로써 동료 과학자들로부터 특정한 발견의 우선권을 인정받는다. 즉 이론적으로 과학자 사회는 물질적 보상이 아닌 동료 인정(peer recognition)을 통해 보상을 받는 시스템을 가지고 있다. 그런데 최근의 과학 활동을 둘러싼 사회적 조건은 그렇게 이상적이지 못하다. 실험에 막대한 자금이 투여되고, 내부 경쟁이 치열한 현대 과학에서는 논문의 양과 질이 한 과학자의 승진, 고용, 경제적 보상 등에 절대적 영향을 미치게 되었다. 과학자들은 논문의 양과 질을 점수로 환산해 자신의 업적을 평가받기 때문에 빨리 논문을 발표하고 성과를 제출해야 하는 압력에 직면해 있다. 또한 과학의 급속한 상업화는 연구 업적이 곧바로 경제적 보상으로 연결될 수 있는 조건을 만들어주었다. 과학 활동을 둘러싼 사회적 조건들의 변화로 인해 과학자들이 과거에 비해 부정행위의 유혹에 더욱 많이 노출된 것이다. 게다가 동료 심사나 실험 재연의 한계로 인해 부정행위가 쉽게 발견되지 않는 구조도 부정행위 증가에 한몫하고 있다.

그러면 부정행위는 주로 어떻게 발견될까? 실험실 활동은 매우 전문적이라서 해당 분야의 종사자가 아니면 내용을 이해하기 어렵고, 같은 분야의 전문가라고 해도 특정한 실험실 내부에서 어떤 일이 벌어지고 있는지는 잘 알 수가 없다. 부정행위의 발견은 동료 연구자들의 재연 실패로 인해 발견되는 경우도 있지만 그보다는 내부의 제보에 의해 밖으로 알려지게 된다. 연구의 진실성을 유지하기 위해서는 연구 부정행위를 발견하고 적절한 대응을 해야 하는데 이를 위해서는 제보자의 역할이 매우 중요한 것이다. 그런데 연구 부정행위를 밖으로 알린 대부분의 제보자는 각종 불이익과 정신적 고통에 시달리게 된다. 조직의 배신자로 낙인 찍혀 왕따를 당해 정신적 스트레스에 시달리거나 해고와 같은 직접적인 피해를 받는다. 내부에서뿐만 아니라 사회적으로도 싸늘한 시선을 받기 쉽다. 사회적으로 파장이 큰 제보자가 나타나면 갖가지 소문도 뒤따라 등장해 제보자를 더욱 힘들게

하고, 일반인들도 혼란에 빠지는 상황이 적지 않게 발생하고 있다.

제보자를 둘러싼 논란은 주로 공익 제보자를 평가하는 기준을 제대로 인식하지 못하고 있기 때문에 발생한다. 공익 제보자를 평가하는 데 있어 가장 중요한 기준은 제보의 '공익성'이라고 할 수 있다. 설령 공익 제보자가 조직 내부에서 문제를 일으켰거나, 순수하지 못한 제보의 동기를 가지고 있었다고 해도 사회적으로 평가해야 하는 부분은 제보자의 제보가 사실인지 그리고 공익적인지 여부이다. 예컨대, 막대한 세금이 들어간 연구에 문제가 있었고, 그것이 제보자에 의해 의혹이 제기되어 사실로 밝혀졌다면 일차적으로는 그 제보의 내용만으로도 제보자를 긍정적으로 평가할 수 있다. 제보로 인해 후속 연구자들에게 줄 피해와 세금 낭비를 미리 막을 수 있었기 때문이다. 제보자의 중요성, 그들이 겪는 어려움으로 인해 연구진실성 기구를 운영하는 대부분의 나라에서는 공익 제보자를 보호하기 위한 장치를 갖추고 있다.

5 나오며

황우석 박사팀의 연구 부정행위는 한 연구에서 여러 종류의 부정행위가 동시에 진행된 보기 드문 사례라고 할 수 있다. 연구 과정, 저자 표시, 실험실 운영, 생명 윤리, 과학자의 사회적 책임과 같은 연구 윤리의 범위에 속하는 거의 모든 영역에서 문제를 일으켰다. 이 사건 이후 정부는 연구 부정행위를 조사할 수 있는 지침을 만들었고, 연구 윤리와 관련된 자료를 공유하는 포털도 구축했다. 그러나 지침 제정 이후 일부 대학에서의 조사는 연구 윤리에 대한 인식 및 검증 절차가 아직 제대로 정착되지 않았다는 것을 보여주었다. 정부의 지침은 문제가 발생한 연구팀의 조사를 일차적으로 '소속 기관'에서 진행하도록 하고 있어서 외부의 압력이 없다면 조사에 쉽게 나서지 않는 한계를 가지고 있다. 연구 윤리가 현장에 제대로 정착되기 위해서는 구속력 있고, 세밀한 지침 마련뿐만 아니라 학생들에 대한 교육 등 중장기적인 노력이 필요하다고 할 수 있다. 특히 연구 부정행위를 줄이기 위해서는 실험실을 민주적으로 운영하는 것도 중요하다. 수평적 실험실 문화는 연구자들의 중요 관심사인 '저자 표시' 문제를 해결하는 데도 기여할 수 있다. 저자 표시에 대한 규정이 있긴 하지만 학문 분야나 실험실의 특수성도 있어서 논문의 저자 포함 여부나 순서를 정할 때 경계가 애매한 상황들이 발생하기 때문이다.

연구 부정행위 발생의 다양한 맥락도 이해할 필요가 있다. 황우석 사건은 실험실에서 연구가 구체적으로 어떻게 진행되고 그 결과가 어떤 절차를 거쳐 논문에 실리는지를 사회적으로 학습할 수 있는 기회를 제공해 주었다. 동료 심사는 과학의 자율성과 객관성을 상징하는 시스템이지만 한계 또한 존재한다. 익명의 심사자들은 같은 분야의 동료일 수 있으며 심사 과정에서 실제로 실험을 재연하는 것이 아닌 서류 심사로 진행한다. 따라서 작정하고 부정행위를 저지른다면 발견하기가 쉽지 않다. 따라서 대부분의 과학 학술지들은 문제가 발생하면 논문을 취소하는 철회 제도를 운영하고 있다. 부정행위 증가의 사회적 맥락도 고려할 필요가 있다. 상업화되고 거대화된 현대 과학 활동에서 연구자의 논문의 양과 질은 고용, 승진, 경제적 보상 등에 절대적 영향을 미치고 있어서 연구자들은 과거에 비해 부정행위의 유혹에 더욱 많이 노출되어 있다. 동료 심사의 한계, 연구 부정행위의 증가는 현대 과학기술 활동을 이해하는 데 있어 중요한 요소이다.

‡ 황우석 사태 이후 정부는 연구 윤리 제도를 정비하게 되었다. 또, 줄기세포 연구를 육성·정비할 정책을 마련하고, 「생명윤리법」의 개정도 추진하게 되었다. 그런데, 이 과정에서 얼마만큼의 사회적 논의가 이루어졌을까? 정부의 생명공학 연구 육성 정책은 "시련에도 불구하고 배아 복제 연구는 중단되지 말아야 한다"는 기존의 주장을 받아들인 것이었다.

8장은 황우석 사태 이후의 변화된 연구 윤리 제도와 배아 연구 정책을 살펴본다. 사태가 정리되기도 전에 정부는 줄기세포 육성 정책을 발표했고 이를 뒷받침하기 위해 법률도 개정했다. 곧이어 다른 연구팀의 배아 복제 연구도 승인하면서 복제 연구를 지원했다.

제8장 황우석 사태가 가져온 변화들

1 연구 윤리: 제도화와 현실

황우석 사태 이후 정부는 국제적으로 실추된 연구 현장의 신뢰를 회복하기 위하여 연구 윤리 제도를 정비하게 된다. 과학기술부는 2006년 6월 22일 과학기술 관계 장관 회의에서 〈연구 윤리 및 진실성 확보를 위한 지침〉을 발표하였고, 2007년 2월 8일부터는 이 지침이 과학기술부 훈령으로 확정되어 시행되고 있다. 과학기술부는 이 지침을 바탕으로 각 기관을 방문해 설치 현황을 점검할 것이라고 밝혔다. 과학기술부에 따르면 30개 정부 출연 연구 기관과 3년간 정부로부터 매년 100억 원 이상의 연구개발 사업비를 지원받은 27개 대학이 자체 연구 윤리·진실성 규정과 검증 시스템을 구축할 계획이라고 밝혔다. 또한 과학기술부는 국가 연구개발 사업 공동 관리 규정을 토대로 모든 국책 연구개발 과제를 신청할 때 연구 윤리·진실성 검증 체계를 증빙토록 요구하겠다고 하였다.[1] 이 훈령이 법적 구속력을 가지는 것은 아니지만 국가 연구개발 관리 체계와 연동되어 있어 국가로부터 연구비를 받는 기관들은 이 지침을 수용해야 하는 구조로 되어 있다. 한편 교육인적자원부는 2006년 3월 개학을 맞이하여 전국 대학 등에 『연구윤리소개』 2000부를 배포했다. 이 책은 미국의 '연구윤리국 (ORI, Office of Research Integrity)'이 발행한 "Introduction to the Responsible Conduct of Research"를 번역한 것이다.[2] 또한 교육인적자원부는 '연구윤리확립추진위원회'를 구성했는데, 이 조직은 2007년 12월까지 활동하면서, 연구 윤리에 관한 정책 기획과 제도 개선, 국내외 조사, 분석 등을 진행하였다.[3]

새로운 규제가 정착되는 과정에서 우리나라 연구 윤리 분야의 현실을 잘 엿볼 수 있는 사건이 발생했다. 2007년 초에 있었던 복제 늑대 논문에 대한 서울대 연구진실성위원회의 활동이 그것이다. 문제가 된 논문은 공식 발표가 되기도 전에 당시 과학기술부 장관(김우식)의 극찬으로 언론의 주목을 받았다. 얼마 후 인터넷에 논문이 발표되자 서울대 연구처는 이병천 교수의 복제 늑대를 대대적으로 홍보하였다. 그러나 서울대의 홍보와 달리 복제 늑대 논문이 실린 저널은 SCI(Science Citation Index)에도 등록되지 않은 학술지였고, 편집장은 황우석 박사와의 공동 연구로 잘 알려진 영국의 윌머트 박사였다는 것이 드러나면서 논란이 일었다. 얼마 후 브릭(BRIC)의 소리마당에서 논문의 핵심 데이터에 치명적 오류가 있다는 점이 지적되었

1··· 이은용, 「'제2의 황우석' 미리 막는다」, 《전자신문》, 2006. 8. 21.

2··· "[보도자료] 연구윤리소개 책자 발행과 연구윤리정책방향 제시", 교육부, 2006. 2. 23.

3··· "[보도자료] '연구윤리확립추진위원회' 설립", 교육부, 2006. 9. 29.

고 몇몇 언론이 관련 내용을 보도했다. 여기에 대해서 서울대는 실명 제보가 없어서 조사를 시작하기 힘들다며 조사를 미루었다. 당시 과학기술부가 마련한 지침에는 제보뿐만 아니라 부정행위 발생을 '인지'했을 경우에도 해당 기관이 조사를 착수할 수 있다는 규정이 있었지만 서울대 측은 조사를 계속 미루면서 단순 실수인 것 같다며 자의적 판단을 했다. 여론이 불리해지자 초기의 입장을 번복하면서 조사를 시작한 서울대는 결국 "논문에 실수가 있었지만 늑대는 복제된 게 맞다"는 결론을 내렸다.

그런데 당시 논란의 핵심은 복제 늑대의 진위에 관한 것이 아니라 논문에 명백한 오류가 포함된 이유를 밝히는 것이었다. 동료 심사를 거친 논문에 그것도 핵심적인 데이터에 오류가 발견되는 경우는 흔하지 않은 일인데 이에 대해 의도적인 조작이 없어 큰 문제가 아니라는 식으로 대응한 것이다. 여론에 밀려 마지못해 진행된 서울대 연구진실성위원회의 조사는 황우석 사태를 겪었음에도 불구하고 여전히 절차보다는 결과에 중심을 두고 문제를 판단한 것으로 볼 수 있다.

연구 부정행위에 대한 서울대의 소극적 대처 방식은 이미 수의대 학위 논문에서 발견된 사진 중복 사건에서도 드러났다. 2006년 여름 브릭 소리마당 게시판에는 황우석 박사, 이병천 교수의 제자들(박사 7명, 석사 2명)의 각기 다른 학위 논문에 동일한 사진이 이용되었다는 주장이 게재되어 큰 반향을 일으킨 바 있다.[4] 이에 따라 서울대 연구진실성위원회가 조사에 착수해 조사 대상자 중 2인은 단순 실수로, 다른 2인은 표절이라는 조사 결과를 발표했다. 그런데 서울대 측은 연구 윤리를 위반한 당사자들에게 아무런

---

4 ··· http://gene.postech.ac.kr/bbs/zboard.php?id=job&page=1&sn1=&divpage=2&sn=on&ss=off&sc=off&keyword=마플&select_arrange=headnum&desc=asc&no=8873

조치를 취하지 않았고 처음에는 조사 사실도 외부에 공개하지 않았다.

연구 부정행위에 대한 소극적 대응의 일차적 책임은 서울대에 있었지만 다른 측면에서 보면 연구 윤리에 대한 인식 및 검증 절차가 아직 제대로 정착되지 않고 있음을 보여주었다. 특히 정부의 지침은 문제가 발생한 연구팀의 조사를 소속 기관에서 수행하도록 하고 있어서 외부의 압력이 없다면 조사에 쉽게 나서지 않을 한계를 가지고 있다. 연구 윤리가 현장에 제대로 정착하기 위해서는 구속력 있고, 체계적인 지침 마련뿐만 아니라 이공계 학생들에 대한 교육 등 중장기적인 노력이 필요하다고 할 수 있다.

2 줄기세포 연구 정책: 복제 연구를 위한 제도 정비

황우석 박사팀의 논문 조작 행위가 밝혀진 지 얼마 되지 않은 2006년 3월 30일 과학기술부는 범부처 「줄기세포연구종합추진계획(안)」 수립을 위한 기획연구 사업의 중간 결과를 발표하였다. 산학연의 줄기세포 전문가들과 과학기술부, 보건복지부, 산업자원부, 교육인적자원부 등 관계 부처 및 국내외 자문위원으로 구성된 위원회는 약 2개월 동안 활동하여 보고서를 작성하였다.

보고서에 따르면 우리나라가 가지고 있는 강점을 바탕으로 줄기세포 연구를 선진국 수준으로 끌어올리기 위해서 생명 윤리가 허용하는 범위 내에서 각종 인프라를 구축해 연구에 박차를 가하겠다고 발표했다.[5] 이 계획은

---

5 ··· "[보도자료] 범부처 「줄기세포연구 종합추진계획」 연구 중간발표", 과학기술부, 2006. 3. 30.

2006년 5월 29일에 최종 확정되어 현재까지 진행되고 있다. 최종 확정된 계획에 따르면 당시 약 7~8위로 평가되는 우리나라의 기술 경쟁력을 2015년에는 세계 3위 수준으로 진입시키겠다는 목표를 밝혔다. 이를 위해 줄기세포 분화 메커니즘 규명 등의 기초 연구와 체계적인 임상 연구를 위한 임상 시험 데이터베이스 구축, 줄기세포 은행 설립 지원 체제 구축, 생명 윤리 교육 강화 등 연구 기반을 다질 수 있는 분야를 집중 지원하고 있다.[6] 당시 종합 추진 계획에는 황우석 사태 이후 체세포 복제의 허용 여부에 대한 언급이 구체적으로 들어 있지 않았다.[7]

그런데 얼마 후 줄기세포연구종합추진계획에 체세포 복제에 대한 내용이 빠진 이유가 자연스럽게 드러났다. 국가생명윤리심의위원회가 황우석 사태 이후 중단되었던 체세포 복제를 다시 시작할 수 있도록 「생명윤리법」을 개정한 것이다. 주목할 점은 이러한 결정이 같은 위원회의 2006년 보고서의 결론과 상반된다는 것이다. 2006년 11월 국가생명윤리심의위원회는 보고서에서 체세포 배아 복제 허용 여부는 '인간 난자 사용', '배아 파괴', '개체 복제 위험성' 등의 윤리적 문제와 황우석팀의 사례로 본 '기술적 한계'로 인해 배아 복제 허용 여부를 냉정하게 판단해야 한다고 언급한 바 있었다(국가생명윤리심의위원회, 2006: 66쪽). 불과 몇 달 만에 상반된 입장을 취하게 된 것이다.

나아가 국가생명윤리심의위원회는 체세포 복제가 제대로 진행될 수 있

6… "[보도자료] 제13회 생명공학종합정책심의회 개최", 과학기술부, 2006. 5. 29.

7… 당시 종합추진계획 자문위원회 회의에 참석했던 서울 소재 대학 M 교수는 필자와의 인터뷰에서 위원회 내부에서조차 체세포 복제를 당장 허용해야 한다는 의견은 없었는데, 책임자가 정부에서 지속하길 원한다면서 황우석 사태 이후에도 여전히 '보이지 않는 힘'이 작용하는 것 아니냐고 말했다(2006. 12. 7).

도록 난자 수급에 관한 내용도 정비하였다. 연구 자체를 위한 난자 제공은 금지하였으나, 불임 시술 때 사용하고 남은 난자와 냉동 보관 중인 난자는 복제 연구에 사용할 수 있도록 하였다. 비록 연구 목적 자체를 위한 난자 제공은 금지하였지만, 연구를 위해 실제로는 불임 시술에 필요한 것보다 더 많은 난자를 여성으로부터 추출할 가능성이 여전하다는 점에서 이런 규제는 한계가 있다. 특히 국내의 인간 배아 연구의 대부분이 불임클리닉과 연결된 연구소에서 이루어지고 있는 점을 감안하면 이런 지적은 더욱더 타당성을 가진다.

3 체세포 복제의 한계

체세포 복제 자체에 대한 기술적 검토도 얼마나 진지하게 논의되었는지 검토해 볼 필요가 있다. 법률이 제정되고, 황우석 박사가 배아 복제 연구를 진행하던 2003년과 상황이 많이 바뀌었기 때문이다. 앞에서도 정리한 것처럼 황우석 박사의 논문이 조작으로 밝혀지기 전에도 인간 배아줄기세포 연구의 기술적 한계들은 지속적으로 제기되어 왔다. 첫 번째는 분화와 증식의 어려움이다. 배아줄기세포를 세포 치료에 쓰기 위해서는 균질하면서도 단일한 특정 세포가 다량으로 필요한데 현재의 기술 수준으로는 임상 성공 여부를 예측하기 힘들다. 두 번째는 유전자의 비정상적인 발현이다. 배아줄기세포가 특정한 세포로 분화되면서 체내에서 이루어지는 것과 다르게 유전자가 비정상적으로 발현되는 것이 자주 관찰되고 있다.

체세포 배아 복제 줄기세포를 얻기 위해 노력했던 황우석 박사의 시도는 역설적으로 체세포 배아 복제의 한계를 보여준 사건이기도 했다. 이미 앞에서 지적한 것처럼 황우석 박사는 전 세계 어떤 연구자도 얻을 수 없었던 2,200여 개의 난자를 사용했음에도 단성생식 배아줄기세포 주 1개를 만들어 내는 데 그쳤다. 일부에서는 여전히 김선종 연구원의 '섞어 심기'가 없었다면 줄기세포 주를 만드는 게 가능했을 것이라는 주장을 펴고 있으나 이는 당시 황우석 박사팀의 연구 시스템을 제대로 이해하지 못한 것이다. 체세포 배아 복제 연구의 가장 큰 목적은 복제 수정란 자체를 얻는 것이 아니라 이를 통해 줄기세포를 확립하는 데 있다. 그리고 이 기술이 가장 어려운 과정이다. 황우석 박사팀이 조작을 한 이유도 복제된 수정란에서 줄기세포를 얻지 못했기 때문이다. 그런데, 황우석 박사 실험실은 처음부터 줄기세포 주를 확립하기 위한 기술을 가지고 있지 않았다. 단지 복제 배아만을 만들 수 있는 능력이 있었을 뿐이다. 잔여배아에서 줄기세포를 만드는 기술을 보유하고 있던 미즈메디병원 연구팀과의 협동 연구 없이는 불가능했던 것이다. 황우석 사태 후 생명윤리심의위원회에서 일부 의원들이 당장 체세포 배아 복제를 허용하기보다는 동물 연구를 충분히 한 후 허용해도 늦지 않다고 주장했던 것은 윤리적 측면뿐만 아니라 이런 기술적 한계를 고려했기 때문이다.

그사이 체세포 복제를 대체할 새로운 연구들은 지속적으로 개발되고 있다. 일부 연구자에 따르면 현재 체세포 배아 복제 기법을 이용하지 않고도 면역적합적인 줄기세포를 얻을 수 있는 몇 가지 방법들이 활발히 연구되고 있다(이상호, 2006). 또한 설령 복제에 성공했다 하더라도 이것을 환자에게 실제로 적용하기 위해서는 많은 선행 연구가 필요하다는 것은 황우석 사태 이후 상식이 되어버렸다.

4 제2의 복제 허용과 유도다능성줄기세포

정부의 줄기세포 육성 정책과 개정된 「생명윤리및안전에관한법률」에 기초해서 2기 국가생명윤리위원회는 첫 회의에서 국내 연구팀의 복제 연구를 승인하게 된다. 보건복지부는 2009년 4월 29일 정형민 박사(당시 차병원 교수, 차바이오앤디오스텍 사장)가 신청한 체세포 복제 연구를 승인한다고 발표했다. 이 연구는 원래 3년 동안 체세포 복제를 통해 얻은 줄기세포로 치료제를 개발하겠다는 목표로 1,500개의 난자를 사용하겠다고 신청하였으나 배아연구전문위원회, 심의위원회의 심의를 거치면서 최종적으로는 난자 800개를 사용하여 복제 배아 줄기세포 1개를 만드는 것으로 수정되었다. 구체적으로 살펴보면 정형민 박사팀의 체세포 복제 연구에는 냉동 보관 500개, 비정상 난자로 폐기될 것 100개, 체외 수정 후 포기한 난자 200개 등 총 800개가 사용된다. 황우석 박사가 사용한 2,200여 개의 난자, 정형민 박사의 800개 난자 사용은 공식적인 연구로는 세계 최대라고 할 수 있다.

당시의 결정이 얼마나 적절했는지에 대해서는 논란이 많다. 체세포 복제를 대체할 수 있는 '유도다능성줄기세포(Induced pluripotent stem cells, iPS cells)'에 대한 연구가 전 세계적으로 활발히 진행되고 있었기 때문이다.[8] iPS 세포는 2006년 일본의 야마나카 교수팀이 처음으로 개발하였다. 쥐의 피부세포(섬유아세포)를 역분화시켜 배아줄기세포와 유사한 형태의 세포를 얻어낸 것이다(Takahashi, & Yamanaka, 2006). 그리고 2007년에는 야마나

8··· 이 기법이 개발되자 복제 양 돌리를 만드는 데 기여했던 윌머트 박사는 이 연구를 지지하면서 자신들의 연구팀은 복제 연구를 하지 않겠다고 밝혔다(《조선일보》, 2007. 11. 18).

카와 세계 최초로 배아줄기세포를 만들었던 미국의 톰슨이 각각 인간의 체세포를 이용해 iPS 세포를 만들어냈다(Takahashi et al, 2007; Yu, J. et al., 2007).

이른바 환자 맞춤형 줄기세포(patient-specific stem cell) 연구의 가장 큰 근거는 환자 자신의 체세포를 사용하기 때문에 임상 적용 시 이론적으로는 면역 거부반응이 없다는 것이다. 그런데 이제 난자를 다량으로 사용하는 복제를 통하지 않고서도 그런 형태의 줄기세포를 얻을 수 있게 된 것이다. 기술적인 측면에서 보더라도 체세포 복제는 세계적인 연구 흐름과 동떨어져 있는 것이다(Nishikawa, 2008).

5 나오며: 복제 허용과 사회적 합의

황우석 사태 이후에 줄기세포 연구를 육성·정비하고, 「생명윤리법」을 개정하는 과정에서 사회적 논의는 거의 이루어지지 않았다. 브릭(BRIC)에서 이루어진 설문조사 1회, 토론회 1회, 과학기술부와 같은 생명공학 육성 부처의 서면 의견 수렴이 당시 진행되었던 논의의 전부라고 할 수 있다. 국가생명윤리심의위원회 내부 토론은 철저하게 비공개로 진행되었으며 배아 복제 허용 여부와 같은 중요한 결정이 결과가 충분히 예상되는 표결 처리로 결정되었다.

황우석 사태 이후에 사회적 공론화도 제대로 거치지 않고 복제를 위한 제도를 정비하고 서둘러 허용한 것도 논란의 여지가 많지만 줄기세포 연구 정책의 폐쇄성 또한 변함이 없었다. 국내 줄기세포 연구자들이 선진국에 뒤처지지 않기 위해서 체세포 복제를 포함한 줄기세포 연구에 투자를 더 늘려야 한다는 주장을 하면서 가장 많이 언급하는 사례 중 하나가 캘리포니아 주정부의 지원 정책이다.[9] 잘 알려진 것처럼 미국의 캘리포니아 주정부는 연방정부의 지침과 달리 체세포 복제를 포함한 줄기세포 연구 전 분야에 10년 동안 주정부 예산으로 30억 달러를 지원하기로 했다. 연구의 허용 범위 측면에서 보면 우리와 큰 차이가 없다. 연방정부는 금지하는 복제 연구를 비롯해 모든 종류의 줄기세포 연구에 지원이 가능하다. 그런데 캘리포니아 주의 줄기세포 연구 지원 사례는 다른 측면에서 우리에게 시사하는 바가 크다고 할 수 있다. 연구비 집행의 투명성이다. 캘리포니아 재생의학연구소(California Institute for Regenerative Medicine, CIRM)[10]는 홈페이지에 접수된 연구 프로젝트의 제목, 내용, 과학적 평가, 신청 결과 등을 비교적 상세히 공개하고 있다. 따라서 일반인들도 주정부의 공공자금이 어떤 연구에 쓰이는지 쉽게 볼 수 있을 뿐만 아니라 연구비를 받거나 받지 못한 연구 신청서의 내용, 과학적 평가와 같은 구체적인 내용도 볼 수 있다. 연구의 선정과 집행 과정에는 연구자나 산업계 대표뿐만 아니라 환자 단체도 참여하고 있다. 또한 재생의학연구소는 수시로 대중 설명회(public meeting)를 개최하여 운영 전반에 대해 시민들의 의견을 받고 있다. 특히 연구 심사 과정에서 '이해 관계자'는 완전히 배제한다는 원칙을 가지고 있다. 우리나라의 세포응용사업단의 홈페이지와 비교되는 대목이다.

윤리 · 사회적 측면, 과학적 측면을 고려하면 사태 이후에 바로 체세포 복제를 허용한 것은 줄기세포 연구 전체에서 볼 때 시급한 문제가 아님을 알 수 있다. 결국 국가생명윤리심의위원회의 결정은 정부의 줄기세포 육성 대책을 뒷받침하기 위해서 구체적 필요성이 아닌 "시련에도 불구하고

9⋯「한국, 이대론 '줄기세포 식민지' 된다」,《조선일보》, 2009. 2. 20.

10⋯ http://www.cirm.ca.gov/

배아 복제 연구는 중단되지 말아야 한다"는 기존의 주장을 받아들인 것이라고 할 수 있다. 당시의 결정은 황우석 사태를 겪었음에도 불구하고 줄기세포 연구의 핵심은 복제라는 가정이 여전히 강력한 힘을 발휘하고 있다는 것을 보여준 것이다.

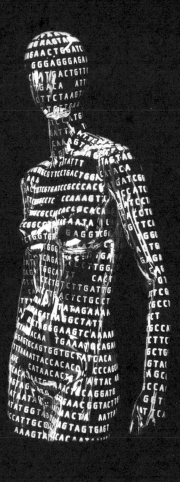

제3부

한국의 생명공학 감시 운동

╪ 복제 양 돌리의 출현에서부터 황우석 사태 이후까지 정부는 '선진국을 따라가야 하는 우리나라의 특수성'을 강조하면서 규제에 소극적 태도를 취하였다. 이와는 반대로 시민 단체는 다양한 활동을 통해 논쟁 및 규제 형성에 적극적으로 참여하였다. 우리나라에 전개되었던 생명공학 논쟁은 시민 단체 주도형이라고 평가할 수 있다. 생명공학 감시 운동은 생명윤리법 제정 운동, 유전 정보 보호 운동, DNA 데이터베이스 반대 운동을 포함하는데, 이 운동의 성격과 내용을 짧게 살펴본다.

제9장 한국 생명공학 감시 운동의 특징

1 한국의 생명공학 논쟁과 시민 단체

생명공학은 난치병과 같은 질병 극복이나 국가 경쟁력 향상의 도구로 인식되고 있다. 생명공학 분야에서의 과학적 발견이나 산업적 진전은 사회적으로도 의미 있는 성과로 주목받고 있으며 해마다 막대한 연구 자원이 이 분야에 투입되고 있다. 그런데 다른 한편으로는 윤리 · 사회적 문제를 지속적으로 제기하고 있는 분야이기도 하다. 따라서 많은 국가에서 생명공학의 진전으로 발생할 수 있는 위험과 윤리적 문제를 고려해 연구 및 기술 개발의 허용 범위와 절차를 법률이나 지침의 형태로 규제하고 있다. 생명공학은 그 대상이 생명체이면서, 주로 세금으로 조성된 연구비를 사용하고, 상업적 성격이 강한 특징을 가지고 있다. 이는 생명공학에 대한 정책 결정을 일부 관료나 과학자들에게만 의존한다면 황우석 사태에서 보여준 것처럼 비윤리적 연구가 비공개적으로 진행되거나 자원 배분이 왜곡될 가능성이 있다는 것을 의미한다. 또한 생명공학의 과도한 상업화는 엉터리 유전자 검사나 성급한 줄기세포 치료 사례에서처럼 시민들에게 직접적인 피해를 주기도 한다. 산업화 측면에서 보더라도 생명공학에 대한 대중적 저항은 연구나 혁신을 방해할 수 있다. 생명공학은 사회와 끊임없이 상호작용을 할 수밖에 없는 영역이라고 할 수 있다.

우리나라에서는 1997년 복제 양 돌리 출현 이후에 생명공학 활동을 규제하려는 움직임이 본격적으로 나타나기 시작했다. 포유류인 양의 복제 성공으로 인해 인간도 복제가 가능할 것이라는 우려가 사회적으로 확산되었기 때문이다. 생명공학 규제 형성에 대한 논의는 2000년부터 본격화되었으며 2003년 12월 「생명윤리및안전에관한법률」(이하 「생명윤리법」)이 국회를 통과하면서 주요 논쟁은 일단락되었다. 법률의 내용에 대한 판단을 떠나 생명공학의 다양한 영역을 규제하는 '포괄법' 형태의 법률이 상대적으로 빠른 시간 안에 제정되었다는 특징을 가진다. 규제를 형성하기 위한 과정에는 사회적 합의를 이끌어내기 위한 다양한 형태의 활동이 있었다. 보건복지부는 연구 프로젝트를 통해, 과학기술부는 〈생명윤리자문위원회〉 구성을 통해 그리고 시민 단체는 '입법 운동'이나 〈생명복제기술합의회의〉와 같은 숙의적인(deliberative) 시민 참여 제도 도입 노력을 통해 규제 형성 과정에 참여하였다. 이 과정에서 그동안 추상적인 수준에서 머물렀던 여러 쟁점들이 구체화되었으며, 관련 쟁점에 대한 사회적 학습도 이루어졌다. 예를 들어 규제 논쟁을 통해 인간 배아를 바라보는 상이한 관점, 체세포 복제의 문제점, 성체줄기세포의 가능성, 난자를 제공해야 하는 여성의 입장, 과학자 내부의 이견, 불임클리닉 문제, 정부 부처 간 이해관계 등이 드러나기도 했다.

복제 양 돌리의 출현에서부터 황우석 사건 이후까지 정부는 '선진국을 따라가야 하는 우리나라의 특수성'을 강조하면서 규제에 소극적 태도를 취하였다. 이와는 반대로 시민 단체는 다양한 활동을 통해 논쟁 및 규제 형성에 적극적으로 참여하였다. 그러나 규제 형성 과정에 적극적으로 참여하였던 시민 단체 활동에 대해서는 논의가 많지 않은 상황이며 이로 인해 현재까지도 시민 단체의 영향력이 과소 또는 과대평가 되고 있다. 한국 생명공학 논쟁에서 시민 단체 활동에 대한 분석은 생명공학 규제 형성 과정과 결과를 이해하는 데 도움을 줄 뿐만 아니라 다양한 행위자가 참여하여 정책을 형성하는 과학 기술 거버넌스에 학술적, 실천적 함의를 준다. 이 글에서는 1990년대 말부터 황우석 사태까지 한국에서 전개되었던 시민 단체의 활동을 '생명공학 감시 운동'으로 규정하고 그 성격과 활동을 짧게 정리하였다.

2 과학기술과 시민 참여

시민 참여(citizen participation)[1]는 과학기술 거버넌스의 핵심 활동 중 하

1··· '시민 참여'를 협소한 의미로 정의하면 정책 결정으로부터 영향을 받는 사람들이 결정 과정에 투입될 수 있도록 시민들에게 자문을 구하고 시민들을 참여시키며 시민들에게 정보를 제공하기 위한 일련의 과정이라고 할 수 있다(Smith, 1993). 그런데 최근에는 좀 더 포괄적인 의미로 쓰인다. 비전문가가 의제 설정, 의사결정, 정책 형성, '지식 생산' 등의 과정에 참여해 목소리를 내는 자발적이고, 조직화된 상황과 활동이라고 할 수 있다(Callon et al 2001; Rowe & frewer, 2005). 시민 참여는 영어로 다양하게 표현된다. 시민은 citizen, public 등이 많이 쓰이며 참여는 participation,

나라고 할 수 있다. 과학기술 거버넌스가 가진 다양한 개념의 공통점은 비정부 행위자인 '시민(단체)'의 참여를 강조하고 있다는 것이다. 『유럽 거버넌스 백서』는 거버넌스에 "건강과 안전에 관한 민감한 문제에서 과학 전문성을 더욱 민주적으로 만드는 것"을 포함한다고 밝히고 있다(EC, 2000; 7쪽). 2001년 보고서에서는 '좋은 거버넌스(good governance)'[2]의 원칙 중 하나로 '참여'를 포함시키면서 전문가, 정책 결정자 그리고 대중 사이의 대화를 강조하고 있다(EC, 2001). 『유럽 거버넌스 백서』의 후속 작업 중 하나인 『과학과 사회: 실행 계획』에서는 생명공학이나 보건 쟁점에 대한 시민 참여를 더욱 명시적으로 논하고 있다(EC, 2002). 더 나아가 『유럽 연구 영역의 거버넌스: 시민사회의 역할』에서는 연구 의제 설정이나 과학 정책 결정 과정에서의 시민사회의 참여는 과학에 대한 이해를 증진시키고, 연구 정책의 수용성을 높이며, 정책 권고의 질을 향상시킨다고 밝혔다. 그리고 시민 참여 방식으로 자문위원회, 시민 배심원, 합의회의, 포커스 그룹 등을 제시하였다(EC, 2003). 시민 참여는 과학기술 거버넌스에서 최소한의 조건인 것이다. 시민 참여를 강조하는 의도는 다르지만 기술 혁신 측면에서도 시민 참여는 중요하다. 유럽생명과학그룹(The European Group on Life Sciences)은 유전자변형 식품, 줄기세포, 재생산 기술 논쟁에서 보여준 것처럼 과학에 대한 사회적 저항 앞에서는 연구개발 및 혁신이 제대로 이루어지기 힘들다고 밝혔다.[3]

유럽과는 달리 우리나라에서 과학기술 정책에 대한 시민 참여 논의는

---

involvement, engagement 등이 쓰인다.

2··· 좋은 거버넌스(good governace)의 원칙에는 개방성, 참여, 책임성, 효과성, 일관성이 포함된다(EC, 2001).

3··· http://ec.europa.eu/research/life-sciences/egls/index_en.html

정부나 의회가 아닌 시민 단체로부터 시작되었다. '과학기술의 민주화'[4]를 표방하는 〈시민과학센터〉가 과학기술의 민주적 통제를 위한 한 방법으로 해외의 시민 참여 제도를 소개하였고, 일부는 직접 실행하기도 하였다. 〈시민과학센터〉가 과학기술에 대한 시민 참여를 주장하면서 내세운 근거는 크게 '과학기술의 사회적 구성', '시민들의 의사결정 능력', '과학기술의 영향력과 공공성'이다(김환석, 1999; 이영희, 2002).

과학기술 정책에 시민들이 참여할 수 있는 '공식적인' 방법을 편의상 '선호취합적(preference gathering) 방식'과 '숙의적(deliberative) 방식'으로 나눌 수 있다(이 책의 10장을 참고할 것). 선호취합적 방식은 시민들이 특정한 사안에 대해 가지고 있는 의견이나 선호를 단기간에 취합하는 것을 말한다. 대부분의 경우 선호취합적 방식은 연구자나 정책 결정자가 '이미 존재하는' 의견이나 선호를 단순히 뽑아내는 데서 그치며 추가적인 정보 제공이나 사람들 간의 상호작용을 고려하지 않는다는 점에서 일방향적인 특징을 가진다. 선호취합적 방식에는 의견 조사, 공청회, 자문, 국민투표 등이 있다. 숙의적 방식은 선호취합적 방식과 달리 시민들의 선호가 고정된 것이 아니라 변화할 수 있다는 전제에서 출발한다. 숙의적 방식에서는 논란이 되고 있는 사안에 대해 일정 기간의 숙의 과정을 거치는데, 이 과정에 일반 시민들을 직접 참여시켜 도출된 의견을 정책 결정에 참고하는 방식을 취한다. 합의회의, 시민 배심원, 포커스 그룹 등이 여기에 속한다.

4⋯ 과학기술의 민주화는 단순히 참여를 통한 정책의 재구성을 넘어서는 개념이다. 이 개념 안에는 '지식 생산의 민주화', 그리고 실험실 문화가 포함된 '과학자 사회의 민주화'도 포함된다(김환석, 1999; 김병수, 2006).

3 공식적 · 비공식적 시민 참여의 결합

이미 잘 알려진 공식적인 시민 참여 제도뿐만 아니라 비공식적인 시민 참여에 대한 논의도 활발하다. 부치와 네레시니는 로와 프루어의 공식적인 시민 참여 제도의 분류와 평가를 비판하면서 새로운 시민 참여 지도를 제공해 과학기술 시민 참여 논의를 확장시켰다(Bucchi & Neresini, 2008). 부치는 의학 연구에서의 환자 단체 활동이나 과학기술 운동에 대한 과학기술학의 연구 성과를 바탕으로 시민 참여 논의의 폭을 확장시켰다. 의학 연구에서의 공동 생산(co-production)의 대표적인 사례는 AIDS 임상에서의 환자 단체의 적극적 참여라고 할 수 있다. AIDS 치료제인 AZT(azidothymidine)의 임상 시험에 참여하고 있던 환자들은 단순한 피험자로서의 지위를 넘어 임상 시험 절차의 설계에 참여할 정도로 높은 전문성을 획득하였다. 결국 이들은 과학자들이 임상을 거부하였던 펜타미딘(pentamidine)이라는 에어로졸 형태의 약물 임상을 스스로 수행하였고, 그 결과를 바탕으로 미국 FDA의 승인을 받기도 하였다(Epstein, 1995). 프랑스근이양증협회(AFM, The French Muscular Dystrophy Association)의 사례도 참고할 수 있다. 근이양증은 희귀한 유전병으로 당시 주류 과학계에서는 제대로 연구가 진행되지 않고 있었다. AFM은 이러한 상황을 극복하기 위해 환자들에게 설문조사를 실시하거나 유전자은행을 설립하는 등의 활동을 통해 이 질병에 대한 지식을 만들어내면서 연구의 대상으로 만드는 데 성공하였다(Callon & Rabeharisoa, 1999). 이 두 사례는 그동안 제도화된 공식적인 시민 참여 제도가 포함하지 못했던 영역이었다.

이러한 연구 성과를 바탕으로 부치는 로우가 기존의 공식적인 시민 참여 제도를 쉽게 정의 내리기 어려운 '효과성' 중심으로 평가하였으

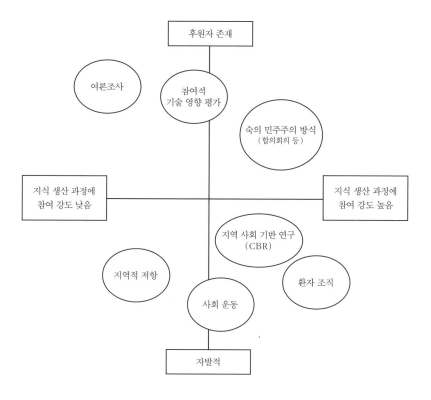

<그림> 과학기술 시민 참여 지도

며, '정보(information)'의 흐름을 강조한다고 비판하였다. 로우는 시민 참여를 정보의 흐름에 따라 크게 세 가지로 나누었는데, 대중 커뮤니케이션(communication), 대중 자문(consultation), 대중 참여(participation)가 그것이다. 대중 커뮤니케이션은 최대한 많은 수의 사람들에게 정보의 흐름을 극대화하는 것이고, 대중 자문은 여기에 더해 결과를 후원 기관에 전달하는 것이다. 대중 참여는 후원 기관은 물론이고 다른 집단들에게도 정보를 전달해 주는 것이다(Rowe & Frewer, 2005a). 그런데 실제 시민 참여는 정보의 쌍방향적 흐름뿐만 아니라 그 과정에서 생기는 정체성의 협상이나 생성도

포함한다. 또한 앞에서 살펴본 공식적인 시민 참여에 대한 유형 분류는 후원 기관의 적극성에만 적용된다고 비판하였다. 이러한 분류는 후원 기관의 요청이 아닌 자발적인 시민 참여 형태들을 배제하고 있다. 시민 운동, 환자 단체들의 활동, 공동체 기반 연구, 법정에서의 과학, 기술과 사용자 사이의 상호작용 등을 포함하지 못하는 한계를 가진다. 부치는 '자발성'과 지식 생산 과정에서 행위자들 사이의 참여 '강도'를 축으로 참여 지도를 제안하였다. 이 시민 참여 지도[5]는 개방성을 강조하는데, 이는 그 결과를 구조적으로 또는 후원 기관이 사전에 예측하기 힘들다는 것이다.

〈그림〉의 1사분면은 높은 수준의 의견을 요구하고 참여 강도가 높은 잘 알려진 합의회의 같은 공식 제도가 위치한다. 2사분면은 후원 기관의 요청에 의해서 진행되면서, 지식 생산이 낮은 강도에 속한다. 특정 쟁점에 대한 여론 조사가 여기에 속한다. 3사분면은 지역적 저항과 같은 자발적 운동이 위치한다. 예를 들면 쓰레기 소각장에 반대하는 지역 운동이 여기에 해당된다. 4사분면은 자발적 형태이면서 지식 생산으로까지 연결되는 환자 단체들의 연구 및 임상 시험 개입이 포함된다. 부치가 기존의 논의에서 제외된 비공식적 참여로 강조한 영역은 3,4분면에 속한 지역적 저항, 지역 기반 연구, 환자 단체의 활동 그리고 '사회 운동'이라고 할 수 있다. 비공식적 시민 참여는 후원을 받지 않는 자발적 형태이면서 지식 생산에 대해서는 개방적인 성격을 가진다.

부치가 제시한 과학기술 대중 참여 지도는 시민들의 다양한 관심사와 능력을 획일적으로 평가하기 힘들다는 것을 보여준다. 지식 구성 과정에 참여 강도가 높은 제도화된 또는 제도화되지 않는 참여에는 어느 정도 선

5··· Bucchi & Neresini, 2008.

별되었거나 동기부여가 잘 되어 있는 시민들이 참여하기 때문이다. '누가' 참여하는가에 대한 질문이 제기되는 것이다. 또한 이 분류는 사회적 맥락이나 시기에 따라서 참여 패턴이 변할 수 있다는 점을 보여주고 있다. 이는 어떤 참여가 가장 적당한 것인지가 아니라 '어떤 조건 아래서 어떠한 형태들이 출현'하는지가 중요한 연구의 대상이 된다.

이 글에서는 생명공학 규제 형성 과정에서 전개되었던 시민 단체의 다양한 활동을 '생명공학 감시 운동'으로 규정하고 분석한다. 우리나라에서 전개되었던 생명공학 감시 운동은 "인체와 관련된 생명공학 논쟁과 규제에 시민 단체가 공식적, 비공식적 참여 방식을 통해 개입한 것"이라고 정의할 수 있다.

공식적인 시민 참여는 정부가 다양한 주장과 가치를 정책에 반영하는 것을 목표로 하고 있다. 그런데, 우리나라에서 전개되었던 생명공학 감시 운동은 이미 제도화된 공청회나 자문위원회에 참여하여 입장을 표명하는 것 이상의 활동을 전개하였다. 생명공학 감시 운동의 핵심 단체 중 하나인 〈시민과학센터〉는 공청회나 자문위원회에 적극적으로 참여하고, 활동을 감시하는 것을 넘어 생명공학 정책에 대한 숙의적 참여 방식의 도입을 주장하였고, 일부는 직접 기획하고 진행하였다. '참여 제도 도입 확대를 통한 사회적 합의 형성' 자체가 하나의 운동 목표였던 것이다.

비공식적인 시민 참여는 생명공학 정책에 대해서 기존의 사회 운동 방식──성명, 집회, 기자회견, 토론회, 실태 조사, 의원 로비──을 동원하여 입장을 표명하는 것이다. 이러한 활동의 목표는 규제 형성 즉 입법과 같은 제도 변화라고 할 수 있다. 부치는 기존의 시민 참여 논의에서 제외되었던 자발적인 참여인 지역의 저항, 환자 단체의 활동, 사회 운동을 과학기술 정책에 대한 '제도화되지 않은 참여'로 분류하였다. 이러한 활동은 후원 조직이 존재하지 않으며, 활동이 어떠한 패턴을 보일지 처음부터 예측하기 힘든 특성을 가진다.

그런데, 이론적으로는 결과가 개방되어 있는 공식적인 시민 참여 제도 도입 운동과 특정한 입장을 가지는 운동이 공존하는 것은 쉽지 않다. 만약 특정한 시민 단체가 배아 복제에 대해서 찬성하는 입장을 가지고 있었는데, 이 단체가 개최하였던 합의회의에서는 반대의 결과가 나올 수 있는 것이다. 절차적인 면에서도 논란이 될 가능성이 높은데, 합의회의 진행의 핵심적인 원칙 중 하나인 '중립성'이 크게 훼손된다. 우리나라에서 전개되었던 공식적, 비공식적 시민 참여가 결합된 복합적 형태의 운동은 해외에서도 쉽게 찾아볼 수 없는 독특한 형태이다. 외국의 잘 알려진 생명공학 감시 단체는 영국의 GeneWatch나 캐나다의 ETC 그룹이 있다. 반면에 시민 참여 제도를 연구하고 지원하는 단체로는 영국의 DEMOS가 있다.

4 생명공학 감시 운동의 활동

한국에서 전개되었던 생명공학 감시 운동은 크게 「생명윤리법」 제정 운동, 유전 정보 보호 운동 그리고 황우석 사태 당시의 활동으로 나눌 수 있다.

「생명윤리법」 제정 운동은 1997년 복제 양 돌리의 공개로 촉발되어 2000년 전후로 다양한 의제가 형성되면서 본격적으로 진행되었고, 2003년 12월 법률이 국회를 통과하면서 정리되었다. 1997년부터 2000년까지의 「생명공학육성법」 개정 논의 과정에서 17개 시민사회 단체들은 〈생명안전윤리모임〉을 결성해 대응했다. 이후 국회의 미온적 태도를 확인한 시민사회는 법률안에 의견을 제시하는 소극적 활동을 넘어 독자적인 법률 제정 운동을 벌이게 된다. 정부도 보건복지부(법률안 연구 용역)와 과학기술부(생명윤리자문위원회 운영)를 중심으로 규제 형성에 개입하였다. 그러나 시민 단체, 복지부, 과학기술부의 법률안이 공개된 후에도 생명과학계의 반대와 부처 간의 이해 다툼으로 법률 제정이 불투명해졌다. 당시에는 종교, 환경, 여성, 동물권 등 다양한 사회 단체들이 개별적으로 대응하고 있었는데, 입법이 늦어지면서 공동 대응의 필요성을 공감하게 된다. 추구하는 입장과 가치가 다른 69개 단체들이 모여 만든 〈조속한 생명윤리법 제정을 위한 공동 캠페인단〉은 2001년 7월 19일 세종문화회관에서 열렸던 공동 기자회견을 통해 공식 출범하였다. 이후 공동 캠페인단은 각종 집회, 공동 성명 발표, 의견서 제출 및 기자회견, 토론회, 간담회, 서명 운동, 대중 홍보 활동을 통해 「생명윤리법」 제정의 필요성을 알리는 활동을 전개하였다.

유전 정보 보호 운동은 연구 및 상업적 활용과 수사 기관의 DNA 데이터베이스 구축에 대한 대응을 중심으로 진행되었다. 2001년 인간유전체사업 종료 이후 형성된 사회적 거품을 이용해 일부 기업들이 엉터리 유전자 검사를 진행하였고, 연구 및 진단 목적의 유전자 검사 또한 정부의 관리 밖에 있었다. 실태 조사를 통해 현황과 문제점을 파악했고 '인간 유전 정보 보호법 제정을 위한 청원', 유전 정보 보호에 관한 시민 배심원제 개최 등의 활동을 했다. 당시 주장했던 내용의 상당 부분은 「생명윤리법」에 반영되었다. 그런데 수사 기관의 개인 유전 정보 활용 영역은 법무부의 요청에 따라 「생명윤리법」에서 제외되었다. 당시 경찰과 검찰은 법률적 기반이 없는 상태에서 미아 및 범죄자, 용의자들의 DNA를 수집 · 분석 · 저장하고 있었으며 범죄자 DNA 데이터베이스 구축을 시도하고 있었다. 이에 대응하기 위해서 2004년 4월 13개 사회 인권 단체들이 모여 〈유전자 DB 반대 네트워크〉를 구성하였다. 대중 활동보다는 내부 간담회와 같은 단체 간의 의견 교환 활동을 많이 진행하였다. 당시는 DNA 감식 기술과 사회적 파급력에 대해서 잘 알려져 있지 않은 상황이어서 이 기술에 대한 입장이 다양했다. 대외적으로는 성명 발표, 정보 공개를 통한 현황 파악, 토론회, 인권위원회에 검토 요청 등의 활동을 펼쳤다. 이러한 활동들을 통해 데이터베이스의 실체, 입력 범위, 확장과 연동 위험성, 오류 가능성, 수사 기관들의 이해 다툼, 국내외 현황 등의 문제를 공론화하였다.

황우석 사태 당시 일부 시민사회 단체들은 〈생명공학감시연대〉를 결성해 대응했다. 2005년 황우석 박사의 두 번째 논문이 발표되었지만 시민사회 진영에서 단 하나의 성명서조차 나오지 않았다. 국민적 영웅 앞에 실험 절차나 윤리적 문제에 대한 목소리는 설자리가 없었다. 이러한 상황에서 과거에 생명공학 감시 운동에 참여했던 몇몇 활동가들을 중심으로 생명공학 쟁점에 대한 사회적 대응의 필요성이 논의되기 시작했고, 2005년 7월 11일 참여연대 강당에서 14개 단체가 참여한 〈생명공학감시연대〉가 공식적으로 출범하였다. 2005년 8월 25일 연대모임의 첫 사업으로 '인간 배아 연구 이대로 좋은가'라는 제목으로 토론회를 개최하였는데 당시의 사회적 분위기를 고려하면 개최가 쉽지 않았던 행사였다. 당시 토론회는 「생명윤리법」 제정 과정에서 사회적으로 학습한 내용들을 다시 한 번 환기하기 위해서 마련되었다. 이후 〈생명공학감시연대〉는 〈PD수첩〉의 취재와 방송으로 인해 공개적으로 촉발된 황우석 사태가 진행되는 동안 지속적으로 성명을 발표하면서 대응했다. 사태가 진행되었던 11월 23일부터 2006년 5월까지 총 11차례의 성명을 발표했다. 당시의 사건은 그 자체만으로도 충격적이었을 뿐만 아니라 상황 전개 또한 반전에 반전을 거듭하고 있었기 때문에 일반 시민은 물론이고 기자들이나 전문가들조차 냉정한 시각을 갖지 못하고 있었다. 성명은 주로 혼란스러운 상황에서 일반 시민들이 이 사건을 냉정하게 바라볼 수 있도록 균형 잡힌 정보와 시각을 제공하는 데 초점을 두었다. 갑작스럽게 전개된 황우석 사태로 인해 〈생명공학감시연대〉는 성명서를 발표하는 등 현안에 직접적으로 대응하였지만 초기의 결성 목적은 좀 더 장기적인 것이었다. 당시 출범 목적은 시민 단체들의 역량을 고려해서 느슨한 형태의 연대 모임을 만들어 최소한 시민사회 단체 내부에서라도 생명공학에 대한 비판적 담론을 확산시키고, 장기적으로는 전체적인 대응 역량을 강화하는 것이었다. 그러나 이후 몇 번의 내부 포럼 개최를 끝으로 〈생명공학감시연대〉는 공식적인 활동을 마감하였다.

† 유전 정보 보호에 대한 사회적 관심이 제고되고 있는 상황에서, 이러한 사회적 논의 과정에 일반 시민들이 직접 참여할 수 있을까? 자신들의 삶에 영향을 미치는 의사결정 과정에 참여할 수 있어야 하는 것이 민주주의의 정신이다. 10장은 개인 유전 정보의 활용 사례와 문제점을 다룬다. 개인의 유전 정보가 각 영역에서 어떻게 수집, 보관, 활용되는지 정리한 후, 외국의 규제 형성 과정에 도입되었던 시민 참여 제도를 살펴본다.

이 글은 이영희 · 김명진 · 김병수 공저, 「인간 유전정보 보호와 시민참여」, 《과학기술학연구》 제3권 1호(2003. 6)에 실린 것을 재수록하였다.

제10장 인간 유전 정보 보호와 시민 참여

1 들어가며

1990년대 이후 급속하게 진전되고 있는 인간게놈프로젝트(Human Genome Project, HGP)는 인간의 생명과 직접적으로 관련되는 과학기술을 연구개발 하는 대규모 프로그램이라는 점에서 많은 나라들에서 사회적 논란의 대상이 되어 왔다.

우리나라도 예외는 아니어서 생명공학의 발전에 따라 배아 복제나 유전자정보은행 등과 관련된 주제를 둘러싸고 많은 논란이 야기되고 있는 상황이다. 특히 최근 인간게놈프로젝트의 진전에 힘입어 범죄 수사를 위한 개인 식별이나 질병 진단 및 검사뿐만 아니라 각종 비의료적 검사에 이르기까지 유전자 검사가 현재 무분별하게 확산되는 추세이다. 문제는, 개인의 유전 정보는 사회적으로 매우 민감한 성격을 지님에도 불구하고 이러한 유전자 검사의 확산은 필연적으로 유전자 프라이버시의 침해를 가져올 가능성을 높여준다는 데 있다.

이처럼 유전 정보 보호에 대한 사회적 관심이 제고되고 있는 상황에서, 유전 정보 보호를 둘러싼 사회적 논의 과정에 일반 시민들이 직접 참여할 수 있는 제도적 틀을 만들어 제공하는 것이 그 어느 때보다 절실하게 요구되고 있다. 자신들의 삶에 영향을 미치는 의사결정 과정에 참여할 수 있어야 하는 것이 민주주의의 정신이라는 일반론 이외에도, 유전자 프라이버시 보호와 유전 정보의 오남용 방지를 위한 가이드라인의 설정은 사회적 합의를 바탕으로 해야 비로소 실효성을 거둘 수 있다는 실용주의도 시민 참여가 꼭 이루어져야 하는 근거가 된다.

이러한 문제의식에 입각하여, 이 글에서는 먼저 인간 유전 정보의 이용을 둘러싼 사회적 쟁점을 살펴보고, 이어 생명공학 분야에서 국내외에서 시행되었던 다양한 시민 참여의 경험들에 대한 검토를 거친 다음에, 향후 우리나라 정부가 유전 정보 보호 정책의 입안과 관련하여 취해야 할 바람직한 시민 참여 방안을 모색해 보려 한다.

2 인간 유전 정보의 이용을 둘러싼 사회적 쟁점

인간 유전 정보의 이용 사례들을 그 목적에 따라 분류해 보면 크게 개인 식별, 질병 진단 및 검사, 비의료적 검사의 3가지로 나누어볼 수 있다. 그런데 유전 정보의 이용에 따라 나타날 수 있는 사회적 쟁점들은 이러한 각각의 항목들에서 서로 조금씩 다르게 나타나므로, 아래에서는 이들 각각에서 부각되고 있는 쟁점들을 차례로 살펴보도록 하겠다.

1) 개인 식별

인간 유전체는 개인별로 독특하고 일란성 쌍둥이가 아닌 이상 유일무이하며 친족 간에 매우 큰 유사성이 존재하기 때문에 그 일부분을 개인 식별 혹은 친족 관계 확인 용도로 이용하는 것이 가능하다. 이런 성격으로 인해 유전자 감식(DNA typing)은 신원 확인 분야에서 광범위하게 사용되고 있다. 그러나 이러한 용도의 이용은 새로운 사회적 쟁점들을 제기하고 있기도 하다. 개인 식별 용도의 이용은 실효성을 높이기 위해 DNA 정보은행의 구축을 전제로 하는 경우가 많기 때문에 사회적 쟁점은 유전자 감식 행위 자체뿐 아니라 정보은행 설립 과정에서도 제기되고 있다.

(1) 국가 기관에 의한 개인 식별: 범죄자 DNA 정보은행의 문제점[1]

유전 정보를 통한 신원 확인은 수사 기관, 군대, 이민국 등과 같은 국가 기관들에 의해 이용되고 있다. 특히 미국과 유럽의 여러 선진국들에서는 범죄 현장에 남아 있는 신체 조직으로부터 DNA를 추출해 범인 검거에 이용하는 DNA 수사가 20여 년 전부터 발전해 왔으며, 1990년대 이후에는 이미 형이 확정된 범죄자들을 대상으로 DNA를 수집해 보관해 두었다가 차후 범죄 발생 시 범인 검거에 활용하는 범죄자 DNA 정보은행이 설립되고 있는 추세이다. 사회 일각에서는 범죄 수사의 효율성 제고라는 측면에서 이런 추세를 상당히 반기고 있기도 하다.

그러나 DNA를 이용한 범죄 수사, 나아가 범죄자 DNA 정보은행의 설

1··· 범죄자 DNA 정보은행의 찬반 주장은 이승환(2003)과 김병수(2003) 참조.

립은 여러 가지 새로운 문제를 제기하고 있다. 먼저 유전자 감식 결과에 대한 논란이 있을 수 있다. 감식 결과에 오류가 발생할 수 있는데, 분석에 사용한 방법, 실험 과정 및 해석, 검체의 특성 등에 의해서 차이가 날 수 있으며, 개인마다 밝혀지지 않은 유전적 특이성도 충분히 존재할 수 있다. 어떤 경우에는 현장에서 수거한 샘플의 상태가 안 좋거나 양이 적어 분석이 제대로 이루어지지 못하는 경우도 있다.

뿐만 아니라 이러한 범죄 수사가 DNA 정보은행의 설립으로 이어질 경우 개인의 프라이버시가 침해될 가능성이 높다. 범죄자 유전자정보은행을 도입하게 되면 특정 범죄자에 대한 강제적 DNA 채취가 이루어지는데, 통계적으로 재범률이 높다고 해서 이미 죗값을 치른 범죄자들의 DNA를 국가가 강제로 채취해 보관하는 것은 범죄의 재발을 전제하는 것으로 개인의 기본적인 인권을 침해하는 것이라는 주장이 가능하다. 또한 보관된 DNA가 신원 확인 이외의 다른 용도로 사용될 가능성도 완전히 배제할 수 없다 (Andrews Nelkin, 2001).

(2) 바이오 벤처에 의한 개인 식별의 문제점

유전 정보를 통한 개인 식별은 친자 확인 등의 서비스를 제공하는 사기업(주로 벤처 기업)에서도 활발히 이루어지고 있다. 개인 식별을 위한 유전자 검사는 소량의 DNA만 있어도 충분히 가능하다. 의뢰자들은 머리카락 몇 개를 제공하고도 검사 결과를 얻을 수 있는 간편함이 있다. 특히 우리나라는 친족 중심의 사회이면서 이산가족의 수도 많아 친자 확인 검사의 수요가 많은 상황이라고 할 수 있다.

그러나 이 과정에서 유전자 감식 과정상의 오류가 마찬가지로 발생할

수 있으며, 개인의 프라이버시가 침해될 가능성도 역시 존재한다. 국내에
서는 한 벤처 기업이 실시한 유전자 감식의 오류로 인한 사건이 법정으로
비화된 적이 있다.[2] 또한 현재는 당사자의 동의 없이도 머리카락 등의 샘
플만 보내면 검사를 해주고 있다. 예컨대 남편이 부인 몰래 자식의 머리카
락을 수거해 검사를 맡길 수 있는 것이다. 이 때문에 불가피한 경우를 제외
하고는 관련 당사자 모두의 동의 후에 검사가 이루어질 수 있도록 관련 제
도를 마련해야 한다는 목소리가 높다.

2) 질병 진단 및 검사

유전자 검사는 선천성 유전 질환에 대한 검사와 암 및 일반 질병의 확
진 등에 많이 이용되고 있으며, 위험 인자에 대한 검사도 이루어지고 있다
(HGC, 2000). 유전체 연구의 진척과 함께 특정 질병과 연관된 것으로 생각
되는 유전자들이 속속 밝혀지고 있으며, 그 속에는 희귀 유전병뿐 아니라
암처럼 과거에는 유전과 무관한 것으로 이해되었던 질병도 포함되어 있다.
이에 따라 유전자 검사를 통한 질병의 진단이나 질병 소인에 대한 예측이
점차 그 적용 범위를 넓혀 가고 있는 상황이다.

(1) 의료 서비스에 대한 응용

유전자 검사는 의료 서비스의 제공에 있어 다양한 이점을 제공할 수 있
다. 질병의 확진이나 예측을 통해 생활 습관 변화나 약물 투여를 통해 발병

2…「엉터리 DNA검사 가정파탄 불렀다」,《동아일보》, 2001. 12. 20.

가능성을 낮추는 등의 예방도 가능하다. 그러나 현재로서는 진단이나 소인 예측만 가능할 뿐, 증상이 언제 나타날지, 또 얼마나 심각할지 등에 대해서는 예측하기 힘든 경우가 대부분이다. 예를 들어 헌팅턴 무도병처럼 발병이 거의 확실한 단일 유전자 이상의 질병도 발병 시기나 증상 정도에 차이가 날 수 있다. 심지어는 일반 노화 증상과 구별이 힘든 경우도 있고, 증상이 약해 생활하는 데 일반인과 큰 차이를 보이지 않는 경우도 있다. 그럼에도 불구하고 병원 의료 기록을 통해 이런 정보가 외부로 유출되었을 때는 심각한 불이익을 받을 수 있다. 또한 대부분의 유전병은 치료법이 없는 상황이어서 검사 결과는 개인에게 큰 충격을 줄 수도 있다. 따라서 유전 질환에 대한 검사에 앞서 유전자 상담을 통해 환자에게 혜택과 위험에 대해 충분히 설명하고 동의를 구하는 '충분한 설명에 근거한 동의(informed consent)' 절차가 반드시 필요하다. 또한 검사 결과의 '기밀성(confidentiality)' 유지도 필요하다.

유전 정보에 근거한 낙태에 대한 논쟁도 가속화될 전망이다. 특히 우리나라는 외국에 비해 높은 인공 수태 시술 이용률을 보이고 있고, 만연한 낙태 문제 또한 여전히 논쟁 중이다. 이런 상황에서 착상 전 단계의 배아나 산전 단계의 태아에 대한 유전자 검사는 그 결과에 따라 선별적 착상이나 사전 낙태로 이어질 가능성이 높은 영역이라고 할 수 있다.

(2) 고용 · 보험에서의 응용

유전 정보의 사회적 이용에서 차별이 가장 직접적으로 나타날 수 있는 영역이다. 고용이나 보험 가입 과정에서 유전자 검사의 결과를 이용하는 경우, 질병 소인을 이유로 특정인 혹은 특정 집단에 대한 차별이 일어날 수 있다. 고용의 경우에는 아예 채용을 하지 않거나 특정 업무로부터 배제되는 등의 불이익을 받을 수 있다. 보험 가입의 경우 고율의 보험료를 물어야 하거나 보험 가입 자체를 거부당할 수 있다(Rothstein, 1997; Kass, 1997).

그러나 질병 소인은 실제 발현되지 않는 '소인'으로 그치는 수가 많으므로 이와 같은 차별은 부당하다는 인식이 지배적이다. 이에 따라 구미 각국에서는 유전적 소인을 이유로 하는 고용·보험에서의 차별을 금지하는 법률 혹은 규제안을 마련 중이거나 실시하고 있다. 미국의 경우를 보면 연방 행정명령을 통해 공무원 채용 시 유전 정보의 이용을 금지하고 있으며 많은 주에서 주법으로 유전정보에 근거한 고용 및 보험에서의 차별을 금지하고 있다.[3]

(3) 검체의 수집, 이용, 보관에 관한 문제

유전자 검사를 실시하고 남은 검체(specimen)는 피검자의 유전 물질이 담겨진 것으로 당초의 검사 목적과는 다른 목적으로 이용될 가능성이 커 신중한 관리가 필요하다. 예를 들면 유전병 환자의 샘플은 연구 가치가 높아 진단 이외의 목적으로 사용될 가능성이 크며 경우에 따라서는 상업적 가치도 높다. 또한 많은 경우 각종 유전자은행에 포함되기도 한다. 하지만 국내 연구 기관이나 시민 단체의 조사에 의하면 유전자 검사를 실시하는 기관의 상당수는 아직도 검체의 수집, 보관, 이용에 관한 서면 동의서나 관련 지침을 마련하지 않고 있는 것으로 드러났다(한국보건사회연구원, 2001).

3··· The Council for Responsible Genetics, http://www.gene-watch.org/programs/privacy

검체의 중요성을 감안한다면 유전자 검사의 전 과정——수집, 분석, 보관, 폐기——은 피검자가 동의한 범위 내에서만 이루어져야 한다. 기본적으로는 검체의 보관에 동의하지 않은 경우 폐기해야 한다. 설령 연구를 위해 외부 기관으로 유출할 때에도 동의와 기록을 남겨야 한다. 미국의 「유전자프라이버시법과 해설(The Genetic Privacy Act and Commentary)(안)」[4]은 검체의 중요성을 잘 보여주고 있다. 이 법안은 개인의 유전 정보를 보호하기 위해서는 결과의 공개에 대해서뿐 아니라 분석 자료인 DNA 샘플의 수집, 분석, 저장에 대해서도 규제가 필요하다고 주장하고 있으며 세부적인 가이드라인을 담고 있다.

3) 비의료적 검사

비의료적 검사는 현재 질병으로 간주되고 있지 않은 다양한 소인에 대한 검사를 말한다. 국내에서 이는 주로 바이오 벤처들에 의해서 행해지고 있는데 과학적으로 명확히 입증되지 않은 사항들을 상업적으로 서비스하고 있어 논란이 되고 있다. 그러나 이에 대한 관리는 전혀 이루어지지 않고 있어, 유전 정보의 오남용과 개인 프라이버시의 침해 소지가 높다. 이 밖에 바이오 벤처들은 유전자 감식을 통한 친자 확인, 가족 유전자 사진 제작, DNA 추출 및 보관, 각종 유전자은행 구축 서비스를 실시하고 있다(참여연대 시민과학센터, 2001a, 2001b).

4··· http://www.ornl.gov/hgmis/resource/privacy/privacy1.html

(1) 각종 소인 검사의 문제점[5]

유전체 연구의 진척과 함께 질병이라고 보기 애매한 신체 특징이나 증상, 사회적 행위들을 특정 유전자와 연관시키는 일련의 연구 결과들이 발표되고 있다. 이들 연구의 유효성 여부에 대해서는 상당한 논란이 존재함에도 불구하고, 소인 검사를 다양한 영역에 응용하려는 움직임이 나타나고 있다. 국내에서는 일부 바이오 벤처들이 비질병 소인 검사에 근거해 체력, 키, 지능, 호기심, 심지어 배우자의 궁합까지도 알 수 있다고 주장하며 교육 상담이나 결혼 상담을 제공하는 사업을 벌이고 있다. 그러나 이러한 주장은 대체로 불확실한 과학적 근거를 상업적인 목적으로 과대 포장한 것이 대부분으로, 소비자들의 피해가 우려되고 있는 상황이다.

(2) DNA 수집 과정의 문제점

국내 바이오 벤처들이 연구 및 상업 활동을 위해 개인 유전 정보를 수집하는 방법에도 문제가 있는 것으로 밝혀졌다. 대부분의 회사들은 유전자 검사 기술 개발 및 DNA 칩 개발 등을 위해서 DNA 샘플을 가능한 많이 확보하고자 한다. 이들은 DNA 샘플 수집 과정에서 윤리적으로 논란이 많은 방식을 사용하기도 한다. 일부 바이오 벤처들은 회사 관련자가 근무하던 병원 및 연구소, 대학과의 협력, 샘플 확보 이벤트, 검사 후 남은 DNA 사용 등을 통해 샘플을 확보하고 있다. 또한 대부분의 회사들이 DNA 샘플 수집 과정에서 샘플 제공자의 권리 및 수집 회사의 의무 등에 대한 충분한 설명

5… 보다 구체적인 내용은 한태희(2001)를 참조.

을 제공하는 동의서를 확보하고 있지 않은 것으로 나타났다. 일부 바이오 벤처는 유전자 검사를 수행할 기자재가 없어서 검사 의뢰자의 유전자 샘플을 외국으로 보내서 검사를 진행하고 있으며, 그중 일부는 해외 연구소에 DNA 샘플을 보관하도록 해 내국인 유전자의 해외 유출도 이루어지고 있다(참여연대 시민과학센터, 2001a, 2001b).

3 시민 참여의 방안 모색

지금까지 인간 유전 정보 이용과 관련되어 이미 나타났거나 앞으로 제기될 수 있는 다양한 사회적 쟁점들을 정리해 보았다. 그렇다면 이러한 쟁점들을 다루는 사회적 논의 과정에서 이용될 수 있는 시민 참여 방안들에는 어떤 것들이 있을까? 이 절에서는 생명공학 분야에서 그간 어떤 시민 참여의 시도들이 있었는지를 국외와 국내로 나누어 살펴보기로 한다.[6]

1) 생명공학 분야에서의 시민 참여: 외국의 경험

1970년대 초 재조합 DNA 기술이 등장한 이래 외국에서는 생명공학을 둘러싼 정책 결정과 관련해 행정부와 의회의 직간접적 지원하에 많은 시민 참여 시도들이 있었다. 이러한 시도들은 다양한 시민 참여 방식들을

6··· 과학기술 정책 일반에 대한 시민 참여의 필요성과 정당성에 대해서는 그간 여러 차례 논의된 바 있으므로 여기서 구체적인 논의는 피한다. 이에 대해서는 이영희 (2000, 2002) 참조.

활용해 이루어졌는데, 아래에서는 분석의 편의상 이를 크게 선호취합적
(preference gathering) 방식과 숙의적(deliberative) 방식으로 나누어 살펴보려
한다. 물론 이 두 가지 방식에 속하는 시민 참여 방법들이 반드시 상호배타
적인 것은 아니며, 최근에는 이들이 서로 섞여서 보완적으로 사용되는 사
례들이 증가하고 있다.

시민 참여의 사례들은 인간 유전 정보 이용과 관련된 인간유전학(human
genetics) 분야를 중심으로 살펴보되, 흥미로운 시사점을 주는 시도라고 판
단되는 경우 생명공학의 다른 응용 분야들에 대한 사례도 부분적으로 포함
할 것이다.

(1) 선호취합적 방식

선호취합적 방식은 사람들이 특정한 사안에 대해 가지고 있는 의견이
나 선호 등을 다양한 방법을 써서 단기간에 취합하는 것을 말한다. 대부분
의 경우 선호취합적 방식은 연구자나 정책 결정자가 '이미 존재하는' 의견
이나 선호를 단순히 뽑아내는 데서 그치며, 추가적인 정보 제공이나 사람
들 간의 상호작용을 고려하지 않는다는 점에서 일방향적인 속성을 갖는다.
선호취합적 방식에는 의견조사(opinion poll/survey), 공청회(public hearing/
inquiry), 퍼블릭 코멘트(public comment), 자문(advisory committee/panel), 국
민투표(referendum) 등이 있다.

가. 의견조사

의견조사는 정책 결정에 참고하기 위한 목적으로 특정 사안에 대해 인
구의 일정 부분을 표집하여 설문이나 인터뷰 등을 통해 의견을 조사하는

것을 말한다. 생명공학에 대한 의견조사는 일반 시민을 대상으로 해서 생명공학에 대한 이해 정도나 태도, 견해 등을 묻는 문항들로 구성되는 것이 보통인데, 1980년대 후반 이후 현재까지 미국, 캐나다, 호주, 뉴질랜드, EU, 일본 등을 포함하는 20개국 이상에서 대규모 설문조사가 시행되었다 (Davison et al., 1997: 320쪽).[7]

이러한 의견조사 중 대표적인 것으로는 EU 차원의 유로바로미터 (Eurobarometer) 조사를 들 수 있다. EU는 대중적 사안들에 대한 유럽 시민들의 인식을 조사하는 유로바로미터 조사의 일환으로 1990년대 들어서부터 대략 3년에 한 번 꼴로 생명공학에 대한 의견조사를 실시하고 있다 (Gaskell et al., 1997, 2000). 최초의 조사는 1991년이었고, 이후 1993년, 1996년, 1999년, 2002년까지 모두 다섯 차례의 조사가 이루어졌다.[8] 조사는 다단계 무작위 표집 절차를 통해 15세 이상 인구를 통계적으로 대표할 수 있는 사람들을 선정하며, 국가별로 대략 1,000명씩을 대상으로 시행되고 있다. 이와 같이 정기적으로 의견조사가 이루어짐으로써 일반 시민의 견해 변화를 시계열로 비교해 볼 수 있으며, 여러 국가들에서 거의 동시에 시행함으로써 국가별 비교를 가능케 하고 있다.

미국에서는 1987년에 시행된 기술영향평가국(OTA)의 의견조사를 시작으로 1990년대 이후 정부 부처, 생명공학 기업, 대학, 자금 지원 기구 등

7··· 한국에서도 2000년 초에 한국과학문화재단이 주관한 대규모 의견조사가 있었고, ELSI 연구의 일환으로 여러 차례의 의견 조사 연구가 시행된 바 있다.

8··· 조사가 이루어지는 시기는 국가별로 조금씩 달라서 특정 국가가 전체 연구 결과에 포함되지 못하는 경우도 있다. 예컨대 스위스는 1997년에 처음으로 유로바로미터 생명공학 의견 조사에 참여했고 이후 2000년에 한 번 더 참여했는데, 두 차례의 조사 모두 전체 조사 시점과는 6개월가량의 시간 차이가 있었다.

다양한 곳에서 생명공학에 대한 일반 시민 의견조사를 시행해 왔다. 1990년 대 중반부터는 국립과학재단(NSF)에서 매년 시행하는 과학 및 공학 지표(Science and Engineering Indicators, SEI) 조사의 일부로 생명공학에 대한 의견조사가 정기적으로 이루어지고 있다(Priest, 2000). 그 외 캐나다, 호주, 뉴질랜드, 일본 등에서도 여러 기구들의 후원하에 의견조사가 자주 시행되고 있으며, 특히 호주, 뉴질랜드, 일본 3개국을 비교한 의견조사가 여러 차례 있었다(Einsiedel, 2000 ; Macer and Ng, 2000).

그러나 의견조사가 생명공학 분야에 대한 시민 참여의 한 수단으로서 적절한가에 대해 그간 여러 가지 비판이 제기되어 왔다. 특히 비판은 '의견조사가 대중의 견해를 측정하는 객관적이고 과학적인 수단'이라는 주장에 대해 집중되었다(Davison et al., 1997). 부분적으로는 이러한 비판에 대응해, 최근에는 대규모 의견조사를 다른 시민 참여 방식(특히 시민의 숙의를 그 속에 포함하는)과 병행하는 다양한 시도들이 나타나고 있다.

나. 공청회

공청회는 특정 사안에 대해 정부나 의회, 혹은 그들의 대리 기관이 의제를 발표하고, 그에 대한 각계의 다양한 의견을 듣는 자리를 말한다. 공청회는 정해진 사안에 대해 의견을 청취함에 있어 가장 널리 사용되는 방식이며, 대다수의 선진국들에서는 입법이나 규칙 제정 과정에서 공청회 실시가 의무화되어 있다. 이에 따라 2001년에 새로 발족한 미국 대통령생명윤리위원회(President's Council on Bioethics, PCB)는 미국 각지를 돌면서 회의를 공개로 운영하며, 회의 중 일정 시간을 할애해 미리 신청한 일반 시민에게 발언 기회를 줌으로써 회의 장소가 일종의 공청회로서의 기능도 하도록 하고 있다(http://bioethics.gov).

공청회는 일반 시민이 정부나 담당 기관의 정책 의도를 처음으로 전해 듣고 이에 대해 의견을 발표할 수 있는 기회를 제공하며, 정부 역시 이를 통해 상반된 해석과 이해관심을 사람들로부터 직접 듣는 자리가 될 수 있다. 그러나 이러한 '이론적' 가능성에도 불구하고 공청회는 시민 참여의 방식으로 부적합하며 충분치 못하다는 비판을 받아 왔다. 실제로 이해 관계가 없는 일반 시민이 공청회에 참석해 의견을 개진하는 경우는 매우 드물고, 공청회 과정이 적대적 이해관계들의 대결장으로 변하는 경우가 종종 발생하곤 한다(Webler and Renn, 1995; Carson and Martin, 1999: 129).

최근에는 공청회의 이런 문제점을 보완하기 위한 한 가지 방안으로 최근 급속도로 보급되고 있는 인터넷을 이용해 온라인 공청회를 개최하는 사례가 늘어나고 있다. 온라인 공청회의 초기 시도 중 하나로 영국 보건성 산하 유전자검사자문위원회(Advisory Committee on Genetic Testing, ACGT)가 1996년 말에 운영한 전자자문(electronic consultation) 절차를 들 수 있다. ACGT는 당시 낭포성 섬유증에 대한 상업적 유전자 검사가 영국에서 최초로 제공되기 시작한 상황에 발맞추어 1996년 11월에 "대중에게 상업적으로 직접 제공되는 인간 유전자 검사를 위한 실행 지침" 초안을 발표하고, 이 초안에 대한 논평을 요청했다. 이 과정에서 문서를 통한 통상적 의견 접수와 병행해, 웹상에 지침 초안을 띄워놓고 이에 대한 토론을 할 수 있는 포럼을 운영했다. 자문 일정이 매우 촉박했고 이때만 해도 아직 인터넷 보급 초기였기 때문에 웹 포럼을 통해 그리 많은 의견 제시가 이루어지지 않았지만(1달 동안 총 22건의 게시물), ACGT의 전자 자문 시도는 정책기구가 운영한 온라인 공청회의 선구적 업적으로 평가받을 만하다(Finney, 1999).

다. 퍼블릭 코멘트

일본에서는 특이하게도 퍼블릭 코멘트라는 이름의 공청회 제도를 운영하고 있다. 퍼블릭 코멘트란 일본 행정부가 사회적으로 논란이 될 수 있는 공공 정책을 결정할 때 정부의 안을 미리 제시하고 이에 대한 일반 시민이나 이해 당사자들의 의견을 수렴하기 위해 1990년대 말에 도입한, 넓은 의미의 시민 참여 제도라고 할 수 있다. 일본 정부가 생명 윤리와 관련하여 최근 실시한 퍼블릭 코멘트의 대표적인 예들로는「인간게놈 및 유전자해석 연구에 관한 윤리지침(안)」(2000년 12월 20일부터 2001년 1월 31일까지),「인간줄기세포의 수립 및 사용에 관한 지침(안)」(2001년 2월 17일부터 동년 3월 19일까지),「특정배의 취급에 관한 지침(안)」(2001년 6월 23일부터 동년 7월 23일까지),「유전자치료임상연구에 관한 지침(안)」(2001년 12월 13일부터 2002년 1월 17일까지) 등을 들 수 있다.

시민과 이해 당사자들로부터 퍼블릭 코멘트를 받기 위해, 정부는 주로 홈페이지에 고지하거나 기자회견 등을 통해 의견 모집을 하고 있음을 알린 다음에 약 1달 정도 코멘트를 받게 된다. 퍼블릭 코멘트의 대상이 되는 자료 역시 홈페이지 등에 게재된다. 의견을 제출할 개인이나 단체는 정부가 이미 만들어 놓은 의견 제출 양식에 따라 전자메일이나 팩시밀리, 또는 일반 우편을 이용하면 된다. 의견 제출 양식에 기입해야 할 사항은 연령, 성별, 직업, 성명, 소속, 연락처(주소, 전화번호, 이메일 주소), 의견을 공표할 때 이름과 소속의 익명화 희망 여부, 이 문제와의 관련 여부, 지침안에 대한 총론적 의견, 지침안에 대한 각론적 의견 등이다. 이 중 연령, 성별, 직업, 성명, 소속은 원칙적으로 공개하는 것으로 함으로써 무책임하게 의견을 제출하는 것을 방지하고자 한다. 코멘트를 받고 나면 정부의 해당 부서는 코멘트가 누구로부터 어떠한 내용으로 얼마나 많이 들어왔는지 공표해야 하며, 각각의 코멘트에 대한 회답 내용, 그리고 코멘트가 지침안의 수정에 활용된 정도 등에 대해서도 홈페이지를 통해 공표해야 한다.[9]

라. 자문

자문이란 특정 사안에 대한 정책 결정 과정에서 정부나 의회가 그 사안에 직간접적으로 관련되어 있는 전문가(집단이나 개인)들의 의견을 청취해 정책에 반영하는 것을 가리킨다. 자문은 보통 자문위원회(advisory committee)의 형태를 띠는데, 대다수의 선진국들에서는 정부 부처나 의회 산하에 다양한 자문위원회들이 설치되어 있다. 이러한 과학기술 관련 자문위원회들은 대체로 과학기술 전문가들로 구성되며, 폐쇄적 구조 속에서 협소한 범위의 다른 전문가들로부터 나온 자료와 증거를 검토해 자문을 제공하는 경우가 대부분이다. 그러나 최근 들어 이러한 자문 과정에서도 민주적 참여의 움직임이 일고 있으며, 이는 생명공학 관련 자문위원회들에서 두드러지게 나타나고 있다.

영국의 정부 자문 기구로 1999년 말에 새로 만들어진 인간유전학위원회(Human Genetics Commission, HGC)는 유전자 검사의 규제와 관련해 정부에 제출할 권고안을 마련하는 과정에서 다각적인 대중 자문 과정을 운영했다(홈페이지: http://www.hgc.gov.uk/). 우선 HGC는 일반 시민을 대표하는 1,000여 명의 패널에 대해 인터뷰를 통한 의견 조사를 실시하는 한편으로, 자문 과정을 위한 50쪽짜리 쟁점 정리 문서를 만들어 두 차례의 공개 회의에서 발표한 후 이에 대해 공개적으로 의견을 받았다. 2000년 11월부터

9··· 이에 대한 보다 자세한 내용은 일본 문부과학성 홈페이지(http://www.mext.go.jp)를 참고하기 바란다.

2001년 3월까지 모두 250건이 넘는 의견이 들어왔는데, HGC는 이를 반영해 권고안을 작성했고 2002년 1월에는 이를 다시 유전병에 걸린 사람이나 가족들로 구성된 자문 패널(consultative panel)에 보내 의견을 청취한 다음 2002년 5월에 최종 권고안을 담은 보고서를 발간했다(HGC, 2002). HGC는 2003년 4월에도 유사한 대중 자문 절차를 거쳐 (일반의나 병원을 통하지 않고) 대중에게 직접 제공되는 유전자 검사에 대한 규제 권고안을 담은 보고서를 발간하기도 했다.

미국에서도 이와 유사한 움직임을 관측할 수 있다. 한 예로, 보건복지부(DHHS) 산하에 설치된 유전자 검사 장관 자문위원회(Secretary's Advisory Committee on Genetic Testing, SACGT)는 1999년 12월부터 2000년 1월까지 '유전자 검사의 감독에 관한 대중 자문(A Public Consultation on Oversight of Genetics Tests)' 절차를 운영했다. 이를 위해 모두 5가지 방법이 쓰였는데, 1) 연방 관보에 공지, 2) 관심 있는 조직과 개인들에게 우편 발송, 3) 웹페이지를 통한 의견 수렴, 4) 대중 자문 회의 개최(2000년 1월 27일), 5) 과거 문헌의 리뷰 및 분석 등이 그것이다(http://www4.od.nih.gov/oba/sacgt.htm).

마. 국민(주민)투표

국민(주민)투표는 특정 사안에 대한 정책을 지역 주민 전체 혹은 전 국민의 투표로 결정하는, 직접 민주주의의 대표적인 참여 방식이다. 국민투표는 모든 주민이 정책 결정에 참여하므로 의회에 의한 정책 결정에 비해 더 큰 정당성을 가지며, 이해 집단의 압력에 노출되거나 자기 이해 관계에 좌우되기 쉬운 대표자들에 비해 좀 더 대중적 이해 관심에 부합하는 결과를 도출해 낼 수 있다는 장점을 갖는다. 그러나 국민투표를 시행하는 데는 많은 비용이 들고 대부분의 국가들에서는 정부가 국민투표의 시행 여부를 결정하기 때문에, 국민투표가 실제로 자주 시행되는 나라는 드물다. 아울러 국민투표는 그 의제 선정이 정부의 재량에 맡겨져 있는 경우가 대부분이고 그 과정 속에 숙의를 위한 절차를 포함하지 않기 때문에 일반 시민의 참여 정도에는 상당한 한계가 존재한다(Carson and Martin, 1999: 48-50쪽).

스위스와 미국의 일부 주들에서는 이러한 한계를 넘어서기 위해 시민 발의(citizens' initiative) 제도를 운영하고 있다. 이는 일군의 시민들이 정책을 제안하고 이를 승인하는 시민들의 서명을 일정 수 이상 모으면 그 제안(proposition)에 대해 국민투표가 실시될 수 있게 하는 방식이다. 예컨대 독특한 직접 민주주의 전통이 자리 잡고 있는 스위스에서는 일정 기간 내에 150,000명 이상의 서명을 받으면 특정 제안을 발의해 국민투표에 붙일 수 있다. 발의된 제안은 의회와 정부 차원에서 토론되어야 하는데, 의회나 정부는 발의에 대해 지지 혹은 거부 입장을 밝히거나 제3의 입장을 담은 대항 제안을 내놓을 수 있다. 발의된 제안은 발의 시점으로부터 5년 이내에 국민투표에 붙여져야 하는데, 만약 대항 제안이 있을 경우 이 둘 모두가 국민투표에 붙여진다. 스위스에서는 지금까지 생명공학을 주제로 한 시민 발의와 국민투표가 1992년과 1998년에 '인간에 대한 생식 기술'과 '인간 이외의 생명공학 응용'을 주제로 각각 한 차례씩 열린 바 있다(Bonfadelli et al., 1998, 2002).

(2) 숙의적 방식

숙의적 시민 참여 방식은 선호취합적 방식과 달리 사람들의 선호가 고정된 것이 아니라 변화할 수 있다는 전제에서 출발한다. 따라서 숙의적 방식에서는 문제가 되고 있는 사안에 대해 일정 기간의 숙의 과정을 설정해 두고 그 과정에 사람들을 참여시킨 다음 그러한 숙의 과정을 통해 도출된 의견을 정책 결정에 참고하는 방식을 취한다. 숙의적 방식이 갖는 또 하나의 특징은 해당 사안에 대한 논의의 과정에 일반 시민들이 직접 참여한다는 점을 들 수 있다. 이 때문에 숙의적 방식은 중간 과정이 아닌 최종 정책 결정 단계에서 주로 참여하게 되는 선호취합적 방식에 비해 시민의 의견이 반영될 가능성을 더 높일 수 있다.

숙의적 방식에는 다양한 종류가 있으나 여기서는 생명공학 분야에서 활발하게 이용되고 있는 합의회의(consensus conference), 시민 배심원(citizens' jury), 포커스 그룹(focus group) 등의 방식들에 대해 살펴보기로 한다.

가. 합의회의

합의회의는 "선별된 일단의 보통 시민들이 정치적으로나 사회적으로 논쟁적이거나 관심을 불러일으키는 과학적 혹은 기술적 주제에 대해 전문가들에게 질의하고 그에 대한 전문가들의 대답을 청취한 다음, 이 주제에 대한 내부의 의견을 통일하여 최종적으로 기자회견을 통해 자신들의 견해를 발표하는 하나의 포럼"이라고 정의된다.[10] 1987년 덴마크에서 처음 도입된 이 모델은 1990년대 초 네덜란드와 영국에 도입된 것을 필두로 해서 최근 몇 년 동안 오스트리아, 프랑스, 노르웨이, 스위스, 캐나다, 미국, 호주, 뉴질랜드, 이스라엘, 일본 등으로 확산되었다. 우리나라에서도 유네스코 한국위원회 주관으로 지난 1998년과 1999년에 합의회의가 개최된 바 있다.

1980년대 후반 이후 개최된 합의회의의 주제들 중 절반 이상이 바로 생

10··· 합의회의의 진행 과정에 대한 좀 더 자세한 설명과 합의회의 모델에 대한 일반적 평가는 김명진 · 이영희(2002)를 참조하라.

명공학과 관련된 것이었다. 이는 '사회적 논쟁의 대상이 되고 가치의 대립을 수반하는 중간 정도 범위의 과학기술 관련 주제'를 다루는 숙의에 적합한 합의회의의 성격에 유전자 조작(GM) 식품, 인간 게놈 연구, 유전자 치료, 생명 복제와 같은 생명공학의 여러 쟁점들이 잘 부합했기 때문으로 이해할 수 있다. 이들 중에서는 GM 식품을 주제로 한 것이 가장 많아 절반 이상을 차지했고, 인간 유전자 연구에 관한 합의회의도 덴마크, 네덜란드, 독일, 일본 등 여러 나라에서 열렸다(Einsiedel, 2001). 덴마크에서는 인간게놈 프로젝트(HGP)가 막 시작되려던 무렵인 1989년 11월에 의회 산하의 덴마크 기술위원회(Danish Board of Technology, DBT)와 의회 연구위원회가 공동으로 '인간 게놈 지도 작성에서 얻어진 지식의 응용'을 주제로 한 합의회의를 개최했고, 네덜란드에서는 1995년에 '예측적 유전자 연구──우리는 어디로 가고 있는가'라는 주제의 합의회의가 열렸다(Mironesco, 1998; Mayer and Geurts, 1998). 최근 들어서는 2001년 11월에 독일에서 드레스덴 독일위생박물관이 주관하고 독일 연방교육연구부(BMBF)가 후원해 유전자 검사에 관한 합의회의가 개최된 바 있으며, 2002년 5월에는 덴마크에서 유사한 주제를 다룬 합의회의가 다시 개최되었다.

나. 시민 배심원

시민 배심원 모델은 네드 크로스비(Ned Crosby)가 설립한 미국의 제퍼슨 센터(Jefferson Center)에 의해 1970년대 중반경에 개발되고 확산된 시민 참여 프로그램인데, 이미 독일에서도 피터 디에넬(Peter Dienel) 교수가 '플래닝 셀(plannungzelle, planning cell)'이라는 명칭으로 1969년부터 이와 유사한 모델을 적용해 왔다(Iredale and Longley, 1999).

시민 배심원 모델은 공공적으로 중요한 문제에 대해 무작위로 선별된 시민들이 4-5일간 만나서 주의 깊게 숙의하는 절차로 구성된다. 하나의 시민 배심원단은 일반적으로 12명에서 24명으로 구성되고 보통 시민들을 대표해서 일하게 된다. 그들은 자신들이 배심원에 참여하는 대가로 일정한 보수를 받으며, 부여된 과제에 대해 해당 전문가들과 증인들의 증언을 듣고 해결책을 토론하고 숙의하는 과정을 거치게 된다. 숙의 결과 나온 최종 결과는 정책 권고안의 형태로 정책 결정자들과 일반 시민들에게 공개된다(장경석, 2002).

합의회의의 경우와 비교해 볼 때, 시민 배심원 모델이 생명공학과 관련된 쟁점에 적용된 사례는 많지 않은 편이다. 그러나 1990년대 후반 이후 시민 배심원이 적용된 흥미 있는 사례들이 영국과 캐나다에서 있었다. 먼저 1997년 영국 웨일즈 지방에서 '통상적 질병에 대한 유전자 검사'를 주제로 한 시민 배심원이 웰시 보건 및 사회보장연구소(Welsh Institute for Health and Social Care, WIHSC)의 주관으로 열렸다. WIHSC는 이 프로젝트를 두 단계로 진행했는데, 먼저 1996년 11월에서 1997년 6월 사이에 7개의 포커스 그룹을 운영해 시민 배심원에게 던질 질문을 선정했고, 이후 선발된 시민 배심원들은 1997년 11월에 본 행사를 치른 후 주어진 질문에 답해 모두 8개 범주 28개 항목에 이르는 권고안을 제출했다(Iredale and Longley, 1999). 한편 캐나다에서는 2001년 이종간 이식(xenotransplantation)에 관한 대중 자문 절차의 일환으로 시민 배심원에 근거한 숙의 과정이 진행되었다. 이 대중 자문 절차는 캐나다에서 인간에 대한 이종간 이식 임상 시험이 임박한 상황에서 이에 대한 정책 결정에 일반 시민의 견해를 반영하기 위해 마련된 것으로, 캐나다 보건부가 비정부기구인 캐나다공공보건연맹(Canadian Public Health Association, CPHA)에 자문 절차를 위탁해 이루어졌다. CPHA는 전화 설문조사, 시민 배심원 개최, 토론 웹사이트 개설, 이해당사자 의견조사 등 다양한 채널의 참여 방법을 동시에 진행했는데, 이 중 시민 배심원은 캐나다 전역을 모두 6개 권역으로 나누어 각 권역에 위치한 6개 대도시에서 각각 하나씩의 시민 배심원을 운영하는 식으로 운영되었다(Einsiedel, 2002).

다. 포커스 그룹

원래 1920년대에 사회과학 분야의 집단 면접 방법으로 개발되었던 포커스 그룹은 마케팅 분야에서 많이 쓰이고 있지만, 1970년대 이후에는 정책 결정자들이 특정한 공공적 의제에 대해 시민들이 가지고 있는 정보나 인식을 파악할 목적으로도 널리 활용하고 있다. 포커스 그룹은 일반 시민의 대표 6-12명으로 구성된 토론 집단으로, 사회자의 질문에 참여자들이 대답하는 집단 면접과 같은 형식으로 진행되지만, 서로 질의 응답을 하기도 하며 상대의 의견에 대해 비판을 할 수도 있다. 따라서 포커스 그룹은 안정적인 선호를 단순히 취합하는 방식도 아니며 일방적인 하향식 정보 제공과 교육도 아닌, 학습 과정을 통한 발견적 여론 수렴 방법이라 할 수 있다(윤미은 · 김두환, 2002).

포커스 그룹은 생명공학 분야에 대한 시민 참여 방식으로도 많이 활용되고 있는데, 단독으로 쓰이기도 하지만 그보다는 앞서 소개된 다른 시민 참여 방식들과 병행해 이용되는 경우를 더 많이 볼 수 있다. 예를 들어 프랑스와 스위스 등에서는 유로바로미터의 생명공학 의견조사와 병행해 개별 심층 인터뷰를 실시하거나 다수의 포커스 그룹 토론을 조직했는데, 이러한 포커스 그룹 토론에서 얻은 정성적 자료는 의견조사에서 얻은 정량적 자료를 이해하고 재해석하는 데 크게 도움을 줄 수 있다(de Cheveigné, 2002; Bonfadelli, 2002). 미국 대통령생명윤리위원회의 전신인 국가생명윤리자문위원회(National Bioethics Advisory Commission, NBAC)에서도 1998년에 유전자 프라이버시에 관한 숙의 과정의 일부로 시민들을 대상으로 한 포커스 그룹 프로그램을 운영한 적이 있다(Garland, 1999). 영국 웨일즈 지방의 유전자 검사 시민 배심원에서 토론할 의제를 결정하는 데 포커스 그룹이 이용되었다는 사실은 이미 언급했다.

여기서 주목할 만한 한 가지 사례는 미국 유전체연구사업의 ELSI 프로그램에서 지원한 미시간대와 미시간주립대의 대중 자문 프로젝트이다 (http://www.sph.umich.edu/genpolicy). 1996년부터 1998년까지 미시간 주에서 진행된 "게놈 기술과 생식: 가치와 공공 정책"이라는 이름의 이 프로젝트는 유전자 기술에 대해 시민, 환자, 의사들이 갖고 있는 가치, 태도, 신념을 파악하고 이에 근거해 공공 정책과 생식의 가능한 선택지들에 대한 조언/접근들을 발전시키려는 목표를 가지고 운영되었다. 이 프로젝트는 포커스 그룹, 지역 공동체 토론 집단(community dialogue), 정책 회의(policy meeting), 전문가 포커스 그룹 등과 같은, 서로 다른 참여 형태를 조합해 4단계로 진행되었다는 점이 특기할 만하다. 이어 1999년부터는 비슷한 형태의 후속 프로젝트로 "유색인 공동체와 유전학 정책" 프로젝트가 2001년까지 진행되었다. 이는 ELSI 연구 내에서 시민 참여 과정이 어떻게 운영될 수 있는지를 보여주는 매우 의미 있는 사례로 볼 수 있다.

2) 우리나라 생명공학 정책에 대한 시민 참여[11]

위에서 본 바와 같이, 서구의 경우 생명공학 정책의 수립 과정에서 시민 참여는 이미 1970년대 중반부터 다양한 형태로 활발하게 이루어져 왔다.

11⋯ 이 소절의 논의는 이영희(2003)를 대체로 따르고 있다.

그럼 우리나라의 경우는 어떠한가?

우리나라에서 생명공학과 관련하여 이루어진 시민 참여는 일차적으로는 시민사회 운동의 성과라고 할 수 있다. 시민 단체들의 요구 및 압력에 직면하여 국회와 정부가 활용한 시민 참여 제도는 크게 보면 공청회와 자문위원회의 운영이었다. 아래에서는 시민 참여의 내용과 형식을 누가 주도했느냐에 따라 국회 주도, 행정부 주도, 그리고 시민 단체 주도로 구분하여 살펴보기로 한다.

(1) 국회 주도: 공청회

생명 윤리 관련 입법화 논의 과정에서 국회가 활용한 시민 참여 방법은 공청회였다. 국회는 지금까지 두 번에 걸쳐 공청회를 개최했는데, 첫 번째는 전자공청회였고, 두 번째는 과학기술자와 시민 단체 대표를 초청하여 각각의 입장을 듣는 공청회였다.

전자공청회는 1998년 12월 23일부터 1999년 2월 17일까지 56일간 행해졌다. 전자공청회는 1998년 정기국회에서 「생명공학육성법」 개정안 2건에 대한 좀 더 심도 있는 심의를 위하여 생명공학 연구 관계자 및 일반 시민들의 의견을 광범위하게 수렴하여 이를 법안심사소위원회가 참고하기 위한 목적으로 개최되었다. 전자공청회 결과 총 59건의 의견이 접수되었는데, 개인뿐만 아니라 생명안전윤리연대모임, 환경운동연합과 같은 시민 단체들도 의견을 적극적으로 제시하였다(김훈기, 2001).

하지만 국회 과학기술정보통신위원회는 전자공청회에서의 의견 수렴이 미흡하다고 판단하고, 1999년 12월 14일에 학계와 시민 단체 대표 등 각계 전문가 6명이 진술인 자격으로 참여한 공청회를 다시 개최하였다. 「생명윤리법」 제정과 관련하여 시민 단체 대표가 공식적인 공청회에 초대된 것은 이번이 처음이었다. 국회 과학기술정보통신위원회에 의한 공청회는 2001년 5월 29일에 다시 한 번 개최되었는데, 이 자리에서는 주로 과학기술부장관 〈생명윤리자문위원회〉 회의에서 작성한 「생명윤리기본법」 시안에 대해 토론하였다. 이 공청회에도 두 명의 시민 단체 인사들이 참여하여 의견을 개진하였다.

(2) 행정부 주도: 공청회와 자문위원회

가. 공청회

통상적으로 우리나라 정부 차원에서 가장 많이 활용하고 있는 시민 참여 제도로는 공청회를 들 수 있다.[12]

생명공학의 발전이 제기하는 새로운 사회적, 윤리적 문제들을 다룰 법의 제정과 관련하여 정부는 지금까지 모두 네 차례 정도 공청회를 개최한 바 있다. 맨 처음 열렸던 공청회는 2000년 12월 6일 한국보건사회연구원이 보건복지부로부터 의뢰받아 작성한 「생명과학보건안전윤리법안」(시안)에 대한 공청회였다. 두 번째로 열린 공청회는 2001년 5월 22일 과학기

12… 우리나라에도 1996년 말에 「행정절차법」이 통과되어 행정 과정에 이해 당사자들이 참여할 수 있는 기회가 부여되었다. 「행정절차법」상 이해 당사자가 행정 과정에 참여하는 방식은 의견 제출, 청문, 그리고 공청회이다. 그러나 특별히 다른 법령에서 규정하고 있는 경우를 제외하고는 이의 실시는 행정청의 재량에 맡겨져 있다. 예컨대 공청회의 경우 「행정절차법」은 "다른 법령 등에서 공청회를 개최하도록 규정하고 있는 경우, 또는 행정청이 필요하다고 인정하는 경우에만 개최한다"고 규정하고 있다. 김철용(1998) 참고.

술부가 구성한 장관자문위원회에서 작성한「생명윤리기본법」(시안)에 대한 것이었으며, 세 번째 공청회는 2002년 7월 15일 보건복지부의 용역으로 보건사회연구원이 작성한「생명윤리및안전에관한법률」(시안)에 대한 것이었고, 네 번째 공청회는 보건사회연구원이 작성한 보고서를 받아서 2002년 9월 23일 보건복지부가 입법 예고한「생명윤리및안전에관한법률」에 대해 동년 10월 6일에 열렸다. 이들 공청회에서는 시민 단체 대표나 종교 단체 대표가 토론자로 참석하여 시민사회와 종교계의 입장을 전달하기도 하였다.

나. 자문위원회

일반 시민들을 대표해서 시민 단체 인사들이 참여하는 정부자문위원회의 경우에도 정치적 민주화의 진전에 따라 1990년대 이후에 널리 확산되고 있다. 이러한 자문위원회를 통한 시민 참여는 과학기술 정책 분야에서도 일부 이루어지고 있다. 최근 생명공학 분야에서 활동하였던 자문위원회를 통한 시민 참여의 대표적인 예로는〈생명윤리자문위원회〉를 들 수 있다. 이〈생명윤리자문위원회〉는 우리나라에서도 인간 배아 복제와 같은 생명 복제를 둘러싼 사회적 논란이 격화되자 과학기술부가 2000년 8월에 만든 것으로, 여기에는 인문사회과학자(5명), 시민 단체(2명) 및 종교 단체 대표(3명), 생명과학자(5명), 그리고 의학자(5명) 등 총 20명의 자문위원이 참여하였다. 비록 전체 20명 중의 2명에 불과하지만 시민 단체 대표들도 여기에 참여하여 정책 결정에 시민들의 목소리가 반영될 수 있도록 했다는 점에서 나름의 의미를 지닌다고 평가할 수 있다.[13]

13··· 과학기술부장관 생명윤리자문위원회의 활동에 대한 보다 상세한 내용은 홍

그러나 이러한 자문위원회를 통한 시민 참여 역시 상당한 한계를 지니고 있다. 왜냐하면 자문위원회는 말 그대로 장관에게 자문하는 역할만을 부여받고 있어 이 위원회에서 결정된 사항이 강제력을 갖는 것은 아니기 때문이다. 실제로 자문위원회의 활동 종료 이후 과학기술부는 〈생명윤리자문위원회〉의 권고안과는 상당히 동떨어진, 과학자들의 주장을 대폭 반영한 입법안을 제시함으로써 자문위원회의 위상이 얼마나 허약한가를 역설적으로 웅변하였다.

(3) 시민 단체 주도: 합의회의와 입법 청원

가. 합의회의

앞에서 살펴본 바 있는, 서구에서 널리 활용되고 있는 시민 참여 제도인 합의회의가 우리나라에서도 1998년과 1999년도에 두 차례에 걸쳐 개최되었다. 이 두 번의 합의회의는 외국의 경우처럼 정부나 의회가 직접적으로 나서서 조직한 것은 아니었고, 반관반민(半官半民) 단체라고도 할 수 있는 유네스코 한국위원회가 주최한 것이었다. 그러나 이처럼 두 차례의 합의회의가 공식적으로는 유네스코 한국위원회에 의해 주최된 것이었지만, 실제적으로 합의회의를 조직하고 운영하는 데는 시민 단체, 특히 참여연대 〈시민과학센터〉의 역할이 절대적이었으므로 이 두 번에 걸친 합의회의는 시민 단체의 주도로 진행되었다고 보아도 좋을 것이다.[14]

욱희(2001) 참고.

14… 두 번의 합의회의 모두 조직 책임자는 당시 참여연대 시민과학센터 소장이었고, 실무 운영진의 상당수도 참여연대 시민과학센터와 직간접적으로 관련되어 있었다.

    1998년 11월에 유네스코 한국위원회는 "유전자 조작 식품의 안전과 생명 윤리"에 관한 합의회의를 개최하였다. 이 최초의 합의회의는 과학기술에 대한 참여민주주의적 제도를 우리나라에도 도입하였다는 점에서 의미가 크다. 농민, 주부, 학생, 교사, 노동자 등 일반 시민 14명으로 구성된 시민 패널은 전문가 패널을 상대로 유전자 조작 식품의 안전성과 생명윤리에 대해 이틀 동안 열띤 토론을 벌이고 자신들의 의견을 보고서로 제출하였다. 이어서 1999년 9월에도 유네스코 한국위원회는 "생명 복제 기술"에 대한 합의회의를 개최하였다. 시민 패널로 지원한 88명의 일반 시민 중에서 선정된 16명은 두 차례의 예비 모임과 9월 10일부터 3박 4일에 걸친 본 행사를 통해 전문가들로부터 수강과 토론 등을 거쳐 최종적으로 생명 복제 기술에 대해 합의된 의견을 발표하였다. 인간 개체 복제만이 아니라 배아 복제까지도 금지해야 한다는 시민 패널의 최종 결론은 사회적으로 상당한 논란을 불러일으킨 바 있었다.

    이 두 번의 합의회의는 우리나라에서도 과학기술에 대해 전혀 지식을 가지고 있지 않은 일반 시민들도 적절한 기회가 주어지면 쟁점이 되는 과학기술에 대해 적극적으로 학습하고 발언하는 능동적인 주체가 될 수 있음을 확인시켜 주었던 것으로 평가된다(김환석, 1999). 그러나 이러한 시민 참여 프로그램이 과연 정부의 최종적인 정책 결정에 대해서 어느 정도의 영향을 미쳤는가는 아직 알려진 바 없다.

    나. 입법 청원
    2000년 10월 18일에 참여연대 〈시민과학센터〉는 인간게놈프로젝트가 야기할 수 있는 새로운 윤리적 문제에 대해 인식하고 이를 법적으로 적절히 규제해야 한다는 판단 아래 한나라당의 원희룡 의원을 통해 입법 의견 청원서를 국회에 제출했다. 이 의견 청원서는 인간 개체 복제 등 윤리적으로 금지되거나 규제되어야 할 생명공학 연구 및 시행, 유전자 치료에 관한 규제, 유전적 프라이버시 보호 및 유전적 차별 금지, 국가생명윤리위원회의 설치 및 운영, 윤리적으로 금지 및 규제되어야 하는 생명 특허 등 5개 항목을 주된 내용으로 포함하고 있었다(참여연대 시민과학센터, 2002).

2001년 2월에 녹색연합, 참여연대 〈시민과학센터〉, 환경운동연합 등은 '인간 유전 정보 이용에 관한 시민 배심원 회의'를 개최한 다음 여기서 도출된 주요 정책 권고안에 기초해 동년 2월 13일에 한나라당 김홍신 의원을 통해 「인간유전정보보호법」 제정에 관한 의견 청원서를 국회에 제출하였다. 이 의견 청원서는 당시 보건복지부와 검찰 등의 국가 기관이 미아 찾기나 범죄 수사의 명분으로 유전 정보의 데이터베이스화를 추진하고 있던 상황에서, 개인의 유전 정보가 타인에게 쉽게 노출되어 심각한 인권 침해와 고용이나 보험 등에서의 차별이 일어날 수 있다는 문제점을 제기하고 이를 방지하기 위한 법제화가 시급함을 주장하였다(참여연대 시민과학센터, 2002).

한편 시민 단체들의 연대 조직인 〈조속한 생명윤리법 제정 공동 캠페인단〉은 2002년 11월 6일에 한나라당 김홍신 의원을 통해 입법 청원서를 국회에 제출했다. 당시는 「생명윤리법」 제정이 임박하였고, 따라서 과학계의 로비가 치열한 상황인 것으로 판단되었기 때문에 시민 단체들도 최종적인 법률 제정 과정에 일정한 영향력을 행사하려고 한 것이다. 입법 청원서의 내용은 국가생명윤리위원회의 설치, 인간 개체 복제 금지, 인간 배아 복제 금지, 유전자 검사의 제한, 유전 정보에 의한 차별 금지 및 유전 정보의 보호, 동물의 유전자 변형 연구 제한 등으로 이루어졌다(참여연대 시민과학센터, 2002).

3) 평가

지금까지 우리나라 생명공학 분야에서 이루어져 온 시민 참여 방식들을 살펴보았다. 대체로 여타의 과학기술 분야에 비해 생명공학 분야에서는 그나마 시민 참여가 꽤 활발하게 이루어져 왔다고 볼 수 있다. 이제 우리는 마지막으로 향후 추구해야 할 바람직한 시민 참여의 방안을 모색해 보고자 한다. 그러기 위해서는 먼저 지금까지 활용되던 시민 참여 방법들이 어떠한 한계를 지니고 있는가를 평가해 볼 필요가 있다.

무엇보다도 앞에서 살펴본 것처럼 생명공학 분야에서는 시민 참여가 상대적으로 활발하게 이루어지고 있음에도 불구하고, 이 시민 참여는 대개 공청회나 자문위원회와 같은 방식의 참여에 머무르고 있다는 점에서 한계를 지니는 것으로 평가할 수 있다. 외국의 경우에는 선호취합적 방식과 숙의적 방식을 포함하는 다양한 방식의 시민 참여가 시도되고 활용되어 왔다. 그러나 우리나라의 경우, 시민 단체가 주도하여 대표적인 숙의적 시민 참여 방식이라 할 수 있는 합의회의를 두 번이나 개최하기도 했지만, 국회와 행정부가 시민 참여를 위해 활용한 공청회와 자문위원회 구성은 제한된 수의 시민들의 간접 참여를 통한 제한된 선호취합 방식이라는 점에서, 앞서 살펴본 외국의 시민 참여 방식들과 비교해 볼 때 시민 참여의 깊이나 넓이에 있어 제한적이라고 하지 않을 수 없다.

아울러 그나마 이러한 시민 참여조차도 그 효과가 별로 확인되지 않는다는 문제점도 있다. 시민 단체가 공청회나 자문위원회에 참여하여 시민사회의 시각에서 발언을 하여도 이러한 목소리가 과연 얼마나 정책 결정 과정에 반영되는가를 거의 알 수 없기 때문이다. 〈생명윤리자문위원회〉의 경우, 참여한 위원들이 애써서 합의를 형성하여 만든 정책 제안들이 거의 정책 당국에 의해 무시되었던 사실은, 자문위원회와 같은 방식의 시민 참여가 갖는 실질적인 효과가 과연 무엇인가라는 문제를 던져주고 있다.

4 결론: 바람직한 시민 참여 방안의 모색

앞에서 살펴본, 우리나라 시민 참여 방식의 문제점에 대한 올바른 인식은 바람직한 시민 참여 방안을 모색하는 데 있어서의 출발점이 된다. 공청회와 자문위원회도 중요한 시민 참여 방식이기는 하지만 시민 참여의 폭과 깊이의 측면에서 제한적이므로 보다 다양한 시민 참여 방식들을 도입하고 활용하는 것이 바람직하다. 우리는 우리나라에서의 바람직한 시민 참여는 보다 많은 사람들의 참여, 보다 직접적인 참여, 그리고 보다 숙의적인 참여를 확대하는 쪽으로 방향을 잡아야 한다고 본다.

첫째, 보다 많은 시민들이 참여할 수 있는 방안을 모색하는 것이 필요하다. 앞에서 검토한 시민 참여 모델들 중에서 보다 많은 사람들이 참여할 수 있는 것은 의견조사, 온라인을 통한 전자공청회, 퍼블릭 코멘트, 국민투표 등이다. 이러한 시민 참여 방식들은 다른 방식들에 비해 참여자의 수를 처음부터 제한하지는 않는다는 점에서 보다 많은 시민들이 참여할 수 있는 장점이 있다. 그런데 이 중에서 국민투표는 현실 가능성이 거의 없기 때문에 제외한다고 해도, 의견조사나 전자공청회, 그리고 퍼블릭 코멘트와 같은 포괄적인 시민 참여 방식들을 적극적으로 도입할 필요가 있다고 보여진다. 특히 의견조사의 경우, 단순 의견조사보다는 영국 HGC에서 했던 것처럼 미리 선정한 1000명 정도의 시민들에게 관련 자료를 사전에 제공하여 시민들이 논란이 되는 사안에 대한 충분한 정보를 가지고 있는 상태에서 의견을 말할 수 있도록 하는 "숙의적 의견조사(deliberative opinion survey)" 방식이 더 바람직하다고 판단된다.

둘째, 시민들이 보다 직접적으로 참여할 수 있는 방식을 모색하는 것이 필요하다. 시민들이 보다 직접적으로 참여하는 방식이란, 특정 사안에 대한 논의 과정에 시민 단체 대표들이 참여하는 것이 아니라 일반 시민들이 직접적으로 참여하는 것을 말한다. 앞에서 검토한 시민 참여 모델들 중에서 이처럼 일반 시민들이 직접 참여할 수 있는 대표적인 방식들로는 의견조사, 퍼블릭 코멘트, 합의회의, 시민 배심원, 포커스 그룹 등을 들 수 있다. 특히 우리나라의 경우에는 전통적으로 시민 참여라고 할 때 주로 관련 자문위원회에 시민단체 인사 몇 명이 참여하는 것을 의미하는 경향이 있었음을 감안한다면, 일반 시민들이 직접적으로 참여하는 이러한 방식들을 보다 적극적으로 확산시킴으로써 시민 참여의 실질화를 꾀할 필요가 있다고 판단된다.

셋째, 보다 숙의적인 시민 참여 방식을 모색하는 것이 필요하다. 전통적인 시민 참여의 방식은 사람들이 가지고 있는 선호를 단순하게 취합하는 데 그 특징이 있다. 물론 이러한 선호취합적 방식이 아직까지도 매우 중요한 시민 참여 방식으로 활용되고 있음은 분명한 사실이다. 그러나 사람들의 선호는 접하는 정보와 타인들과의 상호작용에 따라 변할 수 있다는 점을 감안해 보면, 선호를 정태적으로 취합하는 참여 방식만이 아니라 일정한 숙의 과정을 통해 자신의 선호를 표현하도록 하는 숙의적 참여 방식 역시도 강조될 필요가 있다. 특히 대표적인 숙의적 시민 참여 방식들인 합의회의, 시민 배심원, 포커스 그룹 등은 현재 유럽과 미국 등지에서 가장 널리 쓰이고 있는 참여 방식으로서, 우리나라에서도 국회와 행정부가 이들 숙의적 시민 참여 방식들을 시급히 도입하여 실행해 볼 필요가 있다고 판단된다. 아마도 가장 바람직한 것은, 예컨대 의견조사와 포커스 그룹을 동시에 진행하는 것과 같이, 숙의적 방식과 선호취합적 방식을 결합함으로써 양자가 서로를 보완할 수 있도록 하는 형태일 것으로 판단된다.

‡ 생명공학 활동에 대한 우리나라 최초의 통합적 규제인 「생명윤리법」은 정부의 소극적 태도에 대응해 시민 단체가 적극적으로 요구하고 참여한 결과라고 할 수 있다. 이 법의 제정 운동이 어느 정도 성과를 거둘 수 있었던 배경 중 하나는 운동 주체였던 '시민과학센터'의 활동과 위치에서 찾을 수 있다. '과학기술의 민주화'를 주장하는 이 단체의 역할과 활동이 과학기술 영역도 다른 사회 영역과 마찬가지로 개입을 통해 민주적 재구성이 가능하다는 것을 증명하였다. 이 장에서는 「생명윤리법」 제정 과정을 시민 단체의 활동을 중심으로 살펴본다.

제11장 생명윤리법 제정 운동의 성과와 한계

1 규제 마련에 대한 요구

(1) 국회의 대응

1997년 2월 27일 복제 양 돌리의 공개로 촉발된 생명 복제 기술에 대한 우려는 국내에도 영향을 미쳤다. 실험 성공 발표 직후 일부 종교 및 환경 단체들은 포유류 복제에 대한 우려의 성명을 발표하면서 정부에 인간 복제 금지법 제정을 요구했다. 국회[1]에서도 인간 개체 복제를 금지하는 내용의 법률안들이 논의되기 시작하였다. 1997년 7월 2일 장영달 의원 외 46인은

---

1 ··· 2000년 이전까지 국회에서 논의되었던 법률안에 대한 분석은 김훈기(2001)를 참고 할 수 있다.

「생명공학육성법」 개정안을 발의했는데 인간 복제 실험에 대한 우려를 반영해 인간의 존엄성을 침해하는 연구개발 및 연구비 지급을 금지하는 내용을 담고 있었다. 이 법률안에 따라 금지하는 연구 항목에는 1) 인간 복제 실험, 2) 인간과 동물의 배반포를 융합하는 행위, 3) 동물에게 인간의 배반포를 이식하는 행위, 4) 유전자 요법을 통해 생식세포를 변조하는 행위, 5) 태아 및 사자(死者)로부터 정자나 난자를 추출해 배반포를 만드는 행위, 6) 다음 세대로 전달되는 유전자 조작 행위 등이 포함되어 있으며 과학기술처 산하에 '생명공학윤리위원회'를 설치하도록 하고 있었다.

1998년 11월 19일 이상희 외 35인이 발의한 「생명공학육성법 개정(안)」은 장영달 의원의 안과는 제안 이유에서부터 차이가 있었다. 단순히 생명 윤리에 대한 우려를 해결하는 목적이 아니라 일부 문제를 규제함으로써 "생명공학 기술을 21세기를 선도할 핵심 기술로서 육성하기 위한 지원 체제를 갖추기 위해" 개정안이 필요하다고 밝혔다. 사회적 우려로 인해 생명공학 발전에 문제가 생겨서는 안 된다고 판단했던 것이다. 이 개정안에서 금지되는 연구 항목은 장영달 의원 안에 대한 전문위원회 수정 의견을 그대로 반영하였다. 원칙적으로 금지되는 연구에는 1) 인간의 생식세포나 체세포를 이용하여 복제하는 행위, 2) 인간과 동물의 수정란이나 체세포를 상호 융합하는 행위, 3) 인간과 동물의 수정란이나 태아를 상호 이식하는 행위, 4) 인간의 태아나 사자로부터 정자나 난자를 추출하여 수정란을 만드는 행위가 포함되었다.

1999년 11월 5일 국회 보건복지위원회 소속의 이성재 위원 외 16명은 「인간복제금지법률(안)」을 발의했다. 이성재 의원 안에서 금지되는 연구에는 1) 인간의 생식세포나 체세포를 이용하여 복제하는 행위, 2) 인간과 동물의 수정란이나 체세포를 상호 융합하는 행위, 3) 인간과 동물의 수정란

〈사진〉〈생명공학감시연대〉가 인간 배아 연구를 주제로 연 토론회. 2005. 8. 25.

이나 태아를 상호 이식하는 행위, 4) 인간의 태아나 사자로부터 정자나 난자를 추출하여 수정란을 만드는 행위가 포함되었다.

　1997년부터 1999년 말까지 국회에 제출되었던 세 법률안의 공통점은 '단서 조항'에서 찾을 수 있다. 원칙적으로는 배아 복제를 포함한 인간 개체 복제와 동물과 인간의 유전자를 상호 융합하는 행위를 금지하고 있지만 모두 단서 조항을 두고 있었다. 질병 치료나 연구 목적일 경우 심의를 거쳐 관련 연구를 진행할 수 있도록 한 것이다. 위원회의 심의만 통과한다면 질병 치료나 연구 목적으로 체세포 복제나 동물과 인간의 유전자 융합도 진행할 수 있도록 한 것이다.

(2) 시민 단체의 대응

국회의 「생명공학육성법」 개정 논의에 대응하는 시민 단체들의 활동도 본격화되었다. 1998년 9월 11일 「생명공학육성법」 개정안에 대한 시민 단체 연대 모임의 토론회가 국회에서 개최되었다. 이 토론회는 〈생명윤리안 전연대모임〉[2]의 첫 공식 대외 활동이었으며, 「생명공학육성법」 개정안에 대한 시민 단체의 입장을 정리하는 자리가 되었다. 이 토론회 이후 연대모임이 정리한 입장은 크게 세 가지이다. 우선 현재의 「생명공학육성법」 개정 논의가 국회 내에서 제한적으로 진행되고 있는 것을 문제로 지적하며 다양한 전문가 및 시민 단체들과 토론할 것을 요구했다. 그리고 생명공학의 윤리와 안전 문제를 다룰 위원회는 과학기술부와 같은 육성 부처가 아닌 중립적인 곳에 설치해야 하며, 위원회에 시민사회 단체의 대표의 참여가 보장되어야 한다고 주장했다. 장영달, 이상희 의원의 개정안에 따르면 생명윤리위원회가 논란이 되는 연구를 심의할 수 있는 권한을 가지고 있기 때문에 위원회의 중립적 구성이 중요한 쟁점 중 하나였다. 마지막으로 생명공학 발전의 부정적 측면을 규제하려면 「생명공학육성법」의 개정이 아니라 별도의 「생명공학 안전·윤리법」 제정이 필요하다고 주장하였다. 「생명공학육성법」은 법률의 이름이 보여주는 것처럼 생명공학을 육성하기 위한 목적으로 제정된 법으로 연구의 육성, 상업화의 권리와 인간 존엄성, 행복

2··· 〈생명안전윤리연대모임〉은 참여연대 과학기술민주화를위한모임의 제안으로 1998년 5월 26일 환경운동연합 등이 참여해 개최되었던 '생명공학의 올바른 발전을 위한 시민사회단체 실무자 연대모임'에서 제안되었으며 생명공학에 대한 학습 모임을 거친 후 8월 초에 결성되었다. 9개 단체로 시작하여 최종적으로는 17개 단체가 참여하였다.

권, 생명권 등 서로 모순되는 내용을 하나의 법률에 담기는 힘들다는 것이다.

국회 과학기술정보통신위원회는 장영달, 이상희 의원이 제출한 「생명공학육성법」 개정안에 대한 논의에서 합의점을 찾지 못하자, 1998년 12월 23일부터 1999년 2월 17일까지 56일간 '전자공청회'를 개최하였다. 총 5개 항목에 대해 서면이나 이메일을 통해 의견을 접수하였다. 의견 수렴 항목에는 △ 생명공학 연구 규제법의 필요성, △ 금지되는 연구, △ 생명공학안전윤리위원회의 구성과 기능, △ 벌칙 조항 여부 등이었다. 총 59건의 의견이 접수되었는데, 여기에는 대한의사협회, 〈시민과학센터〉 등의 단체와 개인이 포함되었다. 그러나 홍보 부족으로 인해 의견 접수 건수가 적었는데, 특히 규제의 당사자가 될 수 있는 생명공학 연구 기관이나 학계 및 종교계의 의견은 접수되지 않았다(김부년, 1999).

〈시민과학센터〉는 전자공청회에 제출한 의견서에서 생명윤리 및 안전에 관한 독립적인 법률 제정이 불가능하다면, 한시적이라도 「생명공학육성법」[3]의 명칭과 목적이 생명 윤리 및 안전을 다룰 수 있도록 수정되어야 한다고 주장하였다. 당시 법률안들은 모두 "연구 및 질병 치료 목적은 허용"이라는 예외 조항을 두고 있었는데, 최소한 배아 복제, 인간 유전자 조작, 이종간 융합, 식용 동물 복제 등은 연구조차 금지할 것을 요구하였다.

한편 1999년 2월 19일 서울대학교의 황우석 박사는 체세포 복제 기술을 통해 '영롱이'[4]를 만드는 데 성공했다고 발표하였다. 복제로 태어난 소

3··· 당시 「생명공학육성법」 1조는 "생명공학 연구의 기반을 조성하여 생명공학을 보다 효율적으로 육성·발전시키고 그 개발 기술의 산업화를 촉진하여 국민경제의 건전한 발전에 기여하게 함을 목적으로 한다"이다.

4··· 서울대학교 연구진실성위원회는 2006년 1월 9일 영롱이의 진위 여부와 관련

는 우유 생산량이 일반 소보다 3배나 많고 내병성 및 성장률이 우수하다고 주장하였다. 더 나아가 황우석 박사는 동물의 체세포 복제로는 세계에서 5번째, 젖소로서는 첫 번째 성과라며, 여타의 생명공학기술 개발자들과 같이 체세포 복제 기술은 식량 증산, 난치병 치료, 동물을 이용한 인간 장기 생산 등으로 인류에 공헌할 것이라고 주장하였다. 영롱이 성공 발표 직후 〈생명안전윤리연대모임〉은 20일 성명 발표, 25일 규탄 집회를 통해 체세포 복제 실험을 비판하였다.[5] 동물과 같은 생명 복제는 인위적 조작을 수반하는 기술로 예측이 불가능한 위험이 충분히 있을 뿐만 아니라 복제 기술의 확산이 생물 다양성을 감소시킬 것이라고 주장하였다. 특히 생명공학 발전의 위험을 규제할 관련 법률이 없는 상황에서 연구가 이루어진 점에 대해서 우려를 표명하였다.

〈시민과학센터〉는「생명공학육성법」개정안에 대한 의견 제출, 토론회 개최와 같은 입법 촉구 활동뿐만 아니라 생명공학에 대해 시민사회 단체들 간의 의견을 교환하고 역량을 강화시키는 활동을 진행하였다. 1999년 6월의『전국환경활동워크숍』에서『생명공학 감시운동 활동가 가이드북』을 배포하였고, 그해 8월『환경정의와 생명공학 감시운동을 위한 워크숍』을 개최하여 시민사회 내에 '생명공학 감시 운동'의 필요성을 알리는 노력을 전개하였다.

1999년 하반기로 접어들면서 규제를 위한 국회의 역할에 대한 회의적

해 "영롱이 모체의 체세포를 확보해야 하는데 황 교수 쪽에서 '그 체세포가 영롱이 모체의 조직인지 아닌지 확실하지 않다'고 해서 조사하지 않았다"고 진위 판정 불가 입장을 밝혔다.

5… "[성명서] 안전성 확보 없이 경제성만 추구하는 고능력 젖소 체세포 복제를 규탄한다", 생명안전윤리 연대모임, 1999. 2. 20.

시각이 시민사회 내에 확산되기 시작했다. 일련의 과정을 통해 그때까지만 해도 주관 상임위였던 과기정보통신위원회가 제 역할을 하지 못할 것이라는 확신이 들기 시작한 것이다. 특히 1999년 12월에 있었던 국회 공청회는 과기정통위의 생명공학 육성 의지를 확인시켜 주는 자리가 되었다. 공청회에 참석한 〈시민과학센터〉 대표는 독자적인 「생명윤리법」 제정, 인간 복제 뿐만 아니라 배아 복제까지 금지, 독립적인 국가생명윤리위원회 설치를 주장했지만 받아들여지지 않았다. 결국 제안된 3개의 생명윤리 관련 법률들은 2000년 5월 15대 국회의 임기가 만료되면서 자동 폐기되었다.

(3) 규제 담론의 출현

1997년부터 1999년까지, 국회에 제출되었던 인간 개체 복제에 대한 우려를 반영한 법률안의 공통점은 인간 개체 복제는 반대하지만 명시적으로 또는 예외 조항을 통해 인간 배아 복제를 허용하고 있었다는 것이다. 즉 인간 개체 복제에 대한 우려를 차단하면서, 복제 양 돌리를 만들어낸 방법인 '체세포 복제'에 대한 기대를 보여준 것이라고 할 수 있다. 특히 이 법률안들을 평가하고 분석했던 전문위원회의는 법률 제정에 소극적이었다. 규제로 인해 생명공학 발전이 저해될 것을 우려해 대상 범위를 가능한 축소하려고 노력하였으며, 이 과정에서 외국의 현황을 실제와 다르게 소개하기도 했다. 예를 들면, 미국에서는 배아 복제를 공식적으로 허용하고 있다거나 세계적으로 신체형이 포함된 법률이 존재하지 않는다고 밝혔다. 또한 당시 정부가 지원하고 있던 연구비 목록을 제시하면서, 규제로 인해 국책 연구 사업이 차질을 빚게 될 것이라고 우려를 표명하였다. 반면에 시민 단체들은 국회에 의견서를 제출하거나 토론회를 개최하면서 대응해 나갔다.

이들은 규제 논의가 국회에서만 진행되고 있는 것을 비판하면서 다양한 전문가와 시민들이 토론할 기회를 가져야 한다고 주장하였다. 이런 와중에 1998년 9월 11일에는 생명공학 쟁점에 대응하기 위한 첫 번째 시민 단체들의 모임인 〈생명윤리안전연대모임〉이 공식적으로 출범하였다.

법률안 제출로 촉발된 논쟁은 공식적인 시민 참여 방법 중 하나인 공청회와 합의회의의 개최로 연결되었다. 선호 취합적 참여 방식이라고 할 수 있는 전자공청회는 거창한 이름과 달리 서면으로 받던 의견을 이메일로 확장시킨 것이었다. 이후 국회는 시민 단체 대표, 과학계 인사 등을 진술인 자격으로 불러 오프라인 공청회를 개최하였다. 숙의적 시민 참여 제도인 합의회의가 개최된 것은 주목할 만하다. 1999년에 개최되었던 〈생명복제기술합의회의〉는 일반 시민들도 생명공학과 같은 어려운 쟁점에 대해서 숙의하고 판단할 수 있는 능력이 있다는 것을 보여주었다는 점에서 의미가 있다(김환석, 1999). 합의회의와 시민 패널의 합의 결과는 주요 일간지와 방송을 통해 소개되었지만, 결과(배아 복제 금지)는 정책에 반영되지 않았다.

이 시기의 전반적인 특징은 논의의 수준이 상대적으로 추상적이었다는 점이다. 인간 개체 복제에 대한 '우려'가 논쟁의 핵심으로 자리 잡고 있었으며 배아 복제의 찬성이나 반대 논리 역시 구체적이지 못했다. 규제를 찬성하는 측은 '규제는 생명공학 발전을 저해할 것이다'는 식의 논리를 펼쳤으며, 시민 단체의 주장들도 구체적이기보다는 '윤리'와 '위험'을 강조하는 측면이 강했다.

2「생명윤리법」제정 운동의 전개

(1) 시민 단체의 독자적 입법 운동

15대 국회가 끝나가던 2000년 초반은 우리나라 생명공학 규제 형성에서 중요한 분기점이었다. 시민 단체와 정부가 각각 자체 법률안을 제안하면서 규제 범위와 내용을 둘러싸고 각축을 벌이기 시작했다. 2000년 2월 29일 〈시민과학센터〉는 생명공학을 규제할 독자적인 법률을 만들겠다고 선언하였다.[6] 복제 양 돌리 출현 이후 복제 인간 탄생에 대한 우려로 인해 국회에 「생명공학육성법」 개정안이 제출되었고 여기에 시민 단체들이 적극적으로 의견을 개진하였지만 제대로 반영되지 않고 있었다. 앞서 지적한 대로 시민 단체들이 보기에 더욱 큰 문제는 육성을 목적으로 제정된 「생명공학육성법」을 개정해 그 안에 생명공학의 안전 및 윤리에 관련된 조항을 삽입하는 것 자체가 모순적이었다. 이러한 배경에서 〈시민과학센터〉는 〈생명윤리안전연대모임〉의 소속 단체 및 관심 있는 전문가들과 함께 「생명윤리안전법(안)」을 마련하겠다고 밝혔다. 정부에 입법을 촉구하거나 국회에 상정되어 있는 법률안에 의견을 제시하는 소극적인 활동을 넘어 시민 단체가 독자적으로 법률안을 만들겠다고 선언한 것이다.

이 선언의 후속 작업으로 〈시민과학센터〉는 관련 토론회를 연속해서 개최하였다. 〈시민과학센터〉는 △ 생명안전윤리 법제화를 위한 워크숍(2000년 6월), △ 인간 배아 복제 '14일論' 토론회(2000년 6월), △ 인간 유전 정보 보

6···"[보도자료] 생명공학 안전윤리법 입법 운동을 위한 독자적인 법안 마련에 들어가", 참여연대 시민과학센터, 2000. 2. 26.

호 토론회(2000년 8월), △ 유전자 치료 토론회(2000년 9월) 등을 연속해서 개최하면서 각 영역별 현황과 쟁점을 짚어나갔다. 〈생명과학 인권·윤리 법 제정을 위한 연속 토론회〉는 시민 단체가 정부나 학술 단체들보다 먼저 사회적으로 합의해야 할 생명과학 의제를 구체적으로 제시하고 공론화를 시도했다는 데 의의가 있다. 당시 사회적으로는 생명공학의 진전에 따른 막연한 우려가 있었을 뿐 구체적으로 어떤 쟁점들을 논의해야 하는지는 제대로 공유되지 않고 있었다. 또한 토론회의 결과물과 이 과정에서 제작되었던 국내외 동향 및 규제 현황 자료집은 향후 시민 단체가 입법안을 만드는 데 기본 자료로 활용되었으며, 보건복지부의 법률안을 만들던 연구자들에게도 전달되었다. 연속 토론회가 끝난 후 〈시민과학센터〉는 생명공학 분야 중에서 유전자 조작 식품을 사업 영역에서 제외하였고, 인간 배아 연구, 유전자 검사와 같은 인체와 관련된 생명공학 활동에 집중하게 되었다.[7]

2000년 8월 9일 황우석 박사는 35세의 한국인 남성에게서 채취한 체세포를 이용해 복제 실험을 진행하여 배반포 단계까지 배양하는 데 성공하였다고 발표하였다. 당시 황우석 박사는 사람의 체세포를 복제해 배반포 단계까지 진행한 것은 세계 최초라고 주장하였다.[8] 또한 자신은 이미 1998년부터 인간 체세포 복제 실험을 해왔다고 주장하였다(《한겨레신문》, 2000. 8. 12). 이에 대해서 〈시민과학센터〉를 비롯한 일부 시민 단체는 실험을 규탄하는 공동성명을 발표하고 강력히 반발하였다. 국회에 계류되어 있는 생명공학 규제 법률안은 폐기될 위험에 처해 있는데, 사회적 합의가 필요한

7··· 비슷한 시기 GMO를 다루는 〈유전자조작식품반대 생명운동연대〉가 출범하였고, 시민과학센터는 연대 단체 중 하나로 참여하게 된다.

8··· 실제로 세계 최초로 인간 배아 복제를 통해 배반포까지 배양을 성공한 팀은 미국의 ACT 사였다(Cibelli, 2001).

연구는 지속되고 있었기 때문이다. 이들은 성명에서 크게 4가지를 지적하였다. 첫째, 사회적 합의 없이 비윤리적 연구를 진행했다는 것이다. 1999년 유네스코 한국위원회가 개최한 합의회의에서 시민 패널들은 "배아 복제를 포함한 어떠한 인간 복제 연구도 중단되어야 한다"고 발표한 바 있었다. 또한 당시 전문가 패널로 참석했던 황우석 박사도 시민의 의견을 충분히 반영하겠다고 밝힌 바 있었다. 그럼에도 불구하고 비밀리에 복제 연구를 해온 것은 황우석 박사 개인의 신뢰성에 회의를 보내기에 충분하다고 주장하였다. 또한 난자의 출처에 대해서 의문을 제기하면서 혹시 소 난자가 아닌지 만약 여성의 난자를 이용했다면 사전 동의를 받았는지 밝히라고 요구했다. [9] 둘째, 대한의사협회의 인간 배아 복제 연구 중단 요청을 위반했기 때문에 과학자 사회 내부로부터 징계를 받아야 한다는 것이다. 셋째, 국민의 세금으로 비윤리적 연구를 했다는 것이다. 과학기술부와 농림부를 통해 지원받은 자금으로 동물 복제 연구를 진행했고 결국 이렇게 만들어진 기술이 인간 복제를 할 수 있는 토대가 될 수 있다는 것이다. 따라서 정부는 조사를 진행한 후 지원한 연구비를 회수해야 한다고 주장했다. 넷째, 생명공학의 윤리 문제를 다룰 법률 제정에 소극적인 정부와 국회의 직무유기에 대

---

9 ⋯ 당시 인간 배아 복제를 유일하게 허용한 영국에서도 인간 이외의 동물의 난자에 사람의 체세포의 핵을 넣는 이종간 이식은 허용하지 않고 있었다. 나중에 밝혀진 바에 따르면 당시 황우석 박사는 동료 교수 L의 체세포를 소 난자에 넣는 이종간 핵 이식을 통해 배아 복제를 진행하였다. 이후 후속 연구도 진행한 것으로 보인다. 황우석, 문신용 교수 등이 참여한 한 연구에 의하면 소 난자 1,742개에 사람의 제대혈에서 (남아 3, 여아 2인)에서 얻은 체세포를 넣는 실험을 진행하여 복제 배반포를 얻었다. 논문에 따르면 이 연구는 2000년 1월 서울대 수의대 IRB 심사를 받았고, 세포응용사업단 IRB 심사도 통과했다(Chang, et al, 2003).

해 비판했다.[10] 황우석 박사의 인간 배아 복제 실험에 대한 사회적 기대와 논란이 채 가시기도 전에 또 다른 인간 배아 연구가 공개되었다. 2000년 8월 30일 불임 치료 연구 기관인 마리아의료재단 기초과학연구소의 박세필 박사는 5년 동안 냉동보관된, 수정된 지 5~6일 된 인간의 배반포기 배아를 녹인 후 이로부터 인간 배아줄기세포를 배양하는 데 성공하였다고 발표하였다. 이 연구는 인간 수정란이 생식 목적이 아닌 연구용으로 사용될 수 있다는 사실을 실제로 보여준 것이었으며, 수정란 및 난자에 대한 상업화의 우려는 높여주는 계기가 되었다. 이에 대해 〈시민과학센터〉는 전 세계적으로 논란이 되는 연구를 막연한 의학적 가능성만을 주장하면서 사회적 합의가 없는 상황에서 진행한 것은 무책임한 행위라고 지적하였다.[11]

황우석, 박세필 박사의 실험 공개는 시민 단체들을 더욱 자극하는 계기가 되었다. 2000년 10월 18일 〈시민과학센터〉는 국회에 「생명과학 인권·윤리법」에 관한 입법 청원서를 제출한다.[12] 이 청원안은 연속 토론회의 결과물, 관련 학자들에게 받은 자문, 〈시민과학센터〉가 수집한 국내 자료, 국내외 규제 동향 등을 종합적으로 고려하여 작성되었다. 이 청원안의 기본 골격과 내용은 향후 시민사회의 공동 입장 마련과 정부에 구체적인 대안을 제시하는 과정에서 중요한 역할을 하게 된다. 당시 청원안은 △ 인간 개체 복제 및 비윤리적 연구 금지. △ 유전적 차별 금지, △ 유전자 치료 규제, △

10··· "[공동성명] 황우석 교수의 인간 체세포 복제 실험과 특허 출원에 대한 환경·시민 단체의 공동성명서", 참여연대 시민과학센터, 2000. 8. 10.

11··· "[성명] 사회적 합의 없는, 인간 수정란 사용 연구를 강력히 비판한다", 참여연대 시민과학센터, 2000. 8. 31.

12··· "[보도자료] 참여연대, 국회에 생명과학 인권·윤리법 입법청원하다", 참여연대 시민과학센터, 2000. 10. 18.

국가생명윤리위원회 설치를 중심으로 각각의 영역에 반드시 포함되어야 할 사항들을 제시하는 형태로 구성되어 있었다.

(2) 공동 캠페인단의 구성: 이질적 가치들의 결합

정부의 법률 제정 움직임에 기대를 가졌던 시민 단체들은 입법 과정이 부처 간의 이해 다툼과 유명 과학자들의 반대 속에 진전이 없자 「생명윤리법」의 조속한 제정을 위한 활동을 더욱 적극적으로 전개한다. 이미 시민 단체, 보건복지부, 과학기술부의 안들이 공개되었음에도 불구하고 생명공학계의 반대나 언론의 부정적 보도에 부딪혀 법률 제정이 불투명해졌기 때문이다.

당시의 사회적 분위기를 조금 더 구체적으로 살펴볼 필요가 있다. 과학기술부 산하의 〈생명윤리자문위원회〉의 성공적 운영으로 배아 복제 금지나 포괄법 형태와 같은, 그동안 시민 단체들이 주장했던 내용들의 상당 부분이 「생명윤리기본법(안)」에 반영되었다. 그런데 2001년 5월 22일 공청회 이후 생명공학계의 조직적 반발이 증가해, 입법에 문제가 생길 가능성이 높아졌다. 생명공학연구원이 반대 의견서를 제출했고, 언론도 과도한 규제로 생명공학 산업이 위축될 것이라고 주장하고 있었다. 국회의 분위기도 부정적이었는데, 당시 한나라당 정책위원장(김만제)은 배아 복제 허용을 주장하고 있었고, 법률을 심사할 과학기술정보통신위원회의 위원장도 생명공학 규제에 부정적인 입장을 밝혔다.[13] 정치 일정 면에서도 규제를 바

13⋯ 2001년 6월 28일(목) 국회 헌정기념관에서 국회과학기술연구회(김덕룡 의원)과 과학기술단체총연합회가 공동으로 '생명윤리기본법안 대토론회'가 개최되었

라는 시민 단체들에게 불리했다. 2002년에는 대선이 예정되어 있었기 때문에 2001년도에 입법이 이루어지지 않으면 과거 15대 국회에서 그랬던 것처럼 관련 법안들이 자동 폐기될 가능성도 있었다. 생명공학계나 재계 등은 입법이 최대한 지연되는 것을 선호하고 있었기 때문에 시민 단체들은 2001년도 입법을 위해 최대한 노력해야 할 필요성이 생겼던 것이다. 당시에는 종교, 환경, 여성, 동물권 단체들과 〈시민과학센터〉가 입법을 위해 활동을 하고 있었으나 분산된 형태로 진행되고 있어서 네트워크 구성이나 공동 대응의 필요성이 높아졌다. 게다가 경실련 소속 과학자가 배아 복제에 찬성을 공개적으로 밝히면서 마치 시민 단체들 사이에 입장이 엇갈리는 것처럼 보일 가능성까지 생기게 되었다. 이러한 사회적 배경은 추구하는 가치와 입장이 다양한 69개의 단체들이 한 목소리를 내는 데 영향을 미쳤다. 지속적으로 의견을 표명했던 몇몇 단체의 입장을 정리하면 다음과 같다.[14]

1) 가톨릭의 입장

가톨릭의 경우 인간 배아 자체를 완전한 '사람'으로 간주하기 때문에 체세포 복제는 물론이고 어떠한 경우의 인간 배아 연구도 반대한다. 가톨릭

는데, 생명윤리자문위원회의 「생명윤리기본법」 시안을 성토하는 자리였다. 특히 「생명윤리기본법」안을 심의하게 될 국회 과학기술정보통신위원회 신임 위원장 김형오 의원은 "지금은 생명윤리법이 필요한 것이 아니라 생명공학육성법이 필요하다"고 공개적으로 발언하였다. 즉 정부가 법안을 발의하더라도 국회 심의 과정에서 입법이 무기한 늦추어질 가능성이 있었다.

14⋯ "[자료집] '조속한 생명윤리기본법 제정 공동캠페인단' 내부간담회 자료집", 2001. 9. 21.

은 인간 배아 연구가 인간의 육체를 단순한 연구의 도구로 전락시킨다고 판단한다. 따라서 불임 치료를 목적으로 하는 체외수정을 통한 인간 배아의 생산도 같은 시각에서 금지할 것을 요구한다. 이로 인해 냉동 보관 중인 잔여배아 연구도 반대를 하는데, 배아에게 있어서 그 주체는 인간 개체로서 자신의 생명에 대한 권리를 가지며, 배아를 위한 것이 아닌 모든 개입은 그 권리를 침해하는 행위로 간주되어야 한다는 것이다. 또한 치료에 사용될 다른 분화세포를 마련하기 위해 줄기세포를 활용하는 것은 결국 배아에게 치명적이고 돌이킬 수 없는 손상을 일으키기에 이는 중대한 비윤리적 행위이자 불법 행위로 간주하고 있다. 좋은 목적이라도 그 자체로 나쁜 행위를 옳은 행위로 만들지는 못하기 때문이라는 것이다. 이렇게 배아 연구 자체를 반대하는 가톨릭과 기독교 단체들이 공동 캠페인단에 참여할 수 있었던 것은 아무런 규제가 없었던 상황과 규제에 반발하는 사회적 분위기를 고려해 전략적 접근을 할 수 있다고 밝혔기 때문이다.

2) 여성 단체의 입장

여성계[15]의 경우 다른 시민 단체들의 입장과 마찬가지로 인간 배아 복제 및 이종간 교잡을 반대한다. 더 나아가 인간 배아 연구 자체를 반대하고 있었다. 여성 단체가 인간 배아 연구를 반대하는 이유는 크게 세 가지다. 첫째, 연구 단계에서 배아가 파괴되기 때문이다. 배아를 잠재적 인간으로 인

15··· 여성 단체의 스펙트럼은 매우 다양하다. 아래와 같은 의견을 밝힌 여성 단체는 다음과 같다. 대구함께하는주부모임, 대전여민회, 대한YWCA연합회, 여성환경연대, 원불교여성회, 전주환경을지키는여성들의 모임, 한국여성민우회, 한국여신학자협의회, 환경정의시민연대아동환경센터.

정한다면 이러한 실험은 불가능하다는 입장이다. 두 번째는 잔여배아가 연구용으로 사용될 경우 그 결정권이 애매하다는 것이다. 또한 이러한 과정에서 배아의 불법적 형성 및 매매가 조장될 가능성이 높다고 판단한다. 세번째는 낙태를 조장한다는 것이다. 배아줄기세포를 얻기 위해 죽은 태아의 조직을 사용할 경우 발생할 수 있는 문제라고 주장하였다. 이러한 이유로 줄기세포 추출 목적의 배아 연구를 금지하라고 요구하였다. 단, 불임치료를 위한 인간 배아 연구에 대해서는 반대하지 않는다.

여성 단체의 주장 중에서 주목할 내용은 생명공학 규제 안에 '인공 수정 및 배아 생성'과 관련된 내용이 삽입되어야 한다는 것이었다. 생명공학 기술의 발전은 출산 기술과 밀접한 관련을 가지고 있는데, 현재는 인공 수정에 대한 구속력 있는 지침이 없다는 것이다. 여성이 생명공학 기술의 수혜자이면서 동시에 피해자로 위치하고 있는 상황에서 여성의 건강권이 훼손되고 있다고 판단하고 있었다. 인공 수정을 다루는 내용 안에는 비윤리적 인공 수정 금지, 인공 수정 횟수 및 기간, 배아 창출 수, 배아의 냉동 보관 기간을 제한하는 내용이 포함되어야 한다고 주장하였다. 물론 배아의 공여나 매매도 금지할 것을 요구하였다.

3) 동물권 단체의 입장

동물권 단체들은 당시 논의되고 있던 규제 법률안들에 '동물의 복지'에 대한 고려가 없을 뿐만 아니라 동물의 이해를 대변할 인사가 생명윤리위원회에 포함되지 않은 것을 문제로 지적하였다. 그러면서 동물 보호 단체들은 동물 보호를 위한 최소한의 원칙 6가지를 제안하기도 하였다. 그 원칙들은 다음과 같다. 1) 동물에 대해서 일정 정도 이상의 고통은 어떤 경우에도 끼쳐서는 안 된다. 2) 동물에게 어쩔 수 없이 끼치게 되는 해는 정당화가 납득되어야 하며, 그렇게 함으로써 얻는 유익이 동물의 고통보다 커야 한다. 3) 이 두 번째의 원칙에 의해서 정당화되는 고통은 가능한 최대한으로 최소화되어야 한다. 4) 이러한 원칙을 지킬 수 있는 적절한 기구가 구성되어야 한다. 5) 이러한 기구에는 동물 보호 단체, 시민 단체의 민주적 참여와 감시가 이루어져야 한다. 6) 유전자 조작 동물 실험에 대한 모든 기관의 자료는 공개되어야 한다. 「생명윤리법」 논쟁 이전에는 동물권 단체들의 주장이 제대로 소개되지 않았을 뿐만 아니라 사회적으로도 큰 주목을 받지 못하고 있었다. 그러나 다른 시민 단체들은 동물권 단체들의 주장에는 대체로 동의는 하였으나 법률에 반드시 포함되어야 할 핵심적인 의제로까지는 생각하지 않았다.

〈조속한 생명윤리법 제정을 위한 공동 캠페인단〉(이하 공동 캠페인단)[16]은 2001년 6월 25일 〈시민과학센터〉와 여성민우회가 공동으로 제안하여 구성되었다.[17] 2001년 7월 19일 세종문화회관에서 열렸던 공동 기자회견을 통해 공식적으로 출범하였고, 9월 20일에는 각 단체들 간의 입장 차이를 확인하고 의견을 조율하는 내부 간담회가 개최되기도 하였다. 조직은 집행위원회, 실무위원회, 사무국, 기타 참가 단체로 구성되었다. 처음에는

---

16 ⋯ 예비 모임 당시 연대모임의 이름은 "올바른 생명윤리기본법 제정 공동캠페인"이었으며, 연내에 실질적인 「생명윤리기본법」 제정 목표에 동의하는 단체로 하며 구체적인 사항에 대한 입장 차이는 모두 수용하기로 하였다. 당시 기획회의에는 여성민우회와 시민과학센터의 대표와 실무자가 참석하였다. 1차 공식 회의 이후에는 "올바른"에 대한 단체간 합의가 없기 때문에 이를 삭제하고 '조속한'를 삽입하게 된다.

17 ⋯ 준비 기간에는 여성민우회와 시민과학센터가 공동 사무국을 맡았으나 본격적으로 활동을 시작한 9월 이후에는 시민과학센터가 단독으로 사무국을 맡았다.

항목		주요 쟁점
생명 복제 및 이종간교잡 행위	과학계	동물 복제 제한 없는 허용, 제한적(분화 및 발생 연구) 이종 간 교잡 허용 주장
	동물권	동물 복제 반대
인간 배아 연구와 활용	종교계, 여성계	인간 배아 연구 및 배아 복제 금지
	시민과학센터	배아 복제 금지, 인간 배아 연구 제한적 허용
	과학계	배아 복제 허용
	복지부	인간 배아 연구 제한적 허용, 배아 복제 금지 조항 모호
유전자 치료	복지부	'세포 치료 및 유전자 치료' 항목
	과학계	생식세포 유전자 치료 허용 주장 ※ '유전자치료제지침(식약청)'으로 규제 가능 주장
동물 유전자 변형 연구 및 활용	동물권	안전 이외에 윤리적 고려 포함 주장
	과학계	조항 삭제 주장 'LMO법'과 '유전자재조합실험지침'으로 규제 가능 주장
인간 유전체 정보 연구 및 활용	시민과학센터	경찰청 및 경찰청 등의 수사 기관의 유전자 DB의 규제 주장 별도 입법 필요성 여부 판단 필요
	복지부	'유전자 검사' 조항으로 포함됨
	여성계	배아의 유전 정보 획득 일부 허용 / 국가생명윤리위 승인
	가톨릭	태아의 유전자 진단 금지
생명 특허	시민과학센터	생명 특허 규제 조항 포함 주장
	특허청	조항 삭제 주장 / 특허법의 관련 주장으로 규제 가능 주장
인공 수정	복지부	포함됨
	여성계	포함 요구
	카톨릭	체외수정 반대

〈표〉「생명윤리기본법」에 대한 단체들의 입장 차이.[18]

33개의 단체로 시작했으나 나중에는 천주교, 기독교, 불교, 환경, 여성, 보건의료 단체 등 69개 단체가 참여하는 조직으로 커졌다.

앞에서 지적한 것처럼 공동 캠페인단에 참여한 단체들 사이에는 인간 배아 연구나 동물 사용 등에 있어서 이견이 있었으나 「생명윤리법」을 빠른 시간 내에 만들어야 한다는 점에서는 모두 동의하고 있었다. 이러한 인식에 기초하여 '조속한 입법'을 촉구하는 것이 캠페인단의 일차적 목표가 되었다. 그런데 「생명윤리법」이 언제 제정될 수 있을지에 대한 단체들의 판단은 동일하지 않았다. 따라서 입법 자체뿐만 아니라 내용에 대한 준비 즉 단체들 간에 합의할 수 있는 최소한의 입장을 만들어야 하는 필요성이 대두되었다. 결국 합의할 수 있는 내용을 만들되 이외의 내용들은 각 단체가 자체적으로 입장을 발표하는 방향으로 정리가 되었다.

(3) 공동 캠페인단의 활동

결성 이후 공동 캠페인단은 각종 집회, 공동성명 발표, 의견서 제출 및 기자회견, 내부 간담회, 100만인 서명 운동(on off 동시 진행), 대중 홍보물 배포, 인터넷 사이트 제작 등을 통해 「생명윤리법」의 필요성을 알리고 조속한 제정을 촉구하는 활동을 펼쳤다. 이런 활동은 주로 2001년 하반기에 집중적으로 이루어졌다.

연대 단체의 이름에서 볼 수 있듯이 공동 캠페인단의 1차적 목적은 생

18⋯ 과학기술부 산하의 생명윤리자문위원회가 작성한 「생명윤리기본법」의 내용을 기준으로 작성한 단체들 사이의 입장 차이. 보건복지부의 법률안은 2000년 11월 발표한 「생명과학보건안전윤리법」을 기준으로 했음.

명윤리 관련법의 조속한 입법에 있었고, 이를 위해 정부에 지속적으로 입법 일정을 요구하게 된다. 2001년 8월 30일에는 과천종합청사 앞에서 집회를 열고 정부에 입법 일정을 공개하라고 촉구하였다. 당시 공동 캠페인단은 복지부 장관과의 면담을 추진하였으나 무산되었고 대신 보건산업정책과 실무자와의 면담이 이루어졌다. 복지부 실무자는 "입법 의지는 있으나 구체적인 입법 일정은 없다"라고 답변하였다. 한편 과학기술부는 8월 26일 한 TV 프로그램에 나와 〈생명윤리자문위원회〉의 결과를 바탕으로 법률안을 만들어 2002년 3월 임시국회에 제출할 방침을 밝혔다(KBS 일요진단, 2001. 8. 26).

입법 일정이 계속 늦어지고 있는 상황에서 인간 개체 복제에 대한 우려는 갈수록 증가하고 있었다. 2001년 8월 인간 복제 회사인 클로나이드 (clonaid) 사의 창립자인 라엘(Claude Rael)이 한국을 방문해 시민 단체들을 긴장시켰다.[19] 한국에 클로나이드 사의 자회사가 이미 설립되어 있는 상황에서 복제 인간이 태어나도 규제할 근거가 없었기 때문이다. 2001년 10월 7일에는 한양대학교와 미즈메디 연구팀이 냉동 보관 중이던 잔여배아를 이용해 인간 배아줄기세포를 확립하였다고 발표하여 시민 단체들의 반발을 샀다. 국외에서도 국내 상황에 영향을 미칠 만한 발표가 있었다. 2001년 11월 25일 미국의 ACT 사는 체세포 핵이식을 통해 인간 배아를 만들었고, 이 배아로부터 배반포를 얻는 데 성공하였다고 주장하였다. 이 실험은 인간 배아 복제가 기술적으로 가능하다는 것을 보여주는 것으로 국내 규제

19··· 2001년 8월 28일 신라호텔에서 있었던 기자회견에서 라엘은 제3국에서 인간 복제 실험이 비밀리에 진행 중에 있으며, 6개월에서 24개월 내에 복제 인간이 태어날 것이라고 주장하였다. 더욱 놀라운 것은 김 모씨를 비롯해 한국인 8명이 인간 복제를 신청했다고 주장했다(교회와 신앙, 2001. 10).

형성 지형에 파장을 몰고 왔다. 2002년 초반의 상황은 더욱 복잡하게 전개된다. 2002년 1월 15일 과학기술부가 21세기 프론티어 사업 중 하나로 '세포응용연구사업단'[20]을 출범시키겠다고 발표한 것이다. 줄기세포 연구에 매년 약 100억 원씩 총 1000억 원을 지원하겠다고 밝힌 것이다. 이런 정부 발표에 시민 단체가 반발하였는데, 줄기세포의 연구 범위에 대한 구속력 있는 규제가 없는 상태에서 우선 지원부터 하고 보는 것은 문제가 있다는 것이다.[21] 이런 반발에 대해 과학기술부는 이 사업을 보류할 의사가 없다고 밝히면서 우선 논란이 덜한 연구부터 추진하고 논란이 예상되는 연구는 향후 입법 방향에 따라 추진하겠다고 밝혔다.

과학기술부의 연구 지원에 자극을 받은 공동 캠페인단은 2002년 2월 7일 〈생명윤리법 제정 긴급토론회〉를 개최하였다. 당시 토론회에는 과학기술부와 보건복지부의 담당자들이 참석해 각 부처의 입장을 발표하였다. 과학기술부가 세포응용사업단을 추진하는 이유는 "줄기세포 연구가 막대한 경제적 부가가치를 창출하고 난치병 질환을 근원적으로 해결하는 등 경제 사회 복지 측면에서 파급효과가 지대하기 때문"이라고 밝혔다. 관련 법률에 대한 입장도 밝혔는데, 비록 현재 입법 논의 중에 있지만 기술 발전 속도가 빨라 연구를 더 늦출 수가 없다고 밝혔다. 그러면서 어느 정도 합의가 모아진 성체줄기세포, 동물 줄기세포 등에 대한 연구를 먼저 추진하고 배아 복제 등은 향후 입법 방향에 따라 추진하겠다고 밝혔다. 보건복지부 담당자는 한국보건사회연구원이 마련한 법률안을 소개하였다. 이후 과학기

20··· 이 사업단의 연구비 일부는 황우석 박사의 조작된 논문에 사용되었으며, 이 사업단의 IRB도 조작된 논문에 관여하였다.

21··· "[논평] 과기부 줄기세포연구 프론티어사업 공모, 정부의 생명윤리법 제정 약속과 충돌한다", 참여연대 시민과학센터, 2001.1.18.

술부는 〈생명윤리자문위원회〉의 결과와 달리 배아 복제를 허용할 수 있음을 시사한다(《동아일보》, 2002. 3. 7). 이 보도가 논란을 일으키자 과학기술부는 보도 해명 자료를 배포했는데, 과학기술부의 입장이 더욱 구체적으로 드러났다. 과학기술부는 「줄기세포연구등에관한법률(안)」을 작성해 국무회의에 보고하였으나 그 내용은 구체적으로 정해진 바가 없다는 것이다. 이러한 움직임은 과학기술부가 산하에 구성해서 운영했던 〈생명윤리자문위원회〉의 결과를 수용하지 않을 수 있다는 것을 보여준 것이다.[22]

사회적으로 논란이 될 만한 연구는 국내외적으로 지속된다. 2002년 3월 7일에는 박세필 박사가 소 난자를 이용한 배아 복제에 성공했다고 공개적으로 밝혀 이종간 핵이식에 대한 논란을 일으켰다. 4월 5일에는 이탈리아의 안티노리 박사가 인간 배아를 복제해 여성의 자궁에 착상시켰다고 주장해 전 세계에 파장을 몰고 왔다. 인간 개체 복제에 대한 현실적인 우려는 시민 단체가 정부를 압박할 수 있는 근거가 되기에 충분하였으며, 정부에게도 부담이 되었다.

복제 인간이 태어나도 규제할 법률이 없어서 부담을 느꼈던 보건복지부는 2000년 5월부터 준비해 오던 「생명윤리및안전에관한법률(안)」에 대한 두 번째 공청회를 2002년 7월 15일에 개최했다. 반면 보건복지부가 생명공학을 규제하는 법률을 만드는 것 자체에 반대하고 있었던 과학기술부는 7월 18일 기자회견을 개최하여 「인간복제금지및줄기세포연구등에관

22··· 과학기술부는 생명윤리자문위원회 구성 초기 결과물에 대한 활용 방안을 자세히 밝힌 바 있었다. 2000년 9월 과학기술부는 위원회의 보고 사항을 보건복지부와 협의하여 2001년 정기국회에 제출할 계획이라고 밝혔다. 결국 과학기술부가 자문위원회를 구성한 이유는 법률 제정 자체가 아니라 이를 통해 복지부와의 주도권 다툼에서 유리한 위치를 차지하겠다는 것이었다.

한법률(안)」을 국무조정실에 제출했다고 밝혔다. 과학기술부의 법률안은 규제의 범위에서 포괄법 형태의 보건복지부의 안과 차이가 있었다. 과기부 안은 제목 그대로 인간 개체 복제와 줄기세포 연구에 대한 내용만을 담고 있었다. 누구나 반대하는 인간 개체 복제는 금지하고 성체 및 잔여배아에 대한 연구는 허용하도록 했으며 배아 복제와 이종간 핵이식은 국무총리실 산하의 생명윤리및안전위원회에서 결정하도록 하였다.

그런데 이러한 입장은 시민 단체들이 보기에 설득력을 얻기 힘들었다. 이미 배아 복제와 이종간 핵이식 문제는 과학기술부 산하의 생명윤리위원회에서 충분히 논의되었고 어느 정도 합의가 이루어진 사안이었다. 비록 배아 복제는 금지하였지만 가톨릭과 기독교, 여성 단체의 반대에도 불구하고 잔여배아에 대한 연구는 허용하였다. 게다가 보건복지부의 용역 프로젝트와 자문위원회의 활동 과정에서 외국의 입법 현황 및 연구 현황 등이 이미 자세하게 정리된 바 있었다. 특히 동물의 난자에 사람의 핵을 넣는 이종간 핵이식의 경우 전 세계 어디에서도 공식적으로 허용된 바 없었다. 이미 논의된 내용 중에서 잔여배아 연구 허용과 같은 내용은 합의된 것으로 간주하면서 배아 복제와 이종간 핵이식에 대한 합의 내용은 재논의가 필요하다고 수용하지 않았던 것이다.

부처 간의 이해 다툼이 본격화되자 2002년 7월 25일 국무조정실은 보건복지부를 주관 부처로 결정한 후 과학기술부와 협의 처리를 요구하게 된다. 부처 간의 이해 다툼에 대해서 시민 단체들은 각 부처가 서로의 이해관계를 바탕으로 적당히 주고받는 선에서 타협이 이루어질 것에 대해 우려하였다.[23] 8월 28일에는 공동 캠페인단의 대표와 보건복지부 장관과의 면담

23··· "[공동 캠페인단 성명] 정부는 배아 복제금지를 명시한 진정한 생명윤리법

이 이루어졌다. 법률 제정이 구체적인 일정에 돌입한 것은 환영하지만 최종안에 △ 배아 복제와 이종간 핵이식의 예외 없는 금지, △ 국가생명윤리자문위원회의 위상 강화, △ 인공 수정에 대한 내용 포함 등을 반영할 것을 요구하였다. 2002년 9월 23일 보건복지부는 「생명윤리및안전에관한법률(안)」을 입법 예고하였다. 배아 복제는 원칙적으로는 금지하되 필요할 경우 국가생명윤리자문위원회가 허용할 수 있는 내용을 담고 있었으며, 유전 정보와 같은 생명공학의 다른 영역에 대한 규제도 포함하고 있는 포괄법 형태였다. 〈시민과학센터〉는 일단 환영한다는 입장을 밝히면서, 과학기술부와 일부 과학자의 반발에 대해 비판하였다.[24] 시민 단체가 보기엔 기존의 사회적 논의에 비해 훨씬 후퇴한 내용을 담고 있었지만, 일부 과학자와 언론, 재계, 과학기술부가 강력히 반발하였다. 우리나라에서 생명공학 육성 담론이 얼마나 견고하고 강력한지를 확인할 수 있는 시기라고 할 수 있었다.

연내에 법률 제정이 무산될 위기에 처하자 공동 캠페인단은 10월 21일부터 일주일간 과천 종합청사 앞에서 과학기술부와 산업자원부를 규탄하는 1인 시위를 벌이게 된다. 10월 22일에는 공동 캠페인단 대표들이 국무조정실 담당자와 면담을 갖고 업무 조정의 공정성과 일관성을 요구하였으나, 담당자는 확답을 피하면서 시간을 두고 신중히 결정하겠다고 밝혀 국회 상정이 더욱 불투명해졌다. 10월 25일 관계 차관 회의에서 각 부처 간의

제정에 나서라", 2002. 7. 26.

24… 공동 캠페인단이 아닌 시민과학센터 단독 논평이었다. 시민과학센터는 배아 연구에 있어서 종교, 여성, 환경 단체와 같은 단체에 비해서 상대적으로 유동적 입장을 가지고 있었다. 당시 규제를 거부하는 담론이 팽배했던 분위기를 고려하면 복지부의 법률안 정도의 내용이라도 국회를 통과한다면 어느 정도 성과를 낼 것으로 판단하였다.

의견 차이가 커 합의에 실패했고, 따라서 정기 국회 상정이 무산되었다. 복지부 법률의 국회 상정이 무산되자 공동 캠페인단은 2002년 11월 6일 김홍신 의원의 소개로 「생명윤리및안전에관한법률(안)」을 제출했다. 이 법률안은 보건복지부의 법률을 바탕으로 공동 캠페인단의 주장을 반영하여 작성되었다. 2000년 8월에 이어 또다시 시민 단체가 독자적으로 국회에 법률안을 제출함으로써 입법 의지를 밝힌 것이라고 할 수 있다.[25] 같은 날 과학기술부는 기존의 「생명공학육성법」을 개정해 인간 개체 복제만을 금지하는 내용을 담겠다고 밝혔고 12월 31일에는 「인간복제금지및줄기세포연구등에관한법률안」을 이상희 의원 발의로 국회에 하였다. 이때부터 입법 논쟁의 중심이 금지 찬반에서 '개별법' 대 '포괄법'으로 옮겨지게 된다.

2003년 2월 6일 「생명윤리및안전에관한법률(안)」에 대한 정부 단일안이 발표되었다. 부처 간의 조정 과정을 거치면서 보건복지부의 초안과 달리 배아 복제가 허용되었고, 과학기술부의 의견이 반영될 수 있는 조항들이 삽입되었다. 법률안 후퇴에 위기감을 느낀 공동 캠페인단은 1월 23일 기자회견을 갖고 각계 인사가 참여한 '생명윤리법 제정 촉구를 위한 100인 선언'[26]을 통해 포괄법 형태이면서, 배아 복제를 금지한 법률 제정을 촉구하였다. 또한 2월 18일에는 규제개혁위원회의 심의관과 면담을 갖고 의견서

25··· 과학기술부의 반발은 시민 단체들이 복지부의 안을 지지하는 결과를 가져왔다. 당시 사회적 분위기는 배아 복제에 대한 입장을 떠나 '포괄법' 형태의 복지부 안이 국회를 통과할지 여부조차 판단하기 힘들었기 때문이다.

26··· 당시 100인 선언에는 대통령자문 지속가능발전위원회 박영숙 위원장, 여성민우회 김상희 상임대표, 김성수 성공회대 총장, 김지하 시인, 송보경 소비자문제를 연구하는시민모임 이사, 최열 환경운동연합 사무총장, 권영길 민주노동당 대표, 이오경숙 여성단체연합 대표 등이 참여하였다.

를 제출하기도 하였다. 정부 단일안이 규제개혁위원회를 통과해 법제처로 넘어가는 과정에서 법률안에 일부 변화가 있었지만 10월 초까지 정부나 시민사회 단체의 대응은 거의 없었다.²⁷ 법률안의 변경이 정부 내에서만 이루어져서 구체적 내용이 공개되지 않았을 뿐만 아니라 2002년 중반 이후 공동 캠페인단의 활동력이 급속히 약화돼 있었기 때문에 시민 단체들도 적극적으로 대응하지 못했다.

2003년 10월 15일 복지부는 부처 간 조정을 마친 「생명윤리및안전에관한법률(안)」을 국회에 제출하였다. 시민 단체들이 볼 때, 생명공학에 대한 규제가 없는 상태에서 정부가 관련 법률을 국회에 제출한 것은 나름대로의 진전이라고 평가할 수 있었지만 내용면에서는 기존의 논의 내용보다 더욱 후퇴하였다. 법률안의 후퇴는 부처 간의 이해를 조정하면서 발생하였다. 이종간 핵이식을 세계 최초로 명시적으로 허용했고, 국가생명윤리자문위원회가 국가생명윤리심의위원회로 바뀌면서 7개 정부 부처 장관이 당연직 위원으로 포함되었다. 또한 국가 기관이 유전자 검사를 하는 경우에는 연구 시설 및 내용 등을 신고하지 않아도 되도록 예외 규정을 두었다. 이는 대규모 유전자 검사나 은행을 계획하고 있던 보건복지부 산하의 국립보건원과 신원 확인 유전자 데이터베이스를 추진하고 있던 법무부 요구가 반영된 것이다.²⁸ 2003년 12월 17일 국회에 제출되어 있던 6개의 법률 중에서 정부가 제출한 법률안이 원안 그대로 국회 보건복지위원회를 통과했고 29일

27··· 시민사회 단체들의 소극적 대응과 달리 당시 법률안은 청와대의 정보과학기술보좌관이 지속적으로 관심을 가지고 검토했다(보건복지부 사무관 G와의 인터뷰, 2004. 5. 17).

28··· 보건복지부 사무관 G와의 인터뷰(2004. 5. 17).

에는 국회 본회의를 통과하였다.²⁹

3 생명윤리자문위원회와 시민 단체

〈생명윤리자문위원회〉의 활동도 따로 살펴볼 필요가 있다. 보건복지부
의 입법 활동에 자극을 받은 과학기술부는 산하에 〈생명윤리자문위원회〉
를 구성해 독자적인 법률을 준비했다. 과학기술부는 2000년 6월 국무조정
실에서 생명 윤리와 관련된 법률을 추진해 줄 것을 요구하였지만 실무 부
처에서 추진하는 것이 효율적이라며 과학기술부 산하에 위원회를 구성해
추진하라고 통보하였다(《국민일보》, 2000. 12. 19). 과학기술부가 〈생명윤리
자문위원회〉의 구성안을 공개하자 〈시민과학센터〉는 성명을 발표해 일부
위원을 위원회에서 제외할 것을 요구하였다.³⁰ 과학기술부가 밝힌 위원 구
성안에는 당시 인간 배아 연구를 진행하고 있던 황우석, 박세필 박사가 포
함되어 있었다. 이 단체는 생명공학의 윤리적 문제를 다루기 위해 위원회
를 구성해 운영하는 것 자체는 긍정적으로 평가하지만 위원회에 이해 관
계자가 포함되어서는 안 된다고 주장하였다. 위원회가 구성되면 이 두 사

29… 정부 법률안이 국회를 통과하는 과정도 순탄하지 않았다. 법률 심사를 며칠
앞둔 시점에서 이상희 의원을 비롯한 과학기술정보통신위원회의 일부 의원들이 국
회 법제사법위원회에 공문을 보내 법률안 심사 보류를 요청하였다. 이러한 사실은
보건복지부가 시민과학센터에 알려와 밝혀졌고, 시민과학센터는 법사위 위원들에
게 심사 협력을 요청하는 공문을 발송하기도 하였다.

30… "[성명] 과학기술부가 구성하는 생명윤리자문위원회에 윤리적 논란이 있는
과학자들을 포함시켜서는 안된다", 참여연대 시민과학센터, 2000. 9. 26.

람의 연구를 평가하고 그것을 바탕으로 규제를 만들어야 할지도 모르는데, 당사자들이 포함되면 제대로 된 조사가 불가능할 것이라고 판단한 것이다. 결국 이 두 명은 최종 명단에서 제외되었다.

〈생명윤리자문위원회〉는 과학기술부 장관이 임명한 과학, 의학, 인문사회, 시민 단체 인사 등 20명으로 구성되었다. 〈생명윤리자문위원회〉는 2000년 11월 26일부터 2001년 8월 14일까지 총 18차례의 회의를 개최하였다. 〈생명윤리자문위원회〉의 논의 중에서 사회적으로 주목받았던 영역은 인간 배아 연구의 활용 범위에 관한 것이었다. 3차 회의에는 박세필 박사가 4차 회의에서는 황우석 박사가 각각 참석하여 인간 배아 연구 및 체세포 복제에 대해 발표했다. 박세필 박사는 14일 이전의 인간 배아는 연구 및 치료 목적으로 이용할 수 있고, 체세포 복제의 경우 전 국민의 의견 수렴 후 결정해야 한다고 주장해 유보적인 입장을 보였다(박세필, 2000). 덧붙여 박세필 박사는 "인간 배아 연구 관련 문제에 대한 여성 참여 및 시민 참여는 현재에도 시민 단체의 영향력이 매우 크다"며 시민 단체의 영향력에 대해 언급하기도 했다(생명윤리자문위원회, 2001: 125쪽). 우리나라 줄기세포 규제 형성 과정에서 중요한 역할을 했던 황우석 박사는 체세포 복제를 통한 세포 치료의 가능성을 강조함과 동시에 시민 단체에 대한 불만을 드러냈다. 이미 세계 각국에서 배아 복제를 하고 있으며, 어려운 환경 속에서도 과학자들이 열심히 일하고 있는데 시민 단체의 반발로 인해 개발이 주춤한 상태라는 것이다.

우리나라는 일부 과학자들이 척박한 환경에서도 관련 기술의 선도국 내지 선진국으로 위치하도록 기술개발을 해왔으나 최근 생명 윤리 및 사회의 건강성을 내세우는 시민 단체 등의 강력한 주장으로 기술개발 진척이 주춤한 상태이다. 21세기에는 생명공학 기술을 바탕으로 하지 않은 경제선진국은 존재할 수 없으며 바이오의학 기술개발을 경시한 국가치고 의료복지 상등국은 태어날 수 없을 것이다(황우석, 2001).

인간 배아 연구의 허용 여부를 결정하는 데 있어 가장 중요한 쟁점은 인간 배아의 도덕적 지위(The Moral Status of the Embryo)를 어떻게 볼 것인가에 있다. 이에 따라 연구의 허용 범위와 처벌이 결정되기 때문이다. 인간 배아의 도덕적 지위는 크게 세 가지로 정리할 수 있다(Mcgleenan, 2000). 자문위원회는 인간 배아를 단순한 세포, 성인과 동등한 지위, 성장과 동시에 도덕적 지위 획득이라는 세 가지 옵션 중에서 초기의 배아 연구는 허용할 수 있다는 입장을 채택하였다. 가톨릭, 기독교, 여성 단체들은 잔여배아에 대한 연구도 반대하였으나 배아줄기세포에 대한 의학적 가능성을 고려해 엄격한 관리라는 전제를 두고 잔여배아를 연구 목적으로 허용하기로 결정한 것이다. 이는 과학계의 입장과 종교 및 시민사회 단체의 입장을 절충한 형태로 합의가 이루어진 것으로 평가할 수 있다(생명윤리자문위원회 5차 회의록).

배아 복제의 경우 영국을 제외하고는 공식적으로 허용한 나라가 없었고, 미국도 연방 차원에서는 복제 연구에 지원하지 않고 있었지만 우리나라에서는 사회적으로 큰 쟁점이 되고 있었다. 황우석 박사가 체세포 핵이식을 통한 소 복제와 이 기술을 응용해 인간 배아 복제에 성공했다고 주장하고 있었으며, 이 기술의 의학적 산업적 가능성들이 언론과 정치권을 통해 계속 부각되고 있었다. 그러나 〈생명윤리자문위원회〉는 인간 배아 복제 금지를 큰 이견 없이 통과시켰다(생명윤리자문위원회 17차 회의록). 이 문제가 자문위원회에서 큰 논란을 일으키지 않고 정리될 수 있었던 것은 우선 국제적으로 인간 배아 복제를 공식 허용한 나라가 거의 없었을 뿐만 아니라 인간 배아 복제에 성공했다고 알려진 황우석 박사조차 〈생명윤리자문위원회〉에 출석해서는 성공 여부에 대해 명확히 밝히지 않았기 때문이다.[31] 또한 회의가 진행됨에 따라 그동안 언론에는 제대로 소개되지 않았던 성체줄기세포(adult stem cell)의 가능성과 배아줄기세포의 단점들이 드러났다. 의학적 가능성이 큰 줄기세포를 얻기 위해서 꼭 인간 배아를 이용하거나 복제를 할 필요가 없을 뿐만 아니라 그동안 잘 알려지지 않았던 배아복제의 의학적 한계들도 드러났다.

〈생명윤리자문위원회〉가 2001년 7월 10일 제안한 「생명윤리기본법」은 모두 8개 항목으로 구성되어 있다. 특히 6조와 8조는 동물의 유전자 변형과 생명 특허에 대해서 다루고 있었는데, 이들 쟁점들은 보건복지부의 법률안에는 포함되지 않았던 내용들이다. 생명 특허의 경우 「생명윤리기본법」에서는 금지하는 연구로부터 나온 결과물과 기술을 특허 허용 대상에서 제외 하도록 했다.[32] 생명 특허가 제3세계의 유전자원 착취나 비윤리

31… 황우석 박사는 언론에 보도된 배아 복제 성공 기사에 대해서 다음과 같이 말했다. "배아 복제를 했다고 발표한 바 없습니다. 특허 출원에 대하여도 언론사에 발표한 바 없습니다. 언론 등에서 일부를 인지하여 정확한 저의 답변을 확인하지 않은 채 공개적으로 내놓은 것이 정확한 저의 이야기입니다. 아울러 소의 난자를 복제했다는 기사가 몇 군데서 났습니다. 제가 기자들에게 확인해 본 결과, 황 교수가 소를 많이 쓰니까 소를 썼을 것이다라고 추정하여 기사를 내보냈다고 합니다. 김환석 소장을 비롯한 시민 단체에서 성명서를 통해 저에게 수행 난자의 소스를 밝히라고 요구한 바 있습니다. 그러나 이를 현재 발표하기에는 또 다른 논란을 불러일으킬 수 있기 때문에 밝히지 않겠습니다."(생명윤리자문위원회 4차 회의록)

32… 당시 특허청도 인간의 체세포 복제를 통한 방법과 그 결과물에 대해서는 특허를 허용하지 않기로 했다. 복제 양 돌리를 지원한 PPL 사 등은 우리나라 특허청에 인간을 포함한 포유류 전체에 대한 복제 기술에 대해 특허를 신청하였는데, 특허청

적 연구를 정당화해 주는 역할을 하고 있다는 시민 단체들의 우려가 반영된 결과라고 할 수 있다. 사회적으로 논란이 되지도 않았을 뿐만 아니라 관심이 적었던 분야인 동물의 유전자 변형 문제가 「생명윤리기본법」에 포함된 것은 이례적인 것으로 자문위원회가 각계의 목소리를 수렴하려고 노력한 결과라고 할 수 있다. 동물권 단체[33]를 중심으로 연구를 위해 인위적으로 유전자를 변형한 동물들이 고통을 겪고 있다는 주장이 제기되었고, 일부 자문위원도 동물 실험에 대한 엄격한 통제를 주장하였다. 그러나 이러한 주장이 자문위원회의 주류 의견은 아니었다. 종교계 및 대부분의 위원들은 유전자 변형 동물의 유용성을 들어 동물 실험 자체를 강하게 반대하지 않았다. 게다가 생명과학계의 경우 동물을 사용하지 않고는 인간의 생체 연구가 불가능하다는 점에서 동물 유전자 변형 연구를 지나치게 규제하는 것은 생명공학 산업을 크게 위축시킬 것이라고 우려하면서 유전자 변형 동물은 포함시키지 말아야 한다고 주장하고 있었다(생명윤리자문위원회, 2001:78쪽).

〈생명윤리자문위원회〉의 공청회 전후로 각계의 반응이 쏟아져 나왔다. 우리나라의 대표적인 생명공학 연구 기관인 한국생명공학연구원은 2001년 5월 24일 원장을 비롯한 300명의 임직원 명의의 건의서를 통해 배아 복제를 허용할 것을 요구하였다.[34] 이와는 대조적으로 〈시민과학센터〉는 전체적으로 생명과학의 발전이 인간 존엄성과 인권을 고려해야 한다는

은 여기서 '인간'을 제외한 동물만을 허용하였다.

33··· 당시 자문위원회에 적극적으로 의견을 개진했던 단체는 동물학대방지연합, 생명체학대방지포럼, 동물자유연대, 지구사랑, 개고기 반대운동본부, 한국동물보호연합, 생명회의, 환경운동연합, 한국채식세상연합 등이다.

34··· "[의견서] '생명윤리법시안'에 대한 건의문", 생명공학연구원, 2001. 5. 24.

원칙을 수용했다는 점과 자문위원회의 운영 과정에서 사회적 합의를 위해 노력했다는 점에 대해서 긍정적으로 평가하였다.[35] 〈시민과학센터〉 운영위원 2명이 자문위원회에 포함되었을 뿐만 아니라 그동안 제기해 왔던 주장 대부분이 「생명윤리기본법안」에 반영되었기 때문이다.

4 결론

생명공학 활동에 대한 우리나라 최초의 통합적 규제인 「생명윤리법」의 제정은 정부의 소극적 태도에 대응해 시민 단체가 적극적으로 요구하고 참여한 결과라고 할 수 있다. 생명공학 감시 운동의 핵심 단체였던 〈시민과학센터〉는 2000년 2월 29일 독자적인 입법 운동을 선언했고, 10월 18일 국회에 「생명과학 인권윤리법(안)」을 청원하였다. 이러한 움직임에 대응해 보건복지부는 2000년 12월 6일 「생명과학보건안전윤리법(안)」을 발표했고, 과학기술부는 2000년 11월 26일부터 〈생명윤리자문위원회〉를 운영해 2001년 7월 10일 「생명윤리기본법(안)」을 발표하였다. 이후 보건복지부와 과학기술부는 법률의 주관 부처가 되기 위해 경쟁을 하게 되는데, 보건복지부는 법률안의 규제를 축소하는 방식을 취했으며, 과학기술부는 〈생명윤리자문위원회〉의 결정을 수용하지 않고, 최소한의 규제만 담은 독자 법률안을 국회에 제출하게 된다. 이 과정에서 강력한 육성 담론을 확인한 69개의 시민사회 단체들은 〈조속한 생명윤리법 제정을 위한 공동

35··· "[논평] 생명과학의 발전은 인간존엄성과 인권과 조화되어야 한다", 참여연대 시민과학센터, 2001. 5. 18.

캠페인단〉을 구성해 적극적으로 대응하였다. 시민 단체들은 정보 공개 요구와 문제 제기뿐만 아니라 구체적인 대안을 제시하는 형태의 운동을 진행했다. 이들은 규제 형성을 위해 성명 발표, 토론회 및 심포지엄 개최, 실태조사, 기자회견 및 집회, 입법 청원 등 다양한 방식을 동원하였다.

「생명윤리법」의 내용 면에서 살펴보면 정부의 생명공학 육성 정책 속에서 그동안 관리, 감독이 전혀 이루어지지 않았던 연구 및 임상 분야를 규제하는 법률이 만들어졌다는 점에서 의미가 있다. 「생명윤리법」 제정 과정에서의 핵심 쟁점은 관련된 쟁점을 두루 담은 포괄법 형태 여부와 배아 복제 허용 여부였는데, 포괄법 형태의 법률이 만들어진 점에서도 성과가 있었다고 할 수 있다. 생명공학을 육성하기 위해 제정된 「생명공학육성법」이 만들어진 지 20년 만의 일이다. 물론 그동안의 논의에 비해 후퇴한 내용도 담고 있었다. 배아 복제를 금지했던 초기의 법률안이 몇 번의 개정을 거치면서 이종간 핵이식과 체세포 복제를 허용하였다. 당시 연구를 진행 중이던 황우석 박사를 고려한 결과라고 할 수 있다.[36] 결국 이러한 특혜는 황우석 박사가 부정행위를 저지를 수 있었던 배경을 만들어주었다. 잔여배아를 이

36··· 황우석 박사를 위한 부칙 조항은 2002년 9월 복지부의 입법 예고안에서 처음으로 등장했고, 황우석 박사가 《사이언스》지에 논문을 투고하고 심사평이 도착한 2003년 7월 이후 더욱 구체적으로 바뀌게 된다. 최종 법률의 부칙 3항은 다음과 같다. "(체세포 복제 배아의 연구에 관한 경과 조치) 이 법 시행 당시 제17조 제2호의 규정에 의한 연구 목적으로 체세포 복제 배아의 연구를 하고 있는 자는 다음 각호의 요건에 해당하는 경우에는 보건복지부장관의 승인을 얻어 당해 연구를 계속할 수 있다. 1. 3년 이상 체세포 복제 배아에 관한 연구를 계속하였을 것. 2. 관련 학술지에 1회 이상 체세포 복제 배아에 관한 연구 논문을 게재한 실적이 있을 것." 부칙 조항의 변화 과정에 청와대의 개입이 있었던 것으로 보인다. 보건복지부 사무관 G에 따르면 당시 법률안에 대해서 청와대가 지속적으로 의견을 보내왔다고 한다(2004. 5. 17).

용한 줄기세포 연구 범위도 대폭 확대되었다. 연구 영역을 구체적으로 규정하지 않아 사실상 어떤 연구도 가능하게 하였다. 국가생명윤리심의위원회에 7개 부처 장관이 당연직 위원으로 포함돼 있어 향후 지속적으로 제기될 생명공학의 윤리 사회적 문제를 제대로 심의하기에는 문제가 있었다.[37] 인간 유전 정보 활용 부분에서는 국가 기관에 대한 예외 조항과 광범위한 위임 사항을 두어 관리 감독의 사각지대를 만들었다. 수사 기관들의 DNA 수집이나 국책 연구소들이 운영하는 거대 유전자은행은 규제 대상에서 제외된 것이다.

「생명윤리법」 제정 과정에는 몇 가지 공식적인 시민 참여 제도가 도입, 활용되었다. 정부 주도로 개최된 일련의 공청회는 생명공학 육성 담론의 확산 장소가 되었다. 일부 과학자가 반발을 하면, 언론은 이를 확대 재생산하였다. 이는 복지부와 〈생명윤리자문위원회〉의 법률안에 시민 단체들의 주장이 이미 상당 부분 반영된 결과이기도 했으며, 규제 자체를 거부하는 움직임이기도 했다. 사실 복지부와 〈생명윤리자문위원회〉의 초기 법률안들은 규제가 존재하는 다른 국가들과 비교했을 때, 강력한 규제가 아니었다. 〈생명윤리자문위원회〉의 경우, 활동 자체는 성공적이었다고 평가할 수 있다. 위원의 구성도 적절했으며, 다양한 입장을 가진 개인이나 단체가 참여해 발언할 수 있는 기회를 가졌다. 다양한 가치들이 충돌할 수 있는 공간을 마련해 준 것이다. 또한 활동 과정에서 정리된 각계의 입장과 국내외 자료 등은 생명공학 규제 논의를 한 단계 끌어올리는 계기가 되었다. 그러나

37⋯ 당시 법률의 위원회는 최대 21명의 위원 중에서 과학계와 정부 부처 장관이 14명이다. 만약 합의가 이루어지지 않는 쟁점에 대해서 표결이 이루어진다면 결과는 정해진 것이라고 할 수 있다.

자문위원회라는 제도의 태생적 한계가 확인되기도 했다. 과학기술부는 초기의 약속과 달리 자문위원회의 결과를 수용하지 않았다. 과학기술부 관계자가 위원장에게 전화를 걸어 압력을 행사하거나, 일부 위원들을 만나 설득하는 일도 벌어졌다. 이때부터 등장한 정부의 '비공식적 개입'은 황우석 사태가 끝난 후에도 지속되는데, 우리나라 생명공학 규제 형성 과정에서 나타난 특징 중 하나라고 할 수 있다.

「생명윤리법」제정 운동이 어느 정도 성과를 거둘 수 있었던 배경 중 하나는 운동 핵심 주체였던 〈시민과학센터〉의 독특한 활동과 위치에서 찾을 수 있다. 〈시민과학센터〉는 '과학기술의 민주화'를 주장하는 단체로 과학기술 영역도 다른 사회 영역과 마찬가지로 개입을 통해 민주적 재구성이 가능하다고 여긴다. 이를 실현하기 위해 과학기술과 관련된 시민 참여 제도를 소개하거나 직접 진행하였으며, 다른 한편으로는 생명공학의 진전으로 인한 위험성을 지적하고 대안을 제시하는 운동을 진행하였다. 결과가 개방되어 있는 시민 참여 제도의 도입과 특정한 입장을 표명하는 활동이 서로 결합된 독특한 형태의 운동 방식이라고 할 수 있다. 서로 모순적일 수 있는 이러한 형태의 활동이 오히려 생명공학 규제 형성 과정에서 성과를 낼 수 있는 '주체적 조건'이 되었다. '참여' 및 '사회적 합의'에 대한 강조, '기존의 합의를 수용'하라는 주장은 정부를 압박하는 데 효과적으로 활용되었다. 당시의 '사회적 조건' 또한 법률 제정 운동에 유리하게 작용하였다. 우선 규제를 둘러싼 보건복지부와 과학기술부의 갈등은 시민 단체들이 개입할 수 있는 공간을 넓혀 주었다. 특히 보건복지부의 경우 논쟁의 초기부터 시민 단체에 개방적인 태도를 보여주었다.

그러나 동시에 이러한 성과와 특징은 법률 제정 캠페인을 포함한 생명공학 감시 운동의 한계로 지적할 수 있다. 이 운동이 일부 단체에 의해 주도

되었으며, 결국 활동가의 재생산에 실패함으로써 정체기를 맞은 것은 향후 생명공학 감시 운동의 형태와 방향에 대한 논의에 있어서 중요한 시사점을 준다고 할 수 있다. 더 나아가 생명공학 감시 운동이 시민사회에 얼마나 제 대로 확산되었는지에 대해서도 추가적인 검토와 연구가 필요하다. 생명공 학 감시 운동의 목적 중 하나는 생명공학에 대한 비판적 담론을 시민사회 내에 확산시키는 것이었다. 그러나 이러한 목적은 제대로 달성되지 못했 다. 생명공학 감시 운동이 다양한 단체에 맞는 형태로 제대로 분화되지 못 한 것이다. 이러한 현상은 생명공학 감시 운동이, 더 나아가 과학기술 민주 화 운동이 주류 시민 운동 내에서 어떠한 위치를 차지하고 있는지를 보여 주는 것이라고 할 수 있다.

참고문헌

국내 문헌

감사원(2006), 『국가연구개발사업 관리실태 감사 결과 중간발표』.

강양구 · 김병수 · 한재각(2006), 『침묵과 열광: 황우석 사태 7년의 기록』, 후마니타스.

경제정의실천연합(2013), 『GMO 표시제도 무엇이 문제인가?』, 토론회 자료집.

고영삼(1998), 『전자감시사회와 프라이버시』, 한울.

과학기술부(2007), 「연구윤리 확보를 위한 지침 해설서」.

과학기술정책연구원(2005), 「황우석 연구 성과의 경제적 가치 및 시사점」, 『혁신정책 Brief』 4호, STEPI 혁신정책연구센터.

교육과학기술부(2009), 『2009 생명공학 백서』.

국가생명윤리심의위원회(2006), 『황우석 연구의 생명윤리 문제에 대한 보고서』.

권혁찬(2004), 「국내 줄기세포 연구 방향의 문제점과 대안으로 논의되고 있는 성체 줄기세포」, 《시민과학》 51호, 참여연대 시민과학센터.

김녹권(1992), 「군에서 유전자 감식과 유전자은행 필요성」, 《국방저널》 302호, 110-115쪽.

김동광(2001), 「생명공학의 사회적 차원들: HGP의 형성과정을 중심으로」, 《과학기술학 연구》 1권 1호, 한국과학기술학회.

김동광(2005), 「무대 위의 과학」, 《과학기술학연구》 5권 2호, 23-47쪽.

김명진(2001), 『대중과 과학기술』, 잉걸.

김명진(2005), 「생명공학분야에서의 시민참여: 외국의 경험」, 『시민참여 강좌 자료집』, 시민과학센터.

김명진(2006), 「연구 진실성의 쟁점과 역사적 형성: 유럽 각국의 정책과 사례를 중심으로」, 연구 진실성(Research Integrity), 그 쟁점과 대책, 시민과학센터.

김명진(2008), 「GM 식품 논쟁의 현주소」, 《시민과학》 72호, 시민과학센터.

김명진·이영희(2002), 「합의회의」, 『과학기술·환경·시민참여』, 참여연대 시민과학센터 엮음, 한울.

김병수(2003), 「유전자 정보은행 설립여부, 신중히 결정돼야」, 《사법감시》 17호, 54-58쪽.

김병수(2004), 「유전정보 이용현황과 문제점」, 《유전자정보 어떻게 보호할 것인가》, 국가인권위원회 토론회 자료집, 국가인권위원회.

김병수(2004), 「생명공학──과학기술자들에게만 맡겨둘 수 없다」, 차병직 외 『참여연대 권력감시운동 10년』, 시금치.

김병수(2006a), 「황우석 사태로 본 생명공학의 민주화」, 『황우석 사태로 본 한국사회의 현재와 미래』, 생명공학감시연대 토론회.

김병수(2006b), 「황우석 사태와 생명공학감시운동」, 『생명윤리와 연구윤리의 현황과 전망』, 생명윤리정책연구센터 심포지엄.

김병수(2010), 「포메이토와 줄기세포」, 『우리에게 과학이란 무엇인가』, 사이언스북스.

김부년(1999), 「생명공학안전윤리문제에 대한 법적 대응」, 『생명복제기술합의회의 종합보고서』, 유네스코 한국위원회.

김철용(1998), 『행정법』, 박영사.

김환석(1997), 「양의 복제, 시민의 침묵: 생명공학에 대한 사회적 성찰」, 《녹색평론》 34호.

김환석(1999), 「시민참여를 실험하다」, 참여연대 과학기술민주화를위한모임, 『진보의 패러독스』, 당대.

김환석(2006), 『과학사회학의 쟁점들』, 문학과 지성사.

김훈기(2001), 「한국 생명공학 정책 의제 형성 과정에 대한 연구: 생명윤리 입법화 과정을 중심으로」, 고려대 과학학협동과정 박사학위 논문.

니콜라스 웨이드, 윌리엄 브로드(2007), 『진실을 배반한 과학자들――되풀이되는 연구 부정과 '자기검증'이라는 환상』, 김동광 옮김, 미래 M&B.

마니 모리크 로뱅(2009), 『몬산토――죽음을 생산하는 기업』, 이선혜 옮김, 이레.

박세필(2000), 「체세포를 이용한 생명체 복제기술의 의학적, 의료적 효능」, 생명윤리 자문위원회 3차 회의 발표문, 생명윤리자문위원회 활동 보고서.

박진희(2004), 「과학기술 관련 시민사회운동의 역사와 그 역할」, 《과학기술학연구》 4권 1호.

생명윤리자문위원회(2001), 『바람직한 생명윤리법 제정을 위한 생명윤리자문위원회 활동 보고서』, 과학기술부.

서울대학교 조사위원회(2006), 『황우석 연구에 대한 조사결과 발표문』.

서울중앙지방검찰청(2006), 『황우석 사건 수사결과 발표문』.

송기호(2010), 『맛있는 식품법 혁명』, 김영사.

윌리엄 엥달(2009), 『파괴의 씨앗――미국식량제국주의의 역사와 실』, 김흥욱 옮김, 길.

유네스코한국위원회(1999), 『생명복제기술합의회의 종합보고서』.

유영찬 외(1998), 「경찰과학수사의 발전방안에 관한 연구」, 《치안논총》 14호.

윤미은·김두환(2002), 「포커스 그룹」, 『과학기술·환경·시민참여』, 참여연대 시민 과학센터 엮음, 한울.

윤현식(2004), 「유전자 데이터베이스 구축에 앞서 논의되어야 할 것들」, 《유전자정 보 어떻게 보호할 것인가》, 국가인권위원회 토론회 자료집, 국가인권위원회.

이상호(2006), 「사건전후 줄기세포 패러다임 변화」, 『생명윤리와 연구윤리의 현황과 전망』, 생명윤리정책연구센터 심포지엄 자료집.

이승환(1996), 「강력범죄의 해결사 DNA typing」, 《한국분자생물학회지》 Vol. 8, No.

2, 28-37쪽.

이승환(2002), 「여성 성폭력 예방을 위한 유전자정보은행 신설 제안」, 여성폭력근절을 위한 심포지엄, 여성부.

이승환(2003), 「유전자정보은행의 필요성」, 《사법감시》 17호, 48-53쪽.

이영희(2000), 『과학기술의 사회학』, 한울.

이영희(2002), 「'기술사회'에서의 참여민주주의의 가능성 연구: 과학기술정책 관련 시민참여 모델 평가를 중심으로」, 《동향과 전망》 53호, 142-171쪽.

이영희(2003), 「국가 과학기술정책의 형성과 시민참여: 생명공학 규제입법과정을 중심으로」, 《동향과전망》 56호, 140-163쪽.

이영희(2008), 「과학기술 민주화 기획으로서의 합의회의: 한국의 경험」, 《동향과 전망》 73호, 294-324쪽.

이영희(2011), 『과학기술과 민주주의』, 문학과 지성사.

이영희·김명진·김병수(2003), 「유전정보 보호를 위한 시민참여 방안 연구」, 《과학기술학연구》 제3권 제1호.

이의경 외(2000), 『생명과학보건안전윤리법(안)의 주요 제안 내용, 생명과학관련 보건 안전 윤리 확보를 위한 공청회 자료집』, 한국보건사회연구원.

이혜경(1999), 「시민운동 속의 생명공학」, 참여연대 과학기술민주화를위한모임, 『진보의 패러독스』, 당대.

장경석(2002), 「시민배심원」, 『과학기술·환경·시민참여』, 참여연대 시민과학센터 엮음, 한울.

참여연대 과학기술민주화를위한모임(1999), 『진보의 패러독스』, 당대.

참여연대 시민과학센터(2001a), 「국내 바이오벤처들의 유전자 검사 실태 조사자료」.

참여연대 시민과학센터(2001b), 「국내 인간 유전 정보 이용 실태 조사자료」.

참여연대 시민과학세터(2002a), 『생명윤리법 제정을 위한 긴급토론회 자료집』.

참여연대 시민과학센터(2002b), 『시민과학센터 5년 백서』.

한겨레 사이언스 온 엮음(2010), 『GMO 논쟁상자를 다시 열다』, 한겨레.

한국바이오안전성정보센터(2013), 「2013 바이오안전성백서」.

한국보건사회연구원 외(2001), 「생명과학관련 국민보건안전 윤리확보를 위한 정책 개발 및 인프라 구축방안 연구」.

한상희(2002), 「국가신분증명제도의 문제점──국가감시체제의 통제를 위한 헌법 해석」, 『토론회 자료집: 국가신분증제도와 국민기본권──한 · 일의 사례를 중심 으로』.

한학수(2006), 『여러분 이 뉴스를 어떻게 전해드려야 할까요?: 황우석 사태 취재 파 일』, 사회평론.

한태희(2001), 「유전자 검사의 유용성 그리고 한계──유전자 검사 그 허와 실」, '인 간 유전 정보 이용의 사회 윤리적 문제 토론회' 발표문, 참여연대 시민과학센터.

호레이스 F. 저드슨(2007), 『엄청난 배신──과학에서의 사기』, 이한음 옮김, 전파과 학사.

홍욱희(2001), 「생명윤리자문위원회 활동에 대한 소고」, 《과학사상》 38호.

홍일표(2006), 『민주화 이후 한국 시민입법운동의 구조와 동학, 1988-2005』, 서울대 학교 사회학과 박사학위 논문.

황우석(1997), 「동물복제의 현황과 전망」, 《과학과 사상》 22호.

황우석(2001), 「생명복제기술의 적용영역 생명윤리자문위원회 4차 회의 발표문」, 『생명윤리자문위원회 활동 보고서』, 생명윤리자문위원회.

DNA 프로필 연구회(2001), 『유전자감식』, 탐구당.

외국 문헌

Allen, A.L.(1998), "Genetic Privacy: Emerging Concepts and Values", in *Genetic Secrets: Protecting Privacy and Confidentiality in the Genetic Era*, edited by Mark A. Rothstein, New Haven, Yale University Press.

American Academy of Forensic Science: http://www.aafs.org/

Andrew, L. & Nelkin, D.(2001), "DNA Dragnets: Biosurveillance and Expansion of DNA Identification", in *Body Bazaar: The Market for Human Tissue in Biotechnology Age*, Crown Publisher.

Bohman, J. & W. Rehg(eds.)(1999), *Deliberative Democracy: Essays on Reason and Politics*, MIT Press.

Bonfadelli, H. et al.(1998), "Switzerland", Durant, J., Bauer, M.W., & Gaskell. G., eds., *Biotechnology in the Public Sphere: A European Sourcebook*, London: Science Museum.

Bonfadelli, H., Urs Dahinden, & Leonarz, M.(2002), "Biotechnology in Switzerland: High on the Public Agenda, But Only Moderate Support.", *Public Understanding of Science*, Vol. 11, pp. 113-130.

Booth J.(2004), "Witness told in court he has HIV", *The Guardian*, 25-5.

Bucchi, M. and Neresini, F.(2008), "Science and Public Participation", in E. Hackett et al., *The Handbook of Science and Technology Studies*, The MIT Press.

Callon, M. and Rabeharisoa, V.(2008), "The Growing Engagement of Emergent Concerned Groups in Political and Economic Life", *Science, Technology and Human Values*, 33(2).

Carson, Lyn & Martin B.(1999), *Random Selection in Politics*, Westport, CT: Praeger.

Conrad, P. & Gabe, J.(eds.)(1999), *Sociological Perspectives on the New Genetics*, Blackwell.

Constans A.(2004), "Applied Bio and Orchid target forensics labs", *The Scientist*, 2-2.

Davison, Aidan, Barns I., & Schibeci, R.(1997), "Problematic Publics: A Critical Review of Surveys of Public Attitudes to Biotechnology", *Science, Technology & Human Values*, Vol. 22, No. 3, pp. 317-348.

de Cheveigné, S.(2002), "Biotechnology Policy: Can France Move from Centralized Decision Making to Citizens' Governance?", *Science Communication*, Vol. 24.

No. 2, pp. 162-172.

Einsiedel, E. F.(2000), "Cloning and Its Discontents——A Canadian Perspective", *Nature Biotechnology*, Vol. 18(September), pp. 943-944.

Einsiedel, Edna F.(2001), "Citizen Voices: Public Participation on Biotechnology", *Politeia* 17(63): 94-104.

Einsiedel, E. F.(2002), "Assessing a Controversial Medical Technology: Canadian Public Consultations on Xenotransplantation", *Public Understanding of Science*, Vol. 11, pp. 315-331.

Epstein, S.(1996), *Impure Science: AIDS, Activism, and the Politics of Knowledge*, University of California Press.

Epstein, S.(2008), "Patient Groups and Health Movements", in E. Hackett et al(eds.). *The Handbook of Science and Technology Studies*, The MIT Press.

European Commission(EC)(2001), *European Governance: A White Paper*.

European Commission(EC)(2002), *Science and Society: Action Plan*.

European Commission(EC)(2003), *Governance of the European Research Area: The role of civil society*.

Falloon M.(2004), "DNA traps brick thrower who killed lorry driver", *The Guardian*, 20-4 FBI Laboratory: http://www.fbi.gov/hq/lab/org/systems.htm.

Finney, C.(1999), "Extending Public Consultation via the Internet: The Experience of the UK Advisory Committee on Genetic Testing Electronic Consultation", *Science and Public Policy*, Vol. 26, No. 5, pp. 361-373.

Fischer, F.(1990), *Technocracy and the Politics of Expertise*, Sage.

Fuller, S.(2000), *The Governance of Science*, Open University Press.

Garland, M. J.(1999), "Experts and the Public: A Needed Partnership for Genetic Policy", *Public Understanding of Science*, Vol. 8, pp. 241-254.

Gaskell, G., et al.(1997), "European Ambivalent on Biotechnology", *Nature*, 387(26 June), pp. 845-847.

Gaskell, G., et al.(2000), "Biotechnology and the European Public", *Nature Biotechnology*, Vol. 18(September), pp. 935-938.

Gottweis, H. & Kim, BS.(2009), "Bionationalism, stem cells, BSE, and Web 2.0 in South Korea: toward the reconfiguration of biopolitics", *New Genetics and Society*, 28(3): 223-239.

Hennen, L.(1999), "Participatory Technology Assessment: A Response to Technical Modernity?", *Science and Public Policy*, 26(5).

Hess, D. et al.(2008), "Science, Technology, and Social Movements", in E. Hackett et al(eds.), *The Handbook of Science and Technology Studies*, The MIT Press.

Human Genetics Commission(HGC)(2000), *Whose Hands on Your Genes?*

Human Genetics Commission(HGC)(2001), "Protection of Genetic Information: An International Comparison."

Human Genetics Commission(HGC)(2002), "Inside Information: Balancing Interests in the Use of Personal Genetic Data."

Iredale, R. & Marcus, L.(1999), "Public Perspectives of the New Genetics: The Citizens' Jury Experiment", in Thompson, A. K. & F. Chadwick, R. K. eds., *Genetic Information: Acquisition, Access, and Control*, New York: Kluwer Academic/Plenum Publishers.

Irwin, A.(1995), *Citizen Science: A Study of People, Expertise, and Sustainable Development*, Routledge.

Irwin, A.(2008), "STS Perspectives on Scientific Governance", in E. Hackett et al. *The Handbook of Science and Technology Studies*, The MIT Press.

Jasanoff(2004), *States of Knowledge: The Co-production of Science and the Social Order*, Routledge.

Jeffery S.(2003), "Police seek DNA record of everyone", *The Guardian*, 8-9.

Jobling MA and Gill P.(2004), "Encoded evidence: DNA in forensic analysis", *Nature Reviews Genetics* 5:739-51.

Kass, N. E.(1997), "The Implications of Genetic Testing for Health and Life Insurance", in Rothstein, M. A. ed., *Genetic Secrets: Protecting Privacy and Confidentiality in the Genetic Era*, New Haven: Yale University Press, pp. 299-316.

Kjaer, A. M.(2004), *Governance*, Polity.

Lori, A. & Nelkin, N.(2001), "DNA Dragnets: Biosurveillance and Expansion of DNA Identification", *Body Bazaar: The Market for Human Tissue in Biotechnology Age*, New York: Crown Publisher.

Macer, D. & Chen Ng., M. A.(2000), "Changing Attitudes to Biotechnology in Japan", *Nature Biotechnology*, Vol. 18, September, pp. 945-947.

Mayer, I. & Jac G.(1998), "Consensus Conferences as Participatory Policy Analysis: A Methodological Contribution to the Social Management of Technology", in Wheale, P., von Schomberg, R., & Glasner, P. eds., *The Social Management of Genetic Engineering*, Aldershot: Ashgate. pp. 279-301.

McEwen J.E.(1997), "DNA Data Banks", *Genetic Secrets: Protecting Privacy and Confidentiality in the Genetic Era*, edited by Mark A. Rothstein, New Haven: Yale University Press.

Mcgleenan, T.(2000), *The Ethical Implication of Research Involving Human Embryos*, European Parliament.

Mironesco, C.(1998), "Parliamentary Technology Assessment of Biotechnologies: A Review of Major TA Reports in The European Union and the USA", *Science and Public Policy*, Vol. 25, No. 5, pp. 327-342.

Nelkin, D and Tancredi, L.(1994), *Dangerous Diagnostics: The Social Power of Biological Information, with a new preface*, Chicago: University Press.

Nelkin, Dorothy(1995), *The DNA Mystique, The Gene as a Cultural Icon*, W. H. Freeman and Company.

Nishikawa, S. et al.(2008), "The promise of human induced pluripotent stem cells for research and therapy", *Nature Reviews Molecular Cell Biology* 9: 725-729

Priest, S. H.(2000), "US Public Opinion Divided over Biotechnology?", *Nature Biotechnology*, Vol. 8, September, pp. 939-942.

Reilly, P.R.(2000), *Abrham Lincoln's DNA & Other Advantures in the Genetics*, Cold Spring Habor Laboratory Press.

Rip, A.(1986), "Controversies as Informal Technology Assessment", *Science Communication* 8: 349-371.

Rip, A. et al.(1995), *Managing Technology in Society, The Approach of Constructive Technology Assessment*, Pinter Publishers.

Rothstein, M. A.(1997), "The Law of Medical and Genetic Privacy in the Workplace", in Rothstein. M. A. ed., *Genetic Secrets: Protecting Privacy and Confidentiality in the Genetic Era*, New Haven: Yale University Press. pp. 281-298.

Rowe, G. & Frewer, L.(2000), "Public Participation Methods: A Framework for Evaluation", *Science, Technology and Human Values*, 25(1).

Rowe, G. & Frewer, L.(2005a), "A Typology of Public Engagement Mechanisms", *Science, Technology and Human Values*, 30(2): .pp. 251-290.

Rowe, G. et al.(2005b), "Difficulties in evaluating public engagement initiatives: reflections on an evaluation of the UK GM Nation?: public debate about transgenic crops", *Public Understanding of Science*, 14(4): pp. 331-352.

Simoncelli, T.(2003), "Retreating Justice: Proposed expansion of federal DNA database threatens civil liberties", *GeneWatch* volume 17, number 2.

Sismondo, S.(2010), *An Introduction to Science and Technology Studies*, 2nd Edition. Wiley-Blackwell.

Smith, L. G.(1983), *Impact assessment and sustainable resource management*, Harlow, UK: Longman.

Takahashi, K. et al.(2007), "Induction of Pluripotent Stem Cells from Adult Human Fibroblasts by Defined Factors", *Cell*, 131: 861-872.

The Home Office(2004), "Policing: Modernising police powers to meet community needs."

Thompson W.C.(1997), "A sociological Perspective on the Science of Forensic DNA Testing", *U.C Davis Law Review* 30: 1113-136.

Thompson, M.W.(1991), *Thompson & Thompson Genetics in Medicine*, W.B Saunders company.

U.S Department of Justice(2000), "The Future of Forensic DNA Testing."

Webler, Thomas, & Renn. O.(1995), "A Brief Primer for Participation: Philosophy and Practice", in Renn, O., Webler, T., & Wiedemann, P., *Fairness and Competence in Citizen Participation: Evaluating Models for Environmental Discourse*, Dordrecht: Kluwer Academic Publishers, pp. 15-33.

Wendling, M.(2003), "British Police Propose Universal DNA Database."

찾아보기

한국 생명공학 논쟁

1판 1쇄 발행 2014년 6월 20일

지은이 | 김병수
펴낸이 | 조영남
펴낸곳 | 알렙

출판등록 | 2009년 11월 19일 제313-2010-132호
주소 | 서울시 마포구 합정동 373-4 성지빌딩 615호
전자우편 | alephbook@naver.com
전화 | 02-325-2015
팩스 | 02-325-2016

ISBN 978-89-97779-39-0 93330

이 책은 국민대학교 사회학과를 중심으로 모인 연구자들이 2011년도 정부재원(교육과학기술부 사회과학연구지원사업비)으로 한국연구재단의 지원을 받아 "생명공학의 새로운 정치와 윤리"(NRF-2011-330-B00129)라는 제목으로 연구한 결과의 일부이다.

이 도서의 국립중앙도서관 출판예정도서목록(CIP)은 서지정보유통지원시스템 홈페이지(http://seoji.nl.go.kr)와 국가자료공동목록시스템(http://www.nl.go.kr/kolisnet)에서 이용하실 수 있습니다.(CIP제어번호: CIP2014018457)